MARRAKECH,
LE DÉPART

DANIEL SIBONY

MARRAKECH, LE DÉPART

Odile Jacob

15, rue Soufflot, 75005 Paris

www.odilejacob.fr

ISBN 978-2-7381-2290-2

1

Vendredi, 11 heures

Le réceptionniste m'appelle avec un accent oriental très prononcé, et tout le passé déjà s'ouvre béant. Le h surtout de mon prénom, Haïm, un h très guttural qui me plaît bien, comme mon prénom du reste : Haïm veut dire la *vie*. C'est un coup de mon père, qui voulait de la vie après plusieurs enfants morts. À ma naissance, il a confié à son ami : « Ce fils me rappelle à la vie (*haïm*) ; et chaque fois qu'on boira, en disant : "À la vie !" (*lé-haïm*, à la vôtre), il sera nommé ; dans la joie. » Cela s'est passé ici, à Marrakech, où je suis né. Mon nom, Bouzaglou, c'est autre chose ; vous devinez toutes les moqueries que ça vous attire en classe, Boubou, Glouglou... Mais je ne vais pas pleurer là-dessus ; d'ailleurs, je ne suis pas du genre à pleurer ; bien que je sois très sensible, tout le monde le dit. Je sens les choses de façon aiguë, les moindres chocs ou grincements ; mais au lieu que ça me monte aux yeux pour me faire verser de l'eau, ça va droit dans mon cerveau et ça me donne des idées. Des idées « folles » parfois, mais comme elles viennent en continu, elles se surveillent aussi, elles s'ajustent, de sorte qu'il règne dans ma tête un mouvement pas trop fou ; pas fou du tout même, plein de contrastes – de lumière et d'ombre, avec des éclats quand l'émotion est forte. Parfois, une petite lumière bizarre quand l'idée est vraiment bonne. Des éclats de rire aussi : je ris beaucoup en silence. Bref, dans ma tête, ça tourne bien, ça pense et ça se dépense. J'en ai même tiré un travail lucratif, j'écris des romans policiers ; trois par an sous des pseudos. C'est devenu mon métier. Avec mes conférences annexes (la dernière sur *Les États limites du chien* m'a valu un franc succès), cela me permet de bien vivre avec les miens. Les enfants, je veux dire. Ma femme, elle, m'a quitté, alors qu'on s'entendait presque bien, mais elle a trouvé mieux ; il y en a qui veulent progresser, avoir toujours plus, pourquoi pas ? Elle a donc trouvé mieux. Ma mère en a été furieuse, indignée : « Pourquoi tu n'as pas pris une des nôtres ? » (En arabe *euhda diélna*.) Mais c'est ainsi. Les enfants, eux, je les aime, c'est clair ; c'est la moindre des choses ; quand on fait venir des gens depuis le cosmos ou le néant jusqu'à cette terre, ce n'est pas pour leur en vouloir. Et j'aime leur façon de respecter la belle machine que je suis : productive, souriante, sensible, qui ne leur fait pas d'histoires. Je sens que ce que je ferai de mieux pour eux, c'est de disparaître un jour : ma mort leur explosera sous le nez ; pas méchamment, pas comme un colis piégé, mais comme un feu d'artifice d'anniversaire.

Aujourd'hui, j'ai pris le vol du matin – l'avion de 7 heures du vendredi, bourré pour le week-end. Et me voilà avant midi près de la piscine du Grand Hôtel. Je respire, je m'épanouis dans ce soleil déferlant, je m'étire comme un chat. Je suis bien. Le manuscrit de mon dernier livre, lui, s'impatiente dans mon sac : *Meurtre à Marrakech*, ça s'appelle. Je trouverai mieux. Pour l'instant, je dois d'abord fignoler, resserrer quelques ficelles encore visibles. Pourquoi devais-je venir ici pour le finir ? Je ne sais pas.

Or quelque chose d'étrange s'est passé tout à l'heure. Je me suis dit : « Allez, assez traîné, au travail ! » et j'ai fait les bons gestes pour me lever, puis j'ai senti que la machine ne bougerait pas. En panne ? Non, mais de toute évidence, elle n'a pas envie. Pas envie de fonctionner. D'accord, il y a le gros chèque qui m'attend, cela devrait la stimuler ; et il y a ma réputation : si je rentre sans le manus, ils vont croire que je suis malade. Ils voudront que je me soigne, qui sait ? que j'entre en clinique ?

Du calme. Quelques plongeons, quelques longueurs dans ce bassin tout bleu, et ça ira. Le soleil brûle, la lumière flambe, et je sens l'air festif du vendredi soir qui s'annonce dès l'après-midi, comme jadis. Sauf que ce soir il n'y aura pas de veille du samedi (*lilt ssbt*) : tous les miens sont partis. Nous étions près de trente mille à Marrakech, dix fois plus dans tout le Maroc, et ce petit monde s'est évanoui.

Après quelques longueurs dans la piscine, je dois me rendre à l'évidence, c'est un vrai blocage : je suis arrêté. J'ai une sensation bizarre, un fourmillement dans tout le corps. Une voix muette me signifie : « Arrête d'écrire tes trucs. » Une sorte de voix – oui, dans ma tête, je sais, c'est ce que disent les médecins pour écarter ce qui les gêne : « Vous avez mal ? C'est dans votre tête, les analyses n'indiquent rien. » Comme s'il fallait qu'un appareil souffre avec nous pour qu'on puisse dire qu'on a mal. Eh bien, la voix – car c'en est une – me suggère, sans me faire mal : *Écris Marrakech*. C'est presque articulé, c'est venu dans un demi-sommeil, comme un rêve. La voix est dans ma tête soit, mais elle a pu venir du dehors. Par exemple de ces murs couleur d'argile, et de ce repos du vendredi qui autrefois nous enveloppait, nous possédait. Elle a aussi, cette voix, des accents familiers, comme ceux de ma mère quand elle disait : « Écris-moi une lettre » (*ktbli bra*). Ou ceux de la voisine qui demandait au rabbi de venir lui écrire – lui *faire des écritures* – sur le corps pour calmer ses douleurs.

J'ai vécu ici jusqu'à l'âge de 13 ans, jusqu'à mon départ en France, en 1955. Dans la ville, il y avait *eux*, *nous* et les chrétiens (*nsara*) – qu'on voyait rarement : ils habitaient le quartier moderne, le Guéliz ; ça vient d'« église », c'était là qu'elle était, en effet, bien à l'écart, dans ce quartier où l'on pouvait sentir l'Europe dans sa version décadente – celle des années 30 – et dans sa version fatiguée ; besoin de repos, et d'argent facile à gagner. Mais dans la Médina, la partie traditionnelle, il y avait *eux* (*l-mslmine*) et *nous* (*l-iheud*), c'est tout. Nous étions dans le pays depuis vingt siècles, bien avant eux, bien avant qu'ils ne le conquièrent. Mais justement ils l'ont conquis, alors on s'est retrouvés chez eux ; on n'était pas chez nous. Et quand d'autres l'ont conquis – les Français, et un peu les Espagnols –, quand ces étrangers les ont dominés, ils se sont mis, eux, à nous en vouloir davantage ; comme si, leur pouvoir vacillant, on risquait de se libérer de leur « protection ». C'est ce qui est arrivé : après le départ des Français, le nôtre s'est imposé. À croire qu'on ne pouvait redevenir leurs « protégés » et que, pour nous, vivre libres parmi eux n'était pas évident.

Je suis parfois revenu ici, sans autre but que d'être là dans la chaleur torride que j'aime. Ça brûle, c'est bon, et mon passé revient comme maintenant, avec cet air de samedi qui s'annonce : dès le vendredi soir, il vous prend au corps et vous alanguit. Et voilà que ce passé m'offre un *deal* : tu m'écris, sinon tu n'auras pas la paix. Il est vrai qu'enfant j'étais le scribe ici, j'écrivais les lettres des femmes analphabètes, chacune me dictait sa complainte pour son homme absent. Mais aujourd'hui, c'est tout ce monde qui est absent, alors qu'est-ce que je dois *écrire* ?

« Tu ne dois rien, tu écris, c'est tout ; tu suis le fil. »

Une chose est sûre, je sens vibrer ce passé lointain, et l'absence de tous ces gens avec qui j'ai vécu. Ils ne me manquent pas, mais je sens leur manque et le vide qu'ils ont laissé ; j'y plonge doucement, je le respire et je me laisse faire : je prends le manuscrit, et au lieu de le finir comme prévu, j'écris au dos des pages.

J'écris ce qui vient mais je me sens déjà sous une dictée invisible. Et je revis – cette fois au grand air, dans un beau parc – la canicule d'autrefois dans les touffeurs de la Médina, quand ma mère déclarait : « Le monde est immobile » (*dnia zémda*), pour dire qu'il n'y avait pas un souffle, pas la moindre petite brise. C'était un peu dur ; la notion de « clim » nous était inconnue, on n'avait ni frigo, ni radio, ni eau courante. Mais on avait l'électricité ; le prof de géo disait : « Le Maroc, c'est le Moyen Âge plus l'électricité. » Il était fier de cette formule, comme s'il l'avait inventée. Certains sont fiers de ce qu'ils n'ont pas inventé. Comment font-ils ? Surtout quand la trouvaille est fausse ?

À chacun de mes retours, je savoure le plaisir d'avoir vécu ici et surtout celui d'être parti. La joie du départ imminent – que j'éprouvais autrefois – est de loin la plus forte. Après tout, on peut aimer un lieu parce qu'on y sent le désir de prendre le large. C'était mon cas ; j'en ai gardé un côté « semelle de vent », départ facile sans état d'âme. Il me semble aussi que rien ne change ici, rien d'essentiel. La Médina et ses faubourgs ne changent pas. Ils baignent dans le même ciel, le même soleil terrible. Tout à l'heure, en venant de l'aéroport, j'ai senti pendant le trajet que je touchais un bloc de temps resté intact, vaguement désolé. En attente de quoi ? Ce temps immobile est trop distrait pour attendre quelque chose, mais j'aime respirer sa langueur infinie car elle me mène aussitôt vers une autre, plus radicale, qui fut la mienne : l'attente du départ. Je n'avais pas d'autre espoir. Mon père était parti en 1950, et le jour de juin 1955 où arriva une lettre de lui avec un certificat m'inscrivant pour la rentrée à l'École Maïmonide, Boulogne-sur-Seine, j'ai senti que j'avais en main le permis de vivre une autre vie. Ce fut comme une vague d'inconnu déferlant sur moi. Loin de me renverser, elle m'a soulevé, transporté. J'éprouve encore sa poussée chaque fois que l'entourage inerte s'apprête à être bouleversé.

2

Je fais quelques pas devant l'entrée de l'hôtel ; un car de touristes arrive. Je les regarde descendre, en scrutant les silhouettes l'une après l'autre comme si j'attendais quelqu'un. C'est mon attente d'autrefois que je sens se réveiller, devenir trop présente. Une attente ou plutôt un espoir sans objet, mais tenace (que le départ a non pas satisfait mais relancé). Les nouveaux venus s'avancent et ont l'air absorbé. Ils semblent être là pour affaires ; les hommes ont l'air formatés et en mission – un gros coup dans l'immobilier sans doute. Ils sont flanqués d'un groupe d'hôtesses jolies et uniformes. En marge de cet ensemble très fonctionnel, celle qui est descendue la dernière est une femme discrète, un peu décalée, au regard bleu et lointain, qui semble se demander ce qu'elle fait là. Elle porte ce décalage avec une grâce et un sérieux émouvants. Sa chevelure, d'une rousseur délicate et visiblement naturelle, compose avec sa peau d'un blanc laiteux un beau contraste. L'envie de lui parler s'impose dans l'évidence. Donc je l'écarte – pourquoi faire simple si on peut, etc. D'autant qu'une bande de touristes, des vrais, envahit tout l'espace.

Je n'ai rien contre les touristes – bien que souvent ils répètent : « Non, pas là-bas, il y a trop de touristes. » Ils viennent voir ailleurs pour chercher ce qui leur manque. Mais eux, ils ont où revenir, ils ont leur chez eux, même si chez eux ça leur pèse. Ici, ils viennent se dépayser, caresser l'idée de départ, jouer avec. Moi, je reviens dans ma ville natale où je n'ai jamais été chez moi, et j'y retrouve l'impression de n'avoir un « chez moi » qu'en partance ; et d'avoir eu toute mon enfance le départ dans le corps. Tout petit, je voyais mon père partir pendant des mois pour l'Atlas ; puis ce fut pour la France. Un jour, j'ai réclamé en criant d'aller avec lui, à Paris cette fois : il était venu comme chaque année à la fête des Cabanes et repartait la fête finie. J'ai cru forcer le passage avec mes cris ; je le tenais, ce départ ; c'était là, comme une chose qu'on peut saisir. Et je ne l'ai pas eu, mais l'idée m'en est restée plus aiguë.

Étrange amour du départ. Il se vend très bien aujourd'hui ; tout le monde part. Mais presque tous ont un lieu où revenir, ils referment la boucle, et souvent leur changement revient au même. Vous me direz que les immigrés, eux, vivent le départ à fond, ils quittent leur pays pour... Vous dites « leur » pays, donc ils en ont un. Ils le quittent et ils peuvent y revenir, même rarement. C'est leurs enfants qui ne peuvent pas revenir au pays ; or leurs enfants ne sont pas partis. C'est ce qui leur donne parfois un air sombre et perdu. Même les Pieds-Noirs, quand ils ont dû quitter le Maghreb, sont revenus en métropole. C'était leur pays de retour. Triste retour, d'accord, mais le pays les a reçus comme les siens, même s'il leur en a voulu.

Pour *nous* en revanche, le départ est sans retour. C'est un exil qui prend la suite d'un autre exil où nous étions chez nous. À Marrakech, nous étions très « enracinés », et nos racines étaient faites d'exil. On était un peu partis rien qu'en étant là. C'est l'impression que je retrouve aujourd'hui, elle me plaît. J'aime regarder cet exil où nous étions. Je le sens dans l'air, qui a – comment dire ? – une certaine fragilité, une précarité profonde et bien installée. Les corps familiers sont partis, et le décor est là, le même qu'avant. Tout à l'heure, j'ai fait faire au taxi un petit tour en Médina : la ville a grandi, elle a franchi les limites qu'elle avait dans ma mémoire, mais mon lien avec elle garde sa teinte de détresse sereine – où l'horizon est bouché, où l'on sent que *tout* est là, qu'il n'y a rien d'autre à attendre, et en même temps, une joie cachée scintille : on va partir.

En attendant, un goût de bien-être émane de nos maisons, serrées les unes contre les autres. Notre exil était de ceux où l'on se fabrique des petits *chez soi* incertains qui sont des havres délicieux, festifs, lumineux. Le bien-être tenait beaucoup à la saveur des repas, surtout lors des fêtes ; repas exquis où nos mères noyaient la pénurie dans un solide savoir-faire qui a traversé les siècles. Oui, une festivité de vie nous enveloppait. Et des fêtes, on en avait, outre les samedis (*ssbt* ; en Europe, on dit *shabbat*) et les débuts de mois (*rosh hodesh*, le mois lunaire), une petite réjouissance pour marquer la « tête du mois » en plein milieu de la semaine. En ces occasions, j'aimais être pris dans une foule de fidèles en djellabah et tarbouch criant des psaumes, la nuit, devant la lune toute ronde, pour bénir son renouveau.

Cette double impression – de détresse et de bien-être – déborde ma mémoire, je la *vois* dans les rues, dans ce mélange de dénuement et d'abondance.

Curieux bien-être. Ce n'est pas qu'on n'y manque de rien, c'est qu'il n'y a rien dont on puisse dire : « Voilà ce qui manque. » Rien qui en soit digne. Des choses nombreuses font défaut – argent, protection, confort ou strict nécessaire –, mais elles ne semblent pas manquer ; on admet leur absence comme un événement passager, provisoire, même s'il est là de tout temps. On dirait qu'il s'attarde et on n'y pense pas, on n'y peut rien. Mais il traîne dans son sillage un manque plus mystérieux, innommable, qui nous fait aimer la vie. Et on y creuse des replis de bonheur, des instants de paix intense, presque accablante comme le soleil qui « brûle l'oiseau », qui « fend la pierre » et qui caresse aussi, sans mordre ni faire mal. L'idée ne nous vient pas de « bronzer » dans cette flambée de lumière (*ssaht*).

L'été, vers 5 heures, quand cette rage solaire fléchit, toute la bande d'enfants court vers la « pompe » (*trompa*), à deux ruelles de la maison, pour remplir d'eau les grandes jarres cylindriques en argile (*l khouabé*). Un jour, la servante – africaine – va remplir ses deux seaux ; elle est très enceinte ; elle accouche en arrivant à la fontaine. Comme ça, accroupie. Elle a un sourire étrange, que j'ai revu plus tard dans des sculptures « primitives » ; une douleur de sourire. Elle rince le bébé et elle revient avec ; un seau d'eau dans la main. J'ai porté l'autre des deux mains.

Et on asperge le patio, on l'inonde ; le sol fume, avec son ciment blanc (*dss*) ; ses motifs en carrelage lancent une bouffée vaporeuse. On étend la natte ou le tapis ; c'est la fraîcheur, le thé à la menthe – qui brûle et désaltère. On déguste des biscuits légers poudrés de sucre, faits par ma mère. Parfois, il y a des carrés d'un gâteau, introuvable aujourd'hui, de *hloua dl'zine* : c'est fait de petits bouts de pâte frite, coupés dans un long « serpent » et collés entre eux par le sucre fondu ; difficile à réussir ; si la pâte n'est pas légère, ils deviennent misérables. (Curieusement, pas de cornes de gazelle, qui ont le « goût du paradis » d'après les pubs touristiques actuelles ; tant pis, mais on avait les *massapanes*, avec la même pâte d'amande, à un goût très proche qui n'évoque pas les gazelles.) Nos gâteries simples et subtiles affichent la volonté des mères : dire non à la misère. Elles ne la cachent pas, elles la nient positivement avec leur effort jubilant. On gagne ainsi sur la dèche une étrange abondance : le poisson le plus vulgaire, travaillé en boulettes pleines d'épices et d'intentions, donne au palais puis au gosier une sensation d'assouvissement qui frôle l'ivresse. Je n'y ai jamais pensé comme à de la gastronomie, terme fonctionnel un peu « gastrique » ; non, c'est une montée de plénitude, douce et lumineuse, sur un fond d'âpreté brute. Ma faim se brise et mes yeux deviennent humides comme si j'allais pleurer, de joie. Depuis, chaque repas sans saveur est une souffrance. Bien sûr, les bons plats étaient liés aux « occasions » : essentiellement samedis et fêtes, etc. Là, on se doit de bien manger pour glorifier le Créateur, mais on peut aussi le glorifier quand on veut.

Ce bien-être, conquis de haute lutte, est plus intense que le bien-être « normal » qui s'améliore au fil du temps. On le rencontre aux moindres gestes. Les seaux d'eau cassent la fournaise : la chaleur fléchit, résiste et se brise. Une joie de victoire monte dans l'air fumant. Quand la chaleur s'apaise, le plein repos s'infiltre dans mon corps que baigne la fraîcheur nouvelle. Les chambres, elles, restent tièdes, on ne peut quand même pas les inonder. Et lorsqu'un petit souffle arrive, ma mère dit : « Un saint vient d'entrer au paradis, la porte s'est entrouverte. » Son paradis, c'est la fraîcheur quand il fait chaud, la bonne chaleur quand c'est l'hiver. C'est le contraste, la différence.

Dans cet hôtel aussi, je sens de petits souffles frais à travers la fournaise ; des saints doivent débarquer là-haut. Il y a plein de contrastes, mais qui jouent de façon inerte. Ceux dont je vous parle ont une violence primitive, une douceur initiale : la vie s'arrête et elle repart ; elle s'évanouit puis elle revient. Et toujours l'eau qui gicle sur le sol brûlant... Essentielle, l'eau ; on dirait que tout a soif ; le monde a soif (*ddnia 'atchana*), nos corps aussi. Quand elle inonde le patio, on s'y vautre en criant. Mais en même temps, attention, cela peut rappeler le corps gisant qui est lavé. Un jour, au milieu du patio, on a lavé l'enfant mort des voisins et j'ai vu son petit corps glisser par terre comme une poupée. Une autre fois, c'est une fillette de 10 ans qu'on a lavée, c'était ma sœur ; je n'étais pas encore né. Mon père ne voulait pas la lâcher, il pataugeait avec le corps pour la retenir.

Oui, on ne lave pas un corps par terre. Il ne faut pas rappeler le mal, ça pourrait l'appeler sur vous. Rappeler des choses néfastes, c'est risquer de les reproduire. Mais une chose triste peut en évoquer de sinistres ; l'enfant malade fait penser à l'enfant mort. Cette obsession de la ressemblance nous hante. Les mots et les choses se contaminent. Ce qu'on rappelle sans le savoir peut se coller à ce qu'on fait. C'est ainsi, nous vivons dans un champ miné où des forces tendues peuvent répondre au moindre signe. Heureusement, il y a des formules pour maintenir la distance, conjurer le malheur. Elles ne manquent pas, mais il faut les avoir sous la main. La plus simple, quand on rappelle une dure épreuve, c'est : « Que son temps ne *soit* pas aujourd'hui » (*Zméno la ikeun lyom*). Avec ça, l'épreuve reste un souvenir, elle n'a pas à revenir faire des siennes. C'est un vœu bien sûr ; et souvent, ça marche. Chaque fois que ma mère raconte le passé, dès qu'elle lance cette formule, je sais qu'il y a eu un malheur et qu'elle veut le tenir à distance. Surtout ne pas mélanger les époques. On se met en garde ; ne pas être malade pour des douleurs passées, qu'on a déjà expiées ; ne pas payer deux fois pour la même chose.

3

Des vœux, on en fait à tout propos. « Viens, que-je-prenne-sur-moi ton malheur » (*Ézi, nakhou bésk*), pour dire seulement : « Viens je t'en prie » ; « Viens-mon-âme (*Ézi a'amri*), va m'acheter une mesure d'huile (*ouqiya dzzit*) et deux œufs. » Faire ces courses infimes, c'est l'enfer. Mais quand on n'a pas de « réserves », il faut tout acheter à petites doses. Ça m'a donné des désirs d'abondance. Par la suite, en France, j'ai ressenti de vraies joies dans les grandes surfaces, côté victuailles ; quitte à ignorer ceux qui dénoncent la « société de consommation ». Oui, j'aime la profusion ; et si certains se saoulent avec, c'est leur affaire ; s'ils n'ont rien d'autre à se mettre sous la dent. Aujourd'hui, c'est différent : je suis frustré devant ces grands étalages car, dans l'ensemble, ce n'est pas bon ; c'est joli, mais ça n'a pas de saveur. C'est dur d'être devant une immensité pleine de produits où l'on a pensé à tout – calibre, couleur, fermeté –, tout sauf le goût. Ici, à Marrakech, il y avait le goût et la fête.

Et quand on a « de quoi », de quoi acheter à profusion, gare au mauvais œil ! Encore une de nos obsessions : l'œil du mauvais, de l'envieux. Vous l'allumez sans le savoir, et ça vous suit, ça vous poursuit. Un jour, la voisine met soudain le signe 5 (*l-khmsa*) sur sa porte, de l'autre côté de la cour, juste en face de chez nous. Ce signe veut dire : je vous crève les yeux. Ma mère explose : « Qu'est-ce qu'elle croit, la garce-qui-l'a-fait-naître ? (*msbougha di woult-ha*) qu'on lui jette le mauvais œil ? Qu'est-ce qu'on peut bien lui envier ? » Aussitôt, notre bande d'enfants riposte par un masque en carton accroché à la fenêtre, en direction de la voisine ; on y colle deux doigts qui du dehors pointent les yeux, pour les « crever ». Et le signe 5 disparaît. On ne plaisante pas avec ça.

Quand ma mère sort faire des courses et rencontre une « amie », le mauvais œil plane toujours sur leur dialogue. Elles se racontent leurs histoires, sous la pression d'une règle implicite : pas de plainte. Si on se plaint devant l'autre, c'est qu'on veut prévenir son « envie », atténuer son mauvais œil qui se déclenche forcément quand on n'a pas à se plaindre car cela veut dire qu'on est comblé, donc enviable ; et voilà que l'autre, déjà, nous envie, c'est obligé, ça déclenche son œil mauvais... Alors, que dire et comment faire ? Je vois les mots se remplir d'allusions, de coups de griffes feutrés. Pourtant, ça commence bien, elles se demandent des nouvelles, et chacune répond de temps en temps : « Que le bien *demande* après toi » (*Isqsé fik lkhir* : Que le bien s'enquière de toi). Mais dans le flot des questions, les plaintes arrivent très vite. Du coup, si l'une des deux se plaint, elle commence par dire : « Que ma plainte aille vers le désert » (*Sscoua ll'khla*), sous-entendu : et non vers toi – ce qui indiquerait que je redoute ton mauvais œil, signe que tu m'envies, etc. Chacune exhale donc sa plainte « vers le désert » ; qui est pourtant assez loin. Leur échange m'impressionne : parler autant à mots couverts, mentir si bien tout en disant la vérité... Puis, il m'ennuie : je tire ma mère par son châle (son *haïk*) ou je me mets à tresser les longs fils qui pendent du bord. Mais l'autre vient juste de lancer une plainte, encore une ; on risque de l'emporter avec nous. Non, c'est trop dangereux ; il faut répondre. Alors : « *Sscoua ll'kla*... j'ai eu mal toute la nuit ; pas un seul côté [pas un flanc] sur lequel dormir. » Voilà qui est fait. On peut partir, c'est elle qui aura mal si son œil est suspect.

À ma naissance, mes parents avaient déjà perdu quatre filles, dont l'une de 10 ans. Maladies infantiles, épidémies... Un jour, j'ai vu leurs petites tombes au cimetière. Je n'ai rien su de ces deuils, c'est bien après que j'ai mesuré la rage de vivre chez mes parents, leur désir de vie rivé au corps. Ces pertes les ont ancrés dans l'existence, plus loin et plus profond, là où règne une soif d'être, au-delà de ce qu'on peut avoir. Ils ont toujours rayonné cette force de vie et de présence, comme si l'abattement, ils l'avaient déjà connu et dépassé. Cette envie de vivre s'est transmise intacte, d'autant plus fort qu'ils n'en ont jamais rien dit. Je les voyais se battre, tout simplement, ne rien lâcher, et même si ce qu'ils ramenaient pouvait me sembler dérisoire, c'était un symbole de vie, toujours. C'est fou ce que des parents dans la détresse – matérielle ou sociale – peuvent être stimulants.

Nous habitons une maison traditionnelle – avec la cour intérieure sur laquelle donnent les chambres – qui abrite plusieurs familles, une de chaque côté. Du coup, les scènes violentes qui éclatent dans chaque nid débordent sur le patio, pour se donner plus d'espace et pour alerter les voisins, afin qu'ils viennent s'interposer. Cette manie de se battre en prévoyant l'aide d'un tiers qui n'est pas loin me révolte. Comme ce jour où mon père m'a dit : « Tu m'accompagnes chez les Boutboul, il y aura mon frère, on va sûrement se disputer, tu nous sépareras. » Ce sens aigu de ce qui *doit* se faire – on doit se battre, les autres doivent vous séparer –, j'y voyais aussi une grosse complaisance.

Ces scènes dans le patio, les gosses y assistent avec détresse ou calme selon que c'est leur famille qui s'exhibe ou une autre. Les époux s'insultent copieusement ; et l'insulte vise les parents, toujours. On ne dit pas : « ordure », « putain », mais « fils d'ordure », « fille de pute »... « C'est connu de tous ! Ton père était un escroc ! — Et ta mère alors ? — Que Dieu détruise la maison de ton père ! — Qu'il maudisse ta mère ! — Elle est morte ! — Qu'il “soulève” le feu dans sa tombe !... » (*Iqiyème nnar fqbrha*).

Nous, les enfants, on se dit que les couples seraient en paix si les familles se convenaient. Mais deux familles, est-ce plus facile à marier qu'un homme et une femme ? En tout cas, le couple crie à tue-tête ; chacun défend les siens et attaque l'autre à la racine. Il doit d'abord défendre ses parents, même s'il en souffre.

Le samedi, la scène est plus tendue. Avant le déjeuner festif, le père a bu pas mal d'eau-de-vie lors d'une première collation (*likbeud ssébbét* : en l'honneur du shabbat). Alors il peut prendre la piste heureuse ou mauvaise. Avant le repas, son humeur à fleur de mots hésite – entre la tendresse un peu collante et l'explosion teigneuse où les plats volent en éclats. Plus d'une fois, la grosse marmite d'argile – la *dafina* – a failli y passer, à peine ramenée du four où elle cuisait depuis la veille, à cent mètres de la maison. Je vois que l'eau-de-vie (*mahia*) a des effets imprévisibles ; c'est pile ou face. Comment peut-on devenir un autre aussi vite ? Le « choix » du père change tout, même le goût de ce plat traditionnel où les mets sont confits – viandes, œufs, blé ou riz, pied de bœuf, hachis parfumé enserré dans une fine gaze qui l'empêche de se répandre. La scène leur donne un goût triste ou joyeux selon la décision qu'a prise la mère sur ce que serait ce jour-là l'humeur du père. Selon qu'elle a retenu ou lâché le mot léger, anodin qui, lancé comme une fusée à tête chercheuse, ira frapper le point faible de l'homme grisé, que l'alcool rend susceptible. L'impact produit une lumière blanche ou sombre qui rayonne sur le repas. Tout le repas. Quand je lance une blague (*qzma*), je me fais rabrouer : on ne rit pas, bon sang, quand on est là pour s'attrister !

Le samedi après-midi, la sieste s'impose – c'est bien le jour où elle fait sens, cela lui donne une belle couleur intense où se profile le Créateur qui se repose. Il peut souffler, Lui, après tout ce qu'il a fait. Mais nous, qu'avons-nous fait pour imiter son repos ? Je n'ai pas eu à me questionner sur ce repos divin ; il a eu d'emblée l'évidence d'une lumière, d'un calme et d'un bien-être indicibles. D'un vide immense aussi, que l'on sent au dehors et au-dedans mais qui vous porte. Il porte à vrai dire le monde entier, mais certains l'ignorent, tant pis pour eux. On ne se repose pas d'un effort, ou de quoi que ce soit : on est dans le repos. Il descend sur vous doucement comme un habit de gloire qui vous enveloppe. Il descend le vendredi soir comme le soleil sur l'horizon, et il s'envole le samedi soir en vous laissant dans la mouise. Bien sûr, on fait des choses de toutes sortes, mais dans le repos. Il est là et l'on doit en prendre soin. On est coupés du monde, mais on l'observe du coin de l'œil. Je regarde la lettre venue de France : il ne faut pas l'ouvrir avant la première étoile du samedi. C'est interdit ; d'abord c'est du travail – couper l'enveloppe –, ensuite, elle peut contenir des mots qui troublent le repos, des mots pointus, blessants. Dans cette bulle lumineuse du samedi, il règne un autre temps, on est vraiment ailleurs tout en étant bien ancré dans les gestes quotidiens qui semblent portés par une force immémoriale. Après tout, ce repos, c'est le plus vieux monument vivant : on le visite, on l'observe avec son corps et son esprit depuis des millénaires. Cette sainteté qu'il irradiait dans le Mellah était en marge de la religion, elle n'appelait aucune croyance ; on était là tranquillement dans cette sphère originelle, dans le monde et hors du monde, juste après sa Création, enveloppés d'une jouissance énigmatique.

À l'instant, je sens venir l'approche de ce repos étrange ; il descend doucement, mais ce sera pour rien : ce repos divin ne va pas m'envelopper moi tout seul. Il pourrait, bien sûr, c'est dans ses moyens, mais il ne le fera pas ; il faut qu'on soit un certain nombre pour qu'il opère et qu'il déploie son énergie.

C'est ce moment magique que je sens venir ; celui où jadis je révisais le Cantique des cantiques pour le chanter comme il faut au crépuscule, pour l'arrivée de la Reine-Shabat. J'aimais l'air de ce chant plein de force et de détresse qui décrit dans le détail le corps de la femme aimée. On chante pieusement sa beauté – ses yeux, ses cheveux, son cou, ses seins… Avec cette phrase étrange : le *fruit* de l'homme qu'elle aime est doux à son palais.

4

Je lève les yeux pour inspirer cette buée de temps sacré qui s'avance, mais l'air est neutre, l'atmosphère nettement profane, sans charme particulier. Et devant moi, sur la pelouse, la jeune femme rousse est en maillot, allongée, les yeux mi-clos, les cheveux ondulés couleur de feu (je pense au « flamboiement divin » du Cantique), le cou gracieux, les bras ouverts, tenant un livre qu'elle referme de temps à autre pour plonger son regard dans le ciel bleu. Au-delà de son apparence, de sa chevelure abondante, de ses seins et de son corps aux contours parfaits – conformes aux normes de beauté qui me laissent plutôt indifférent –, je ne sais comment la voir : tantôt c'est avec mes yeux d'enfant – qui guettait jadis les belles touristes américaines ou les actrices de films ; tantôt avec mon regard actuel, comme une touriste parmi d'autres, qui s'ennuie sur sa serviette, avec sa crème à côté d'elle et son petit livre sur Marrakech ; qui aimerait qu'on lui parle, qu'on la distraie, qu'on la surprenne, ou qu'on la prenne. Mes deux visions se succèdent et s'emmêlent. À travers ce corps de femme, je voyage entre le présent où elle m'est indifférente (outre que lorsque j'écris je lève rarement les yeux), et mon passé où j'aurais clamé mon amour pour la seule beauté du mot, sans me demander si c'était vrai, tant ce mot me semblait magique. Certes, nous disions « mon âme », « que je meure pour toi », à tout bout de champ, surtout pour faire les courses, mais « mon amour » était un mot de haute culture, que prononçaient parfois les acteurs de romans-photos, ou des films qu'on voyait au Guéliz, « interdits aux moins de 16 ans ». « Mon amour » était un mot d'une étrange sacralité, à la fois sublime et obscène, abstrait et charnel.

Je me dis que le hasard se joue de moi : « Cette femme te plaît ? Eh bien, la voilà, elle s'est dénudée pour toi, elle t'est amenée sur un plateau ; enfin, sur une pelouse ; sur une grande serviette orange qui lui sert de tapis volant. Prends-la au vol, dis-lui qu'elle te plaît avec des mots qui lui plaisent et c'est bon. »

J'aimerais m'approcher d'elle et lui parler. Je le pourrais, « sans problème », mais voilà qu'elle me ramène à mes gestes d'adolescent : rester distant tout en la fixant du regard, comme si j'allais – par suggestion – l'amener plus près de moi.

Pourquoi ne pas la regarder tout simplement ? Mon regard dira ce qu'il veut, ou ce qu'il peut. Je lui fais confiance parce que je ne le maîtrise pas. Il lui arrive d'exprimer des choses dont je n'ai pas idée. Par exemple de la détresse, alors que je suis serein ; ou le contraire.

Je me laisse aller à la regarder. Alors, elle met ses lunettes sombres. Si elle croit que ça me gêne, elle se trompe. C'est cela même que je veux, que ce soit elle qui plonge dans mon regard et qu'ainsi je l'absorbe comme une drogue dont je guetterais les effets. Je ne veux rien vouloir ni décider, je n'aime pas les séducteurs, je veux bien que nous soyons tous deux séduits par la même chose. Laquelle ? Celle qui à l'instant est en train de me séduire et qui frôle mon origine, celle de mon enfance ici ; et celle d'avant peut-être.

Soudain, nos regards se croisent. Le sien est bleu d'acier et j'y perçois ce mélange de calme et de désarroi qui m'est si familier ; une sérénité déchirée mais persistante. Et si ce n'était qu'une illusion ? Et si ce mélange, symbole pour moi de cette ville telle que j'y ai vécu, n'était qu'une image projetée par moi ? On n'écrit pas impunément sur son enfance ; ça vous infantilise un peu. Mais j'aimerais bien qu'elle soit sensible à ce mélange, qu'elle le porte en elle, qu'elle l'incarne. Que dans ce bleu glacial il y ait le feu d'une tendresse qui ne se consume pas. Déjà, j'y vois l'éclat de l'autre lumière. Je me le dis, en tout cas. À moins que ce ne soit ma grosse tignasse noire « afro » qui retient son attention et rien d'autre ? Qu'importe.

Je l'entrevois encore de temps à autre, je pense à la femme du Cantique et au verset qu'on chantait : « Je vous en conjure... Ne réveillez pas l'amour avant qu'il le veuille. » On le chantait fort, comme si nous avions la moindre chance de le réveiller. Aujourd'hui, il sonne comme une mise en garde : « Ne t'emballe pas, ne te raconte pas d'histoires, un peu de vérité bon sang. » Alors un vœu – mais oui, comme autrefois – se forme dans ma tête pendant que je reprends le texte ou plutôt la « dictée » que je subis. « Avant deux jours – avant mon départ – si un fil relie nos origines, alors ce sera dit, nous serons proches ; sinon, ce sera une belle image comme tant d'autres. » C'est cela, une métamorphose du passé ou une image qui passe...

On dirait qu'elle me parle en silence, qu'elle s'exhibe pour moi, et en retour j'écris en la regardant de temps à autre, comme si j'écrivais sous la dictée de son regard, ou la pression de son corps.

Je pense aussi au chat qui m'a accompagné toute mon enfance. Tendresse animale, douceur archaïque et muette. Un jour, peu avant notre départ, j'ai ressenti en rentrant un curieux vide : il avait disparu. Ma mère s'en était débarrassée. Douleur aiguë dans ma poitrine. Je l'aimais, ce Minouche tigré aux yeux gris d'acier. Il vivait avec nous depuis douze ans. En notre absence, ma mère l'a remis à un Arabe de la Palmeraie pour qu'il l'emmène dans sa campagne. Il l'a, paraît-il, enfermé dans un sac de jute et l'a pris sur son vélo. Plus de miaulements ; de ronronnements sur le lit, de câlins vifs et rusés. J'ai vu le grand vide du dehors entrer dans la maison. J'étais désespéré. Toute la pénurie où nous vivions m'est tombée dessus ; les frustrations que je ne sentais pas ont surgi devant moi. Je commençais à me résigner – c'est ce que j'ai du mal à faire – quand, deux jours plus tard, au crépuscule, le chat est apparu, poussiéreux, fatigué, avide de caresses, le regard lointain, métallique et tendre. Il a repris ses câlins mesurés et ses chatteries pleines de sérieux, de gravité. Peu après, il m'a donné un coup de griffe. Ce n'était jamais arrivé ; là, il a fait fort : mon doigt saignait. J'avais trop insisté pour le nourrir. J'ai mieux compris en le voyant sortir le soir et s'allonger sur la poubelle, refusant de venir au lit. Il grondait pour rester là. Le lendemain, son corps était inerte. Il savait donc où vont les chats qui meurent. Mais il est resté dans ma tête comme une présence langoureuse, étoilée, palpable et abstraite ; une ritournelle indéchiffrable de complicité première. Et un rappel de bon sens : ne pas imposer sa tendresse à un être qui se retire.

Le calme délicieux du vendredi est là, un peu abstrait, anémié ; ça manque de corps, celui des autres ; mais c'est bon, et je prends ce qui vient. J'ai fini mon déjeuner – du méchoui avec du thé. Je pourrais dormir un peu, mais pourquoi ? Je me sens très éveillé. Quelle idée de dormir en plein jour. Ici, même le samedi, je n'ai jamais fait la sieste, sauf une fois. La rue m'attirait trop, les ruelles désertes écrasées de soleil et les souks ombragés dont le plafond de roseaux tamise un peu d'apaisement lors des fortes chaleurs.

Enfant, je marche pendant des heures les après-midi brûlantes ; je m'éloigne vers les confins de la ville, vers l'Agdal ou la Ménara, à bonne distance des remparts rouges. Car la ville est « rouge », tous les touristes le disent. À l'époque, ils sont rares. Ce sont souvent des Américains, affalés dans les calèches. Mes copains et moi nous les prenons en chasse. Je saute sur la barre arrière quand elle n'est pas « barbelée », mais le cocher sent l'excès de poids, pourtant infime, et il fouette vers l'arrière (*ta ys-hat*) ; son coup peut rater ou être vif. Mais quand on arrive au bout de la course, on a gagné : *give mi moni* – et les grands blonds au teint rose donnent toujours.

Un jour, l'un d'eux m'a donné un dollar. J'ai cru rêver. Ça m'a rendu lyrique, et j'ai dit à la femme qu'il appelait Doris : « *You are as beautiful as Doris Day.* » L'actrice dont j'avais la photo. Ça l'a épaté, le type (moi, je venais d'apprendre le comparatif et je voulais l'essayer). La femme était béate ; elle s'est ouverte comme une fleur géante. On peut donc ouvrir une femme en lui disant ce qu'elle aime entendre ? À ce point ? J'arrivais à la hauteur de ses seins et j'étais fasciné. Pourquoi nos femmes ne montrent-elles leur sein que lorsqu'elles le jettent comme une outre dans la bouche du petit qu'elles allaitent (à qui elles donnent la *bzzoula*) ? Faut-il être moderne pour être belle ?

La dame a rougi et m'a lancé un jet de mots anglais cristallins auquel je n'ai rien compris. Elle a obtenu, en insistant auprès de son homme, que je sois des leurs dans la visite de la Bahia. Je suis donc entré dans ce qui avait été pour moi un sanctuaire. Il y a vingt ans, j'ai revu le bâtiment, et devant le « quartier des femmes », jadis le harem, j'ai eu un cafard d'enfer. Harem (*hram*) veut dire « sacré, péché, anathème ». Est-ce pour dire que ces femmes sont intouchables sauf par leur maître ? J'ai eu le même cafard en visitant le harem d'Istanbul où elles étaient des milliers. Ainsi, des femmes se faisaient belles pour attendre qu'un imbécile daigne les appeler. Si un soir vingt ou trente se préparent, et s'il n'en prend qu'une ou deux, les autres vont se coucher bredouilles. Mais le cliché s'est transmis : la femme attendant les faveurs du mâle... Cette image n'a pas grandi à mes yeux la figure du sultan (*ssltane*), pour qui je n'avais pas une vive sympathie, vu que sa qualité majeure me semblait être la violence arbitraire.

Tout récemment, j'ai compris que le harem était le lieu d'un matriarcat tenace, où la mère du souverain distille au fils les mille figures de sa chair interdite. Elle veille au sexe de son fils, qu'elle alimente en chair fraîche avec soin et précision comme jadis elle l'a nourri. Mais n'est-ce pas pire pour toutes ces femmes en attente ? Être l'objet d'une femme aigrie et vieille pour ensuite être l'objet d'un mâle ; objet précaire et improbable, suspendu au pur caprice du « destin » – qui a bon dos. J'ai trouvé que les bonnes sœurs font un choix bien meilleur : en se donnant au Fils divin, totalement et sans attendre ; plutôt qu'à l'attente infinie d'un petit seigneur.

Quant au dollar que le couple m'avait donné, je ne savais pas quoi en faire. J'ai pensé à le changer, il y avait près de Djama' el Fna la Société marseillaise de crédit, sous de belles arcades où l'on se protège du soleil. J'y vais. Le gardien me chasse : « Voleur ! » Je regarde de l'autre côté de la grille : le comptoir, les énormes paquets de billets et des hommes en col blanc. Ce sont eux qui doivent être un peu voleurs, c'est sûr, mais de quelle façon ? Ils laisseraient passer sous leur nez tous ces billets sans être tentés ? Je ne peux pas le croire. Bon, ils ne vont pas les voler, c'est trop gros, mais ils peuvent s'en servir pour eux-mêmes. L'idée me vient que le banquier peut prendre cet argent, faire du commerce avec et le ramener le soir même, en gardant ses gains pour lui ; puis l'idée du soir m'a semblé ridicule ; il peut le garder une semaine, ou un mois ; c'est ça, il prend l'argent pour ses affaires à lui et le ramène au bout d'un mois, et personne ne le voit. Puis une idée plus drôle m'a frôlé, c'est qu'il peut ne le ramener jamais. Mais je l'écarte, cette idée, elle me semble un peu folle. Finalement j'ai trouvé un petit marchand qui m'a changé le dollar.

5

Je marche donc des heures et je rentre fourbu d'avoir fait tant de fois un parcours sans surprise. Si je rencontre mes pareils, seuls ou en bande, on refait le trajet avec l'espoir qu'il se passe quelque chose, et l'évidence du contraire. Les jours de semaine, on va embrocher des scorpions au cimetière (et l'apothicaire les achète). On capture aussi des oiseaux, et on les vend dans de petites cages en osier qu'on fait soi-même ; ça demande beaucoup d'adresse. On parcourt de grands espaces presque déserts. J'aime ce vide impalpable que la foule la plus grouillante entame à peine. Le vide est plus fort que tout, il envahit l'air brûlant, la terre ocre, les avenues couleur d'argile où nos vies sont captives.

Un jour pourtant, je me réveille tout habillé, et je sors, content de m'être levé à l'aube. Je déambule en attendant que le jour se lève. Les gens partent au travail, mais ils semblent bien fatigués ; et les marchands dans leurs boutiques ont un air épuisé. Ma promenade se prolonge et le jour ne vient pas, il s'attarde curieusement, on dirait qu'il se retire alors qu'il promet de venir ; et c'est la nuit qui est là. Mon aurore était donc un crépuscule. Les gens qui tout à l'heure partaient au travail étaient sur le retour, les marchands qui commençaient mal la journée l'avaient finie. Je vois mon temps mis à l'envers. Drôle d'idée – attendre la lumière et tomber dans le noir ; avec quand même de petites lumières.

J'en garde une sensation de beauté fixée aux deux limites du jour. Lorsque l'une passe pour l'autre, ça me trouble. Mais je préfère l'aurore, où les bruits – si rares – rendent le silence plus profond. Et où l'on peut sillonner les rues en paix. Je n'imagine pas de bagarre à l'aube. Je pense à l'ange qui s'est battu avec Jacob et lui a dit : « Laisse-moi partir car l'aube se lève. » Et l'autre : « D'accord, si tu me bénis. » Une belle bagarre, non ? où l'adversaire finit par vous « bénir » ! Vous croyez que c'est possible ? Avec qui peut-on se battre de cette façon ? Avec soi, dit le maître, qui à la synagogue nous le répète sans cesse : il faut vaincre votre « mauvais instinct » (*yéssér ha-ra'*) ; un dur combat, paraît-il. Mais ce que j'aime dans cette histoire, c'est le départ. « Laisse-moi partir... », le jour se lève.

L'aurore s'est gravée dans mon corps à cause aussi des réveils par le *moddn* (le *muezzin*) ; l'homme qui, sans haut-parleur à l'époque, annonce du minaret la prière des *mslmines*. À l'entrée en sixième, ma mère me réveille avec le deuxième *moddn* ; le premier, c'est trop tôt, c'est pour le jour où il y a « composition » – un mot terrible, où je sens que se joue l'essentiel, mais quoi ? la chance de quitter ce trou ? Elle me réveille et je me mets à « étudier ». Ce n'est pas très intéressant, mais c'est de la culture, il faut que ceux qui l'ont nous apprécient et que les profs nous donnent de bonnes notes. Les miennes sont moyennes ; j'ai « l'esprit ailleurs ».

Déjà, quand ma mère fait du feu, je suis captivé par les braises plus que par le livre : elle allume le *kanoun* à charbon (on disait *l-mzmr*) avec un bout de chiffon huilé, on attend que ça prenne. Puis, avec le soufflet, je fais une giclée d'étincelles, et peu à peu tout le noir s'illumine. Je reste longtemps à rêver devant ces blocs d'or foncé. En hiver, on se met tout près pour se réchauffer. Ma mère pétrit le pain puis elle vient jeter au feu un petit bout de pâte (*trouma*) qui rappelle l'offrande faite au Temple par nos ancêtres. Le Temple de Jérusalem. Comme si c'était tout récent. Notre autel à nous, c'est ce *kanoun* d'argile avec des trous pour souffler. J'aime ce feu, que je retrouve en plus grand chez le forgeron du souk ou les marchands de poisson frit et de beignets. De le voir là dans la pénombre de la cuisine, comme un éclat solaire, me donne une joie lointaine : quoi qu'il arrive, il y a toujours un feu divin et bienfaisant.

Cette joie du feu ne m'a plus quitté, malgré les discours du rabbin sur le feu de la géhenne (*l 'afia di guihnam*) qui brûle les impies. Je trouve cela bizarre : comment des corps peuvent-ils brûler *sans fin* ? Ou ils brûlent un bon coup, même si c'est lent, et on n'en parle plus, ou il faut les soigner. Mais le maître insiste : ils brûlent à petit feu pour l'*éternité*. Ça, je ne comprends pas ! Ou alors, est-ce qu'ils brûlent sans se consumer, comme le buisson ardent ? Là où le Dieu s'est révélé ? Donc les « méchants » font partie de Dieu ? Ce ne serait pas mal : Dieu serait méchant quand les méchants qui le composent ont la parole, et il devient meilleur quand les bons parlent plus fort, les bons qui font partie de lui. Et si tous parlent en même temps ? C'est la cacophonie, on n'entend plus rien. Au fait, qui est-ce qui la *donne,* la parole ? Et qui a le dernier mot ? Y a-t-il un dernier mot ? Je m'y perds.

Et je me rabats sur notre bon feu, éclairant et généreux, surtout à l'aube, juste avant la prière où l'on rend grâce à celui qui « crée la lumière et engendre l'obscurité ». Un très long texte, que je trouve ennuyeux, répétitif. Je vois bien que ceux qui l'ont écrit se sont fait plaisir, mais moi je dois le réciter tout du long, quand le père est là. Alors, je le réduis à quelques lignes s'il est absent ; je dis l'essentiel, pourquoi tant ressasser ? Je déteste qu'on me répète dix fois la même chose, on pourrait me tuer avec ça, rien qu'en me répétant la même idée. Et si Dieu était pareil ? si lui aussi avait horreur qu'on répète à ce point ? Alors, j'abrège la prière. Longtemps après, j'ai compris : ceux qui l'ont écrite avaient un grand besoin de répéter ; un énorme besoin. Peut-être pour s'assourdir ? Ou pour se consoler ? Ils ont même modifié le Texte qu'ils citent. La vraie phrase, c'est : qu'il « crée la lumière et engendre le mal ». Je préfère ça ; le mal fait partie de Dieu, et tous nos efforts pour avoir un Dieu bon, rien que bon, sont un vœu, un espoir. On lui dit ce qu'on aimerait qu'il soit, mais il n'en fait qu'à sa tête. Quand ça lui prend d'avoir mal ou de faire mal, c'est plus fort que lui. Et puisqu'il n'y a rien de plus fort que lui, cela veut dire qu'il se bat avec lui-même à l'infini. On n'y peut rien. Dieu a des problèmes et on ne peut pas les résoudre à sa place ; il est jaloux de sa liberté ; il est très indépendant. Et pourquoi, lorsqu'il ne fait pas ce qu'on lui demande, pourquoi disons-nous que c'est de notre faute ? Est-ce que normalement il aurait dû nous obéir ? Ça me scie quand j'y pense, alors je n'y pense pas.

Quand le feu a bien pris et que le thé à la menthe est prêt, je le bois avec du pain – et parfois de la confiture d'oranges amères – ou des beignets. Puis, je vais à l'école, mon cartable sur le dos ; avec, sur la tête, le plateau des pains faits par ma mère. Je le ramène du four à midi, sans le tenir de mes mains ; j'y mets un point d'honneur. Une fois, un voyou m'a poussé et j'ai vu *notre* pain rouler sur le sol terreux. Déjà, quand on en trouve un morceau dans la rue, on le met sur le bord, au pied du mur, en l'embrassant ; là, c'est notre intimité qui s'étale au grand jour quand ces pains ronds roulent en oscillant. D'autant que c'est parfois la moitié du repas, quand il n'y a que des « figues de Barbarie ». (On disait : « figues des chrétiens » ; bref, celles qui piquent de partout.)

Le vrai danger, au retour de l'école comme à l'aller, c'est de recevoir des pierres, jetées par un jeune *mslm* ou par plusieurs. Certains comme moi misent sur l'agilité : courir très vite dans les ruelles dont on connaît bien les passages les plus secrets. Je revois un carrefour entre l'école et Riad Zitoun : dans ma mémoire, il était abrupt, et tout à l'heure avant d'arriver à l'hôtel, j'ai vu qu'il est presque plat. Il devait me sembler pentu car lorsque j'y arrivais, j'avais déjà longtemps couru et j'étais essoufflé. Pourtant, être rapide, c'est ma qualité majeure. Je leur échappe toujours. Et lorsque je suis hors d'atteinte, je respire, je jouis du soulagement et j'oublie la vexation. Au fond, être méprisé par eux ne me gêne pas ; il suffit de les mépriser et la balance est rétablie ; mais être obligé de courir parce qu'ils vous l'imposent et vous poursuivent, c'est difficile. Courir est un beau geste, un acte vital et noble, comme manger ou danser ou prier ; si on y est forcé, c'est moche. Ça vous gâche le mot « courir », qui devient synonyme de fuite. Dommage, car j'aime courir, pour rien, juste pour sentir que je vais vite.

D'autres garçons, eux, mettent des pierres dans leur cartable pour riposter. Ils m'inquiètent : sont-ils conscients des représailles possibles ? Ils ont clairement des forces en trop à dépenser. Le mieux, c'est quand même que nos « protecteurs » officiels – les gens du roi ou du pacha – tiennent parole. Pour cela, il faut leur « graisser la patte » ; alors le chemin de l'école devient facile et c'est la paix. Cela dit, même sans pierres, on peut tomber sur une bande qui chante des refrains moqueurs et nous insulte proprement ; mais nous aussi nous avons des couplets féroces et bien rimés ; certains, qui raillent leur credo, on ne les chante qu'entre nous.

En revanche, il y a des jets de pierres plus courtois, mieux réglés : lorsque, après l'école, on fonce dans le jardin de la Bahia ou d'à côté pour prendre des mûres. On lance des pierres dans les arbres, de grands mûriers gorgés de fruits ; les mûres blanches (*teut*) – grosses, longues, exquises, tombent en masse avec un bruit mat. Et le gardien nous jette des pierres qu'il a déjà préparées. C'est une bataille ; parfois, on reçoit une pierre sur le front, ça fait une bosse, mais personne ne se plaint. Pas de cri ni d'insulte. Dans ce silence animal, haletant, c'était loyal et sans merci ; c'était juste.

Oui, il y a des pierres de toutes sortes. Une nuit, tous les autres étaient sortis, je suis resté à la fenêtre à rêver devant le ciel, la maison de *Derb Djama'* était toute vide, presque en ruine, en grands travaux : son acheteur avait chassé tous les voisins, et seule restait notre petite famille. Soudain une pierre lancée d'en bas, dans le noir, a violemment heurté la grille. J'ai crié pour appeler la voisine dans l'autre maison qui était loin. Puis dans le silence, un rire a éclaté : c'était mon grand frère qui avait voulu m'effrayer. J'étais vexé d'avoir crié. D'ordinaire je n'ai pas peur du noir ; la nuit, je file comme un chat dans les ruelles sans lumière. J'aime le noir ; il n'est jamais total. Il suffit d'attendre et on finit par percevoir une lumière infime, qui prouve qu'il y a toujours quelque chose à voir. Bien sûr, il y a le noir du deuil et de la tristesse, le noir des djellabas imposées ; ce n'est pas le noir somptueux de la nuit. Je constate avec surprise que ce qui fait peur dans le noir, c'est l'idée qu'il y a quelqu'un caché là-dedans. Le noir tout seul, c'est bon comme du velours, c'est apaisant ; je m'y sens bien. Mais comment savoir qu'il n'y a personne ?

Après la secousse du muezzin, c'est l'école qui me réveille et me remet les pieds sur terre. Le jour où ma mère m'y fait entrer, le directeur – d'origine turque mais très « moderne » – m'ouvre la bouche pour mieux voir ma denture, et il lance : « Trop jeune, dehors ! » Ma mère, qui a longuement joué des coudes dans la cohue, proteste : « Mais il sait lire ! » Pas le français, bien sûr, je n'en connais pas un mot. Alors l'homme en costume prend une Bible, l'ouvre au hasard et me la met sous le nez. Je lis très vite, et je vois la gêne du monsieur quand je me mets à traduire l'hébreu en arabe, la langue que nous parlons à la maison. Je suis content de le faire céder, avec cette langue « vulgaire » pour l'homme moderne qu'il veut être ; lui qui toise de haut nos mères vêtues de *haïk* et portant des babouches.

Un jour, avant l'entrée en sixième, il nous a proposé des « leçons particulières ». Beaucoup ont hésité : où trouver l'argent ? Mais il a balayé nos doutes : « Vous savez, j'ai vu un concours où le sujet était "Décorez la frise d'une cimaise" (il dit cimai-ai… zeu) ; eh bien, beaucoup avaient du talent et n'ont rien fait, ils ignoraient le mot "cimaise" ; et même le mot "frise" ! » C'est clair. Ma mère resserre le budget et je m'inscris : en fait, toute la classe ou presque se retrouve pour un bon cours de français, avec beaucoup de mots nouveaux. Je me demande : pourquoi n'est-ce pas toujours ainsi ? Pourquoi faut-il que ce soit un cours *particulier* ? Tant pis ; on s'en tire plutôt bien, on va bientôt rejoindre les grands… Dans une classe voisine, celle du certificat d'études, le maître a fait tripler un élève pourtant passable parce qu'il lui fait les courses mieux que personne. Les parents n'en savent rien ; ils sont fiers que leur fils soit aussi apprécié. De sa classe nous parviennent des chants bizarres, du genre : « *Tomatéss, matéssa – Wéssa 'mrkoum kltouha ?* (en avez-vous déjà mangé ?) — *Oui meussieu, klnaha !* » Ça leur enfonce la tomate dans le crâne, en « bon français ».

6

Vendredi, 5 heures

Au bord du bassin bleu du Grand Hôtel, le crépuscule approche, il est encore loin mais je le sens, car autrefois à cette heure-ci, c'était déjà « samedi-qui-entre » (*idkhl ssbt*). L'idée me vient de rester là et d'écrire toute la nuit mes souvenirs de Marrakech. Pourquoi pas ? On faisait ça une fois par an, non pas écrire bien sûr, mais prier toute la nuit. (Et si c'était pareil ? J'écrirais pour prier qu'on me laisse en paix.) Ces nuits-là, je n'allais pas à la synagogue ; de toute façon, je n'aime pas trop y aller. Je reste assis à la fenêtre, à regarder le ciel : je dois lui faire mes « demandes » (*tlibat*) quand un éclair se produit. Et j'en ai à « demander », la nuit du Grand Salut (*hosha'ana rabba*). Je reste donc toute la nuit devant le grillage à guetter des éclairs. Les « demandes » sont exaucées si on les prononce *pendant* l'éclair, quand le ciel est « ouvert ». S'il fait beau, c'est perdu d'avance ; mais s'il pleut, il faut un éclair prolongé pour y caser toute la phrase. « Fais qu'on trouve une maison et qu'on puisse payer le loyer. » Si l'éclair coupe à « maison », ça ne règle rien.

Parfois, ça coupe à « qu'on puisse » (*nqdrou*) ; c'est déjà bien, qu'on puisse ; il y a tant de choses possibles. Le mieux c'est quand même : « Fais qu'on puisse partir. » C'est très vite dit.

Aurai-je quelques éclairs cette nuit ? Pourrai-je *partir* à nouveau ?

Je contemple le parc et le bassin. La femme rousse m'est devenue familière. On s'est longuement regardés, comme « reconnus ». Je suis sûr que sa beauté si singulière lui vient d'une blessure intérieure et qu'elle fait partie de ces personnes qui savent faire avec leur blessure, qui vivent avec, comme sur une crête, avec de part et d'autre une détresse et une joie qui les dépassent, qui viennent de loin. J'essaie de deviner cette femme et je m'aperçois que je la dessine selon l'image que j'aimerais. Je souris de ma mauvaise foi, car bien sûr je n'ai aucun projet de séduction.

Je rectifie mon vœu de tout à l'heure en pensant au serviteur d'Abraham et à son vœu sublime : « Dieu, fais qu'il y ait de la rencontre aujourd'hui... » Mais je veux laisser en paix le Dieu de la rencontre, je sais qu'il m'est plutôt favorable ; et je me sermonne un peu :

« À quoi tu joues ? Tu es venu finir ton *Meurtre*, tu vois que tu ne peux pas, tu vires sur *Marrakech*, pourquoi pas, et voilà que tu vires encore vers la drague pure et simple ? Tu veux reprendre tes manies d'il y a vingt ou trente ans ? où dès qu'une femme te plaisait – et Dieu sait ce que *plaire* veut dire –, tu disais que tu la voulais, que c'était ton désir ; tu décidais de tout faire pour l'avoir dans les quarante-huit heures...

— Erreur, tu médis de l'état de grâce où j'étais. Lorsqu'une femme me plaisait, justement, je ne faisais rien, je ne décidais rien, je levais “les yeux au ciel”, comme chez nous, et j'attendais le miracle. Et toujours elle finissait par m'*arriver*, oui, comme un événement ; il se passait quelque chose – de petits faits qui s'enchaînent tout seuls, tout doucement, comme par hasard. Bien sûr, il faut être à la hauteur de ce qui arrive et même un peu au-dessus, si possible. Ça m'a d'abord donné le vertige, puis ça m'a paru un peu simple : bon, et après ? C'était à la fois sublime et inutile, c'était la même joie qui déclinait jusqu'à devenir sombre. Et j'ai fini par prendre femme, fonder famille... Mais laissons cette vieille histoire.

— Elle recommence, mon cher, c'est le démon de midi qui te reprend ; ou plutôt, de midi à 14 heures. »

Je fais taire l'importun, qui s'offre en plus de piètres jeux de mots, et je reviens à l'essentiel. Je dois écrire mon *Marrakech*... D'ailleurs, je devrais faire un tour en ville, même rapide, non pas pour faire des provisions de souvenirs, ils sont tous là dans ma tête et ils se poussent, chacun veut passer le premier, mais pour sentir l'espace, toucher les murs du regard – ils sont pour moi comme des tableaux.

Je range mon sac et je sors.

Elle sort en même temps et nous voilà côte à côte.

« Bonjour, vous parlez français ?

— Oui, un peu, dit-elle, avec cet accent étranger délicieux qui fait vaciller les mots mais qui vous les donne un par un, tout doucement. Vous êtes écrivain ?

— Heu... En quelque sorte. Vous m'avez même, un peu, empêché d'écrire.

— Ah ? On ne dirait pas, vous n'avez pas levé les yeux pendant quatre heures ; si, deux ou trois fois, quelques secondes...

— C'est vrai, votre présence me soufflait qu'il y a d'autres voies, d'autres façons de s'y prendre pour dire les choses, pour les vivre ; des voies moins ardues, des approches plus incarnées...

— Ah ? Un écrivain qui doute ? C'est un peu décevant...

— Oui, je doute mais je résiste. Tout à l'heure j'écrivais comme si je remontais un courant. Oui, je nageais à contre-courant et ça m'a donné des forces. »

Elle éclate de rire, un rire qui plus que sa présence sur la pelouse la dévoile plus intimement.

« Je vous ai donc soutenu !

— Mieux que ça, mieux que si je n'avais pas à surmonter cet obstacle... (j'allais dire : de charme mais je ravale le mot). Mieux, car à force d'écrire malgré vous (je saute : à travers vous), j'ai fini par écrire à cause de vous, peut-être même (tant pis, je craque, c'est de la séduction, et alors ?) par écrire pour vous. »

Elle rougit.

« Et vous écriviez sur quoi ?

— Sur Marrakech, où je suis né et que j'ai quittée adolescent. Sur la vie que j'y ai menée. Et vous, que faites-vous ici ?

— Je suis là pour le travail, en principe ; j'aide à mettre en place un grand projet immobilier. Mais la raison plus profonde de mon voyage c'est que j'enquête sur mon grand-père, qui a fini sa vie ici, dans les années 50. »

Voilà, Dieu a entendu mon vœu ; pourquoi pas.

« Et il venait d'où ?

— Il a fui l'Allemagne pendant la guerre et il s'est réfugié ici. Il est mort en 55, après d'incroyables péripéties.

— Venez, on va en parler tranquillement, dis-je en indiquant le bar. Ou mieux, voulez-vous qu'on aille faire un tour en Médina ? Je vous montrerai…

— Ce serait avec plaisir, mais je ne peux pas ; je dois être à la réunion du *staff* dans un quart d'heure. On se reverra bientôt. »

Je suis plus que troublé, comme souvent quand je devine juste. C'est peut-être ça, le vœu ; quand le devin qu'on essaie d'être capte un bon signe du divin.

Allez, oublie tout ça et plonge dans ta ville. Taxi, Médina, Mellah. Toi aussi tu es en mission.

Le temps est lumineux et l'atmosphère – la surface des choses – irradie une nostalgie qui ne m'atteint pas. Je retrouve tout mais je ne peux pas me la jouer « objets inanimés, avez-vous donc une âme ? ». Je regarde ce décor que j'ai toujours trouvé beau, et bienveillant à l'aube ou au crépuscule, mais agressif en plein jour, comme si la ville nous signifiait que *nous* ne sommes pas des siens. Je m'étonne de l'exiguïté du quartier où nous étions si nombreux ; il faut croire que notre espace resserré rendait plus denses les relations. Je marche dans les ruelles et je pense comme autrefois à la ville qui est immense. On pouvait s'y promener librement sans être en butte à l'agression ; juste un risque, à peine. Les autres brimades, on n'y pense même pas – comme les babouches de mon grand-père noircies au brou de noix : les nôtres ne doivent pas parader avec des babouches rutilantes… En fait, on était bien dans nos maisons à patio, que j'ai d'abord connues sans eau courante ni frigo, mais avec une glacière où parfois l'on mettait un bloc. « Il ne nous manque rien » (*ma khssna htta khir*), répète ma mère quand elle ne peut plus rien faire. On est aidés par une « travailleuse » (*khddama mslma*), qui elle-même en a une chez elle, d'une pauvreté plus insondable encore. Il y en a des nuances, dans l'éventail des pénuries. Comme du reste dans la convivialité : alors que certains se lavent les mains après nous avoir touchés, ou nous maudissent à tout propos, leurs proches travaillent au Mellah, et nous témoignent de l'amitié.

Jadis, à cette heure-ci, c'était déjà le grand repos pour nous autres. Ma mère a passé à la chaux blanche l'angle – pas très droit – des murs avec le sol ; avec un petit balai-brosse qu'elle tient d'une main ; elle se baisse, se balance avec sa croupe superbe, et se relève toute rouge. Je me promets d'avoir plus tard une maison avec des murs à angles droits. C'est très important de chauler (*tziyér*) les pourtours, ça fait propre, presque joyeux. Et le samedi, c'est rutilant et lumineux.

Juste avant la tombée du jour, je chante le Cantique en entier, je le connais par cœur, à force ; puis, c'est la prière, et le grand dîner, au menu presque invariable : la soupe de potiron aux pois chiches, le tagine de boulettes au céleri, le poulet aux olives, avant des fruits et des gâteaux. Si mon père est là, c'est précédé par de longs textes de la Kabbale, hermétiques car ils sont en araméen, mais qu'on finit par connaître par cœur. C'est stimulant, un très long texte opaque avant de manger. Ça vous laisse tout le temps de vous promener dans l'incompréhensible. Comme pour les chansons en anglais : si on comprend tout, c'est très décevant.

Le lendemain, il règne dans la maison une oisiveté profonde. Voir sa mère étendue au soleil (*ta tsmmés*) à ne rien faire est un plaisir apaisant, une bouffée de bien-être. Le vide ambiant prend une couleur éclatante. Le Mellah offre un décor moyenâgeux baigné de calme et de lumière ; toutes les boutiques sont fermées ; dans les maisons, même les plus pauvres, une table est dressée qui se veut belle ; des femmes sur les seuils sont vêtues de couleurs vives ; les hommes sont nets, en noir et blanc – djellaba noire et kaftan blanc (le vieux décret imposant le noir n'avait rien dit des sous-vêtements...). Ils vont et viennent, ils ont l'air calme et inspiré. Notre bande de garçons est impatiente de quitter la synagogue pour jouer et jouir du temps avant l'heure d'aller au four chercher la grosse marmite qui cuit depuis la veille.

7

Car le samedi, on n'allume aucun feu. Ce qui n'est pas si simple : quand le soir tombe, on attend la première étoile pour pouvoir s'éclairer. On est dans une pénombre mélancolique, mais les blagues fusent de toutes parts. Dans le noir, les rires sont plus sonores. La journée festive n'en finit pas de s'éteindre, et rien ne peut la retenir. Du reste, à l'approche du crépuscule, qui voudrait que revienne le samedi matin ?

Tout l'après-midi, les gens sont assis en petits groupes à l'entrée des maisons, à bavarder en mangeant des pépins grillés – de pastèque ou de melon. Ces graminées (*znéne*) demandent de l'habileté – pour les ouvrir d'un coup de dent, garder la graine, la dégager avec la langue puis cracher la peau salée… Les racontars s'allongent, rebondissent, s'entrecoupent de bâillements avec des « Dieu nous pardonne » (*llah ismhélna*) – notre médisance délicieuse. Oui, c'est sûr qu'il la pardonne ; continuons… Et c'est l'heure du troisième repas (*s'ouda chlichit*), vers 5 heures, car il faut trois grands repas pour *ssbt*. Ensuite on attend le crépuscule, la première étoile. On parle et on chante. Une cousine aux yeux bridés – tant ses joues sont pleines – raconte des histoires édifiantes qu'entrecoupent de grosses blagues (*qzmét*). Les rires tintent comme de petites lumières. Puis le silence revient, et la scène évoque ces moments tristes où rien de triste ne se passe. La tristesse nous enveloppe mais on n'en souffre pas. Nous sommes tous là à attendre, et pas question d'allumer ; l'idée ne vient pas, c'est impensable. On attend le rituel du vin qui marque la « sortie » du shabbat. Ce rite annoncera le début de la semaine. Autant celui du vendredi soir est heureux, autant celui-ci est complexe : tonique et dépressif ; comme un coup de cafard qui vous donne du cœur au ventre, une ardeur sombre et pourtant vive et résolue. On attaque la semaine le samedi soir les poings serrés ; la gorge avale une boule de vide. Malgré les paroles de ce chant – de beaux versets prophétiques, pleins de fougue, avec des vœux de réussite et des appels à la lumière. Mais ce n'est pas le sens qui décide, c'est la couleur des mots, le rythme, le timbre de la voix qui chante. Des pans entiers de nos vies se modulent sur l'air de ces paroles lointaines : quand l'air est vif, la joie se profile, et quand il penche par d'infimes nuances vers des accents mélancoliques, je sens peser sur nous un destin écrasant. Puis très vite ce destin millénaire rebondit et s'allège, révélant d'autres issues dès que l'air repasse par des notes aiguës que le chanteur – mon père ou moi – fait vibrer ; des notes portées par de fortes paroles qui, loin d'amorcer une chute résignée comme lorsque nos ancêtres s'inclinent devant l'arbitraire, lancent un appel de vie strident, un cri de guerre devant la nuit, appelant à la rescousse des mémoires débordantes.

On est presque dans le noir quand soudain ça s'allume ; c'est un tel soulagement qu'il ressemble à de la joie. « Bonne semaine ! bonne étoile !... »

Un samedi après-midi, la canicule est forte et mon grand frère m'enferme des heures entières, « le temps que la chaleur tombe ». Que faire dans cette pièce sombre où passe à peine un trait de lumière qui rappelle le grand soleil ? Je ne trouve rien ; puis je remarque une Bible en français. Bizarre, on n'a pas ça normalement. La Bible, ça se discute en hébreu ou en arabe ; mais en français ? *Ils* s'intéressent à notre Livre, les gens « modernes » ? Au point de le traduire ? Je lis quelques phrases de Moïse que je rétablis en hébreu ; c'est vraiment drôle : c'est pareil et ça n'a rien à voir. Puis je remarque une partie que j'ignore totalement : Évangile selon... Pourquoi *selon* ? Ils ne sont pas très fixés ? J'y vois souvent le Seigneur – qui dit ceci, qui fait cela. Pour moi, les seigneurs, c'étaient les gens des châteaux forts avec des serfs. Qui a pu mettre ce livre parmi nos traités de Talmud et de Maïmonide ? Finalement, j'y plonge ; je lis tout l'après-midi, et les jours qui ont suivi. Je m'accroche ; trop de choses m'échappent, mais le récit m'est familier. J'y retrouve des miracles que je connais bien, et les colères de nos prophètes contre leur peuple. Mais ici je sens une autre violence, plus profonde, venue de plus loin. Je sens que ce texte plein d'amour ne nous aime pas, et cela me donne une vague angoisse : ceux-là aussi nous en veulent ?

Ce qui me choque, c'est que lorsque les nôtres suivent Jésus – qui a l'air d'être un jeune rabbin –, on dit que c'est « la foule » : « la foule le suit », elle « adhère à ses paroles ». Mais quand certains des nôtres le rejettent, on dit que c'est *nous*. Ils sont fous ou quoi de nous montrer ainsi du doigt pour les siècles à venir... Et pourquoi ne sommes-nous représentés que par Judas ? Parce que c'est le raccourci de notre religion ? Jésus aussi était des nôtres, et même les apôtres !

Longtemps après, j'ai un peu compris : nous sommes une tache dans leur histoire immaculée ; une objection permanente à leur besoin d'être un tout, d'être le tout. Mais quand je lisais ça dans l'ombre, avec dehors le grand soleil « qui tue l'oiseau », j'étais inquiet ; tout cet amour qui nous met dans le collimateur...

Je traverse le Mellah ; la place centrale (*oust soq*) est délabrée comme tout le quartier. Je la revois dans ma mémoire telle qu'elle était. Un ghetto bien sûr, un symbole d'enfermement, de condition inférieure, c'est admis et on l'oublie ; mais elle grouille de passants, de marchands, de gargotes, d'artisans, d'élèves et de synagogues. C'est un univers multiforme et chaotique, tenu par la loi du Livre et par un sens de la dignité que la misère aiguise. Les gens s'aiment, se raillent, se battent, font la paix, plaisantent, argumentent sur tout – et s'invectivent, de façon cauteleuse quand ils sont instruits (*qariène*), ou directe et brutale quand ce sont des gens simples (*tppéss*). Il y a un tribunal rabbinique tout proche (c'est devenu un restaurant traditionnel où l'on sert aux touristes un mauvais couscous ; le temps qu'ils apprennent à faire la différence). Des rabbis indépendants – et nombreux – y jouent les médiateurs. Quand une querelle éclate, l'un d'eux entre en lice et fait le lien : il exhume un objet, parfois son grand mouchoir un peu taché par le tabac, et quand les deux parties touchent ensemble cet « objet » – qui remplace celui du litige –, il prononce l'engagement (le *hiyoub*) ; alors, c'est dit : pardon mutuel, partage des torts, ou de la somme en question. Et même réconciliation. Sinon, dans les cas graves, ce sera le serment (*hlf*) devant les rouleaux de la Torah : celui qui jure à tort, « pour le mensonge », a peu de chance de s'en tirer ; il risque d'aller très mal, ou de faire ce qu'il faut pour ça.

Tout ce petit monde se tient chaud. Même quand je m'y sentais captif, c'était bon d'y être : j'ai si peu d'idées de ce que ça peut être *ailleurs*. Je ne sais pas d'où vient ce mot, il me plaît, il chante bien, on dirait qu'il déplace la douleur : aïe aïe aïe... ailleurs. C'est ça, il faut voir ailleurs. La petite ouverture que fait ce mot bizarre, je la connais bien : dans l'histoire d'Esther, quand tous les nôtres sont pris au piège, voués à être massacrés, et qu'Esther hésite à intervenir auprès du roi, parce qu'elle a peur pour sa place, son oncle lui dit : « Si tu ne fais rien, si tu te tais, la délivrance nous viendra d'*autre part*, d'un autre lieu ! » J'adore chanter ça très fort le jour de Pourim ; ça me donne la chair de poule.

Mais déjà ici, ce n'est pas mal du tout, c'est la foule, c'est vivant, nous sommes tous liés par une intense proximité où la tendresse, la médisance, la querelle, le mauvais œil – et le bon – s'entremêlent dans une présence qui nous porte et nous contient, nous enveloppe et nous étouffe. Tous – ceux qui vivent dans le besoin et ceux qui sont dans l'aisance, ceux qui étudient le Talmud pour connaître les lois de l'achat et de la vente d'une terre alors qu'ils n'ont rien à acheter ni à vendre et ceux dont on dit qu'ils « vont et viennent » ; ceux qui ne bougent pas et ceux qui se moquent ou qui se plaignent de tout...

Quant à moi, j'ai dû avoir dans le corps un appareil ultrasensible pour capter les bons signes, les instants où flotte dans l'air l'idée qu'on ne manque de rien ; toujours : *ma khssna htta khér* – c'est ce que répète ma mère dans ses soupirs satisfaits, en soufflant d'épuisement. Elle le dit aussi quand je rapporte les courses, faites dans ce marché à deux portails près du Mellah. Elle m'y envoie le jeudi chercher de la viande pour le samedi, mais la foule est très dense devant la boutique et j'ai 5 ou 6 ans. Comment ne pas se faire piétiner ? C'est chaque fois l'enfer, je ne vois que les pieds des gens, leur tête est plongée dans les morceaux de viande qu'ils convoitent. Un jour, j'ai trouvé : d'un bond, je me juche sur l'étal des poissonniers, juste en face. Je suis agile (ma bande se surnomme d'après d'illustres acrobates *ouléd hméd ou moussa* : les fils d'Ahmed et de Moïse ; une bonne synthèse...). D'un coup de reins, je suis là-haut et je hèle le boucher. Il sait maintenant que je suis là, à moins de six mètres, la cadence de mes appels l'énerve, il lâche vite le paquet – que la foule me lance comme un ballon. Je l'attrape au vol et je file avec, en évitant les détritus, les peaux de figues de Barbarie en gros tas, ceux-là mêmes qu'un paysan vient de ramasser pour son chameau. Puis, je le livre à ma mère qui en fera des boulettes au piment, des cervelles au safran, des kaftas sans cumin mais où craque l'oignon frais parmi d'autres arômes, et le confit de viande fondante que l'on sort de la *dafina* le samedi avec de petits rugissements.

8

Je pense aux cortèges mortuaires qui traversent le Mellah vers le cimetière attenant – dont le portail est surmonté par cette phrase : « Maison de rendez-vous pour tout vivant ». Le mot « rendez-vous » (*moéd*) signifie aussi la *fête* ; normal, elle rassemble ceux qui viennent la fêter, qui se donnent rendez-vous pour se fêter. Le mort, lui, rassemble une petite foule pour l'ultime rendez-vous. Ce n'est pas triste, pas vraiment, c'est même assez beau, on chante des psaumes sans rapport avec le défunt, sur le même air que d'habitude ; la mélancolie n'est pas plus grande que d'ordinaire ; une simple couleur d'absence, une nuance de départ. Et quand le cortège arrive, on entre dans une salle (dans mon souvenir elle était vaste ; en fait elle est petite). On y dépose le cercueil, un rabbi fait son discours qui lui aussi n'a rien à voir avec le mort, vraiment rien : un commentaire de la Torah, si possible original. (Mais c'est toujours édifiant et ça me déçoit.) La mort est là, c'est clair, et on parle d'autre chose. Ça fait un beau mélange, comme le soleil dans la pluie. J'aime mieux ça que le silence total, par peur de dire des bêtises – comme je l'ai vu en France, chez des « intellos » chatouilleux : enterrer quelqu'un dans un silence de mort ! On prétend lui laisser toute la place alors qu'on est là, bien vivants, avec plein de choses à dire... Ils parlent tous du « deuil à faire » ; ils n'ont que ce mot à la bouche, un mot vide qu'ils ne savent comment remplir.

Les endeuillés restent chez eux, assis par terre, pendant sept jours. Au début, ils sont accablés, puis ils bavardent, et ils rient, et ils finissent par régler leurs comptes avec de grands éclats de voix, des petits verres de *mahia* et de bonnes fritures...

Un jour, c'est un grand « sage » (un *hakham*) qui est mort. On nous a tous sortis de l'école (*ssla* ou *yssiba* – lieu de Torah ou de Talmud) pour y aller. Nous arrivons dans un grondement de chants graves et fervents. J'y vois aussi plein de regards malicieux qui se croisent. La foule semble sonnée par cette perte ; révoltée. En tout cas, elle s'en donne l'air. Elle proteste de ses chants contre cette rigueur divine que pourtant elle accepte. Le deuil l'enveloppe tout entière. Et voilà, c'est ainsi, on ne verra plus ce Juste guérir des malades et marcher dans le Mellah en tendant sa main à qui voulait l'embrasser. Comme par hasard, ce jour-là, il a plu ; signe que même le ciel était contrit – mais bienfaisant, car la pluie manquait toujours.

La pluie. Pour la demander, on fait des manifestations, des vraies ; elles sont denses, serrées, véhémentes. On revendique l'averse, en grands cortèges, parfois avec banderoles. Ça n'aboutit pas toujours, mais on aime la demander. À Dieu ou à Allah ; les deux n'étant pas toujours d'accord. Les cortèges de leurs fidèles alternent avec les nôtres mais sans se mélanger. On crie séparément la même soif, et le ciel *doit* l'étancher.

J'ai donc manifesté *pour la pluie* bien avant de défendre d'autres causes – bien avant de défiler pour l'Algérie indépendante et la paix au Vietnam. Laquelle de mes « manifs » a été la plus naïve, je l'ignore. Certes, il vaut mieux que ce soient des Algériens et pas des Français qui tuent des Algériens ; et que ce soient des Vietnamiens et non des Américains qui liquident les leurs. Ce qui est sûr, c'est que ces cortèges pour qu'il pleuve, j'y étais très heureux. Je savais qu'on n'aurait pas la pluie, mais c'était beau de la demander, de nous entendre la demander. J'avais l'idée qu'il doit y avoir une bonne façon de demander ce qui manque ; si on la trouve, ça peut fléchir les forces hostiles, celles du destin (du *mzzél*) ; lui qui parfois s'effondre ; oui, il « tombe » bizarrement (*tah lmzzél*) et on ne sait pas comment le relever.

Quand on a un malheur, il faut le manifester ; il ne faut pas rester seul avec. Ceux qui ont eu un mort restent chez eux une semaine et reçoivent beaucoup de visites. Un samedi, je suis pris dans la foule qui sortait de la synagogue, et nous sommes tous entrés dans une maison. Toute la famille en deuil est assise par terre, et nous avons dit en chœur trois mots, pas plus : « Que du ciel / vous soyez / consolés » (*mine hashamaïm ténouhaaamou* ; on allonge le *a*, c'est plus solennel). Eux aussi, il leur faut de la pluie, une pluie de tendresse qui fasse tomber encore des larmes. Allez pleure, ça te fait du bien. D'ailleurs ils ont les yeux rouges, les femmes surtout. Je les contemple, ces femmes, celles-ci ont la peau très blanche – elles sont si gracieuses dans le noir, avec leur âme endolorie à fleur de peau. L'une d'elles est très embellie par le deuil, comme une fleur violemment épanouie.

Je me dis que c'est drôle de venir si nombreux pour dire qu'on n'a rien à dire ; enfin, trois mots, ce n'est pas mal : Vous, la Douleur, et le Ciel, débrouillez-vous… Si encore on levait le nez pour montrer le ciel, mais non, on a tous les yeux au sol pour l'évoquer. C'est bizarre.

Du coup, ce jour-là, le mot « ciel » m'est tombé sur la tête : je regardais la belle avec ses deux seins (*shadaïm*), et soudain le mot « ciel » (*shamaïm*), qu'on vient de murmurer, m'a touché : je vois que c'est un pluriel à deux, comme pour les deux yeux, les deux seins. Et je me dis que le ciel, c'est comme deux fois « là-bas » (*sham*, c'est là-bas). Quand vous êtes *là-bas*, alors le ciel est un peu plus loin, dans un autre « là-bas », qui peut vous apparaître si vous avez le regard vif. Oui, c'est comme ça que j'ai vu ce « ciel », entre deux lieux lointains, entre deux « là-bas ». Je comprends qu'on lui fasse des demandes. C'est comme une ouverture, un interstice où l'on peut glisser des appels. Si vous êtes en deuil, alors voyez un peu au-delà, et quand vous y êtes, voyez encore au-delà ; essayez quand même, et si vous y arrivez, vous serez consolés ; ça demande du temps, c'est sûr. D'ici là, d'ici « là-bas », le deuil donne sur le ciel ; comme les maisons. Je suis un peu triste car la jeune veuve dont la grâce m'a ému a deux fines croûtes sur les joues : elle s'est grattée jusqu'au sang dans sa scène de deuil (*Woh woh 'liya !* Malheur à moi !). D'ailleurs, ce n'est pas très bien vu, c'est toléré : il faut bien que la douleur « sorte ».

Et pour nous tous, il y a un jour de deuil – un grand – où l'on s'en donne à cœur joie : *Tish'a béav*. Là, on se lamente à fond, et des pleureuses professionnelles mènent la danse dans les carrefours du Mellah. C'est pour rappeler la ruine de Jérusalem ; et s'en désoler sans compter. Pour nous, Jérusalem c'est l'Autre Ville, la ville tout autre, proche et lointaine, qui les jours de fête mesure à son aune sacrée les ruelles du Mellah. Elles en ont entendu, des chants pour la Ville sainte, elles les ont contenus dans leur décor fragile ; elles ont gardé en mémoire nos psaumes glorieux. Au point qu'en les lisant longtemps après je me sens être dans les ruelles de la Médina et dans celles de Jérusalem, ou plutôt dans une ville irréelle où ces rues s'entremêlent. Avant de me dire que je suis tout simplement dans un beau texte qui m'en tient lieu.

Ce soir-là donc, la synagogue – la plus grande du Mellah – ne comporte qu'un service ; tous ensemble dans le même chagrin. Chacun est assis sur la natte et crie avec les autres des chants tristes (des *quinot*) qui rappellent la ruine, au VIe siècle – « avant notre ère », dit le prof d'histoire, « avant l'ère vulgaire », dit le prof d'hébreu ; « la nuit du 9 Av », dit le rabbi. C'est en plein mois d'août ; et ici, c'est la grande canicule. L'un des hymnes s'appelle *Cette nuit-là* (*bélél zé*). Il décrit l'horreur et on essaie de la revivre. Certains « vident » leur âme et se délectent de cette douleur. J'aime bien ces chants sinistres qui vous forcent à être triste ; on est là pour ça, pour être tous à ce rendez-vous du deuil. Comme je comprends le texte, j'essaie d'imaginer, de « voir » entre les lignes : des mères mangeant leur enfant, des jeunes et des vieux enfilés par l'épée, les Assyriens qui déferlent et brûlent la ville. Ce qui me touche, ce n'est pas vraiment la scène, c'est qu'elle se soit passée et qu'on n'y puisse plus rien. J'ai beau chercher quelques détails que l'on pourrait transformer, comme ça, mine de rien, juste pour ne pas tout subir ; mais non, impossible, ça se tient, c'est un tout massif qui vous tombe dessus. L'irréversible me fait mal. J'ai fini par comprendre que si le passé *revient,* comme on dit, c'est pour calmer cette douleur ; on profite un peu de ce retour pour la rendre supportable et en faire autre chose qu'un regret absolu. Pourtant, quand je lève les yeux dans cette foule, je nous vois tous accepter que la Scène ait eu lieu ; je sens même que la douleur qu'elle réveille reste enfermée avec, elle est bien gardée dans la Scène, bien rangée. La tristesse ne déborde plus sur nous ; elle est dans *cette nuit,* dans ce texte que nous crions, qui la tient comme on tient un serpent bien serré, là avec le poing tout près de la tête. Ou comme on presse une plaie qui saigne pour que le sang ne coule pas. Surtout ne pas lâcher. Le texte contient la tristesse, elle n'ira pas plus loin. Je vois une paisible assemblée d'hommes qui s'efforcent d'être tristes alors qu'ils le sont déjà. Du coup, je me dis qu'ils ne le sont plus, car moi je ne le suis plus, c'est sûr. Je suis même content d'être là et de crier très fort quand la phrase devient triste ; c'est elle qui est triste, ce n'est pas moi. On chante des textes de Jérémie bourrés de lamentations. On est endeuillés mais ça ne tire pas à conséquence. On aime être là ; l'air (musical ou ambiant) est sinistre, « toute cette histoire » aussi, depuis le début, on est tous là à y croire ; du coup la tristesse s'éloigne, elle se dissout dans le décor, et ce qui reste sur scène, ce sont nos corps qui beuglent à pleins poumons des mots sublimes. J'aime cette « fête » du deuil qui nous libère de nos tristesses.

Cette même nuit, aux carrefours du Mellah, il y a le rite des pleureuses : des femmes affluent, des professionnelles aussi, celles qu'on engage en cas de besoin ; mais d'autres sont des novices, ce qui leur donne un certain charme quand leur robe noire de deuil en voile léger est bien moulée. Sur elles, le deuil est sensuel, presque érotique. Elles courent se joindre au noyau des plus « dures », entraînant parfois leurs voisines : *Aezéta tgzder !* (Viens donc te lamenter ! Malheur sur moi. *Wouh 'aliya !*) Et leurs corps sautillent dans un rythme collectif et tenace, vivace et lugubre. Chacune se gratte les joues jusqu'à produire une rougeur, et à la longue un peu de sang. Les robes restent intactes, on ne les déchire pas. Après cette transe, elles repartent soulagées. La tristesse millénaire, enrichie de leurs deuils actuels, est assouvie. J'ai plaisir à les voir devenir sereines, et je quitte le quartier en fredonnant joyeusement ces airs de deuil.

9

Mais il ne faudrait pas le faire un autre jour ; ça porte malheur. Il y a des chants pour la joie et d'autres pour le malheur. On peut être tout un cercle assis par terre à boire du thé, sans rien de précis à se dire, et quelqu'un pousse de temps à autre un fredonnement, comme ça, mine de rien ; si ça évoque les chants sinistres, si ça passe par *cette nuit-là*, on le rabroue : « Qu'est-ce qui te prend de chanter ça ? — Je ne sais pas ! Peut-être que je suis triste et je ne sais pas pourquoi ! » La personne a un malheur qui s'approche d'elle, c'est clair. On essaie de la consoler, mais elle proteste : « Je vais bien ! je t'assure ! — Alors pourquoi tu chantais ça, hein ? » Et on repart à la charge, jusqu'à ce qu'elle le *sorte* son malheur ; qu'elle se dégage, bon sang.

On avait des chants pour tout, pour les rites, les prières, les chagrins, les fêtes, les naissances, le shabbat – pour son entrée et sa sortie ; pour jouir de se prélasser. Certains lancent leur chant comme un coq lance son cri.

Il y avait aussi les chants du mariage – où la femme était vierge, bien sûr. Je revois le mariage d'un de nos proches, une fête superbe, éclatante ; chants et danses orientales ; les convives rivalisent de dons et mettent des billets dans la ceinture de la danseuse « en l'honneur des mariés » ; c'est brillant, même dans une maison du Mellah, qui n'a rien d'un « grand salon ». La joie est intense, palpable – j'aime quand on peut toucher la joie comme le velours et la soie qui enrobent toutes ces femmes. Et voilà que le lendemain le divorce a commencé, car cette nuit-là, le sang n'a pas coulé ; alors il y a eu d'autres chants, des lamentations.

On avait aussi des chants pour rien, pour être là, ensemble ; pour le plaisir d'être accompagné par sa voix et dispensé de parler. On eût dit que cette tradition n'était qu'un immense chant ramifié, avec des sources à l'infini, des affluents innombrables ; comme si tout ce mystère ne passait que par la voix, son relais le plus sûr.

Un jour, j'ai senti qu'on peut chanter pour s'appuyer sur sa voix, comme les vieux sur une canne. Essayez, même seul, vous êtes vite soutenu par un chant qui vous revient, vous le suivez en fredonnant, ça vous porte un peu. C'est comme de s'accrocher à sa veste en marchant ; ça soutient...

J'oubliais un autre chant, que le mourant doit entendre pendant qu'il s'en va, le *Shéma'*, un texte biblique qui lui aussi n'a rien à voir avec la mort ; il appelle à aimer l'Un (*Éhad*) et à transmettre sa Loi... Ce n'est pas très gai, mais c'est loin d'être lugubre. Un jour, en plein souk du Mellah, j'ai été emporté dans un tourbillon de cris : « Venez dire le *Shéma* ! elle fait des signes ! » (*siménim*). Ceux du mourant qui trépasse. On se précipite ; je cours plus vite, j'arrive parmi les premiers tout près de la femme. Elle est vieille et fait de vagues petits signes ; peut-être sait-elle qu'il faut les faire ? Les hommes hurlent le *Shéma*, les femmes poussent des cris et des plaintes suraiguës : *Wouh 'alik assdiqa !* (« Malheur à toi ! ô la juste ! »). Je m'étonne de les voir ainsi menacer la mourante ; et lui dire qu'elle a un malheur. Si c'en est un, elle doit bien le savoir ; sinon, pourquoi le lui crier ? En tout cas, elle ne donne aucun signe de vouloir s'accrocher. Au contraire, elle semble avoir fini sa course ; elle a l'air épuisée. Elle est déjà loin, elle semble dire : « Je vous aime bien mais continuez sans moi… »

Ces hommes qui crient si fort devant elle ont peur, je le sens. Cela contraste avec le calme qui émane de ce beau visage. Les voisines arrivent l'une après l'autre, haletantes ; elles s'arrêtent, juste le temps de lancer les trois mots : *Wouh 'alik assdiqa !* (« Malheur à toi, ô la juste ! ») et elles se sauvent. Chaque femme vient déposer son malheur sur la morte ; et c'est à elle d'emporter ça.

Par la suite, j'ai compris que ceux qui ont peur de la mort, ce sont les vivants ; ceux qui restent ; c'est eux qui font des signes, de détresse ou d'angoisse. Quand on a un proche qui meurt, ça fait un trou dans le décor. Alors on a peur devant ce trou, peur de tomber dedans. C'est bête, parce que le trou, on est déjà dedans ; ou on l'a dans la tête.

À Paris, j'ai connu beaucoup d'adultes qui n'ont jamais vu un mourant. Et quand un deuil les a atteints, ils le cachent, ils le gardent pour eux, et ils oublient qu'ils l'ont gardé. Moi j'aimais bien ce lieu-dit « Rendez-vous des vivants ». La veille d'une composition, quand il faut tout réviser, je le fais au cimetière (*fl-mé'ara*). Qui viendra me déranger là ? L'espace est vaste, le ciel immense, la lumière pure ; et en hiver le soleil chauffe. C'est calme. Et la présence des morts ? Quelle présence ? Je sais que dans les tombes il n'y a rien, ou presque : au dire du rabbin, il y a des vers qui mangent le corps des « pécheurs », et des serpents qui les piquent sous l'aisselle gauche s'ils n'ont pas mis les *téfilines* (les lanières de cuir noir qu'on met autour du front et du bras gauche, pour la prière). Un jour, mon copain et moi avons eu une vraie peur. Imaginez : nous sommes assis sur une tombe de pauvre, toute basse, qui fait un bon siège, nos cahiers et nos livres posés sur une tombe de riche, à hauteur de table ; on travaille bien et on rigole, quand soudain quelque chose bouge dans cette tombe. Mon copain devient blanc, et sa peur m'effraye : va-t-il mourir soudain ? Je m'affole, je regarde autour, je scrute de près puis j'éclate de rire : ça a bougé, c'est vrai, notre image a remué dans la frange de marbre noir qui entoure la « table ».

L'autre jour à Jérusalem, devant la tombe de mes parents, une petite cousine de 4 ans a tenté de soulever la pierre, pour les soulager. Ils doivent être à l'étroit : « C'est lourd, tout ça, ça doit faire mal ! — Mais non, il n'y a rien dans la tombe, il y a de la terre et des os... » Elle s'est calmée aussitôt : « Et où sont-ils alors ? — Dans les mots qu'on vient de dire ; dans les mots qu'on dit sur eux quand on y pense... »

Voilà, j'en ai assez maintenant. J'écris tout ça dans un petit bouge sordide, devant un verre de café (*kés dlqhwa*), dans la poussière des épices. Je me lève et je plonge dans la foule qui est très dense. Je remarque que, dans les rues, il y a plus de voiles qu'autrefois. Et certains, je les sens âpres, décidés. Sans doute la femme émancipée qui s'affirme par le voile, qui brandit sa tradition pour frapper ceux qui rechignent à l'accepter. Pourquoi pas. Elle montre qu'elle a autre chose que les autres n'ont pas. Les autres, les Françaises par exemple, auxquelles elle veut s'assimiler et qui résistent, qui pourraient rechigner, ou qu'elle suppose pouvoir…

Cette promenade à contretemps m'a fatigué, comme si je remontais un courant. Je veux partir et rentrer à l'hôtel.

Je marche encore vers la sortie de la vieille ville. Et voilà qu'au coin de la grande avenue et d'un immense terrain vague, près de Bab Rob, je vois la femme rousse ; telle une apparition ; étrangement familière. Une voiture de service allait la prendre pour la ramener. Je nous sens déjà liés par toutes sortes de fils, à commencer par le fil du texte. C'est drôle d'être lié à quelqu'un par ce qu'on écrit en sa présence. On se piégerait à ce point par ce qu'on *voit* en écrivant ? Y compris par ses rêveries ? C'est vrai, je sens un fil, mais sans plus. Chaque fois que je levais les yeux, son regard était là. Et le voici maintenant, à la fois proche et lointain.

Je lui offre de marcher un peu le long de la muraille – déjà éclairée pour la nuit d'une lueur d'or sombre.

« Vous voyez cette immensité ?, dit-elle, c'est là qu'ils veulent bâtir Médina 2, une autre Médina, pour Occidentaux qui veulent "s'emmédiner", s'orientaliser. Un énorme projet, pour doubler la Médina, installer des milliers de maisons traditionnelles, offrir un mode de vie oriental aux étrangers amoureux de l'islam. J'y suis en tant que sociologue. J'ai un bureau à Munich et j'enquête sur les "nouvelles mémoires culturelles". C'est à ce titre qu'ils m'ont emmenée ; et la mission tire à sa fin. »

Je détourne l'idée tout en restant dans le bâti.

« Vous savez qui a construit cette muraille ?

— Les gens d'ici, je suppose.

— Avec l'argent de nos ancêtres. Oui, c'est Ben Tachfîne, le fondateur de la ville, qui l'a fortifiée en leur imposant une "taxe spéciale". Ce serait bien, si c'était mis sur une pancarte, à Bab Rob : "Cette longue muraille de terre a été ainsi payée..." Ils payaient déjà l'impôt des *dhimmis*. »

Je me souviens, sans le lui dire, que la veille d'une fête, celle de Pâques ou des Cabanes, un envoyé du pacha ou du roi exigeait un gros supplément, sans quoi la fête pourrait mal se passer.

Comme elle veut rentrer, nous prenons un taxi ; en chemin je me ravise et je propose qu'on s'arrête à la synagogue du Guéliz. Elle semble surprise, puis ravie : « Quelle bonne idée. Je n'ai jamais été dans un endroit pareil. » Le taxi connaît le chemin : « C'est près du Centre américain, juste à côté ! » On y va. On se sépare ; elle côté femmes et moi avec les hommes. Ils en sont au Cantique des cantiques, pour accueillir le shabbat. L'atmosphère est triste, d'une tristesse qui me donne envie de la déguster comme un fruit amer qu'on recrache à la fin. En fait, c'est aussi triste que jadis au Mellah ; mais à l'époque, il y avait l'espoir de partir ; et là, sous mes yeux, c'est sans espoir. Ils veulent rester, même dans un désert humain ou parmi des relations duplices, faussées par le fameux « double discours » –, obligatoire pour qui veut survivre. À la fin, je m'éclipse avant qu'on m'invite, mais un homme me rattrape :

« *Aïwa, Aïwa, ta t hrb ?* (tu te sauves ?) Allez, on ne refuse pas le vendredi soir (*lilt ssbt*)... » Surtout au notable qui veut montrer son faste. Je promets pour demain midi ; ce soir, on m'attend, je file.

Je la retrouve à la sortie. « Où m'avez-vous emmenée ? Vous m'avez replongée dans mon origine comme dans un trou, ou dans un bain d'eau glacée, ou brûlante, je ne sais pas... C'est tellement brusque... » Après un long silence : « Mais c'était bon. » En fait, elle a des larmes aux yeux... Et moi qui allais m'excuser de cet intermède ennuyeux...

Nous marchons vers l'hôtel, dans un silence où il me semble qu'on est très proches.

En arrivant, elle voit que son groupe l'attend déjà, elle y plonge et disparaît, après m'avoir lancé un regard énigmatique.

10

Moi, c'est le paquet de feuilles qui m'attend, qui me fait des signes. L'envers du roman policier lance des appels malicieux. Je lui réponds, je m'active, ma main écrit si vite que je ne la sens plus. Deux heures après, j'ai déjà plus de trente pages quand je m'installe pour dîner au bord de la piscine, parmi les tables de touristes, devant un petit orchestre oriental qui m'aurait donné le cafard sans le pommard que j'ai apporté. « Le vin réjouit le cœur de l'homme », disait mon père citant sa Bible à chaque rasade. Le Livre dit vrai et aurait dû préciser : le *bon* vin. Il m'envahit d'un bien-être tout autre que celui d'autrefois : le monde est amical, les choses me regardent d'un bon œil, et s'il n'y a pas d'issue, j'en trouverai une, il y a toujours un passage ; et je ne vais pas me faire une montagne de ce projet soudain – « écrire » ma ville natale. Je pars perdant, mais j'arriverai quelque part ; je n'ai qu'à suivre le fil, juste la trace du crayon sur la feuille ; et j'arriverai au point vif que j'ignore. Ce qui compte, c'est la joie que j'éprouve à le faire. Cette joie va me porter, elle me porte déjà, je suis léger. Ma bonne humeur pommardesque me rapproche de la table voisine, juste derrière moi : je leur offre ce qui me reste de la bouteille. Je ne les ai pas reconnus dans l'ombre ; d'après leur langue, c'est un couple d'Allemands.

Et la femme, c'est elle ; la belle rousse aux longs cheveux. Elle me présente l'ami qui l'accompagne, qui ne semble pas être son homme ; il s'appelle Kurt. Non, pas de vin, il ne boit pas, il est alcoolique. Elle, elle accepte volontiers, puis elle boit tout le verre en me fixant des yeux. On trinque, comme si on ne se connaissait pas, et je lance : « *Lé-haïm !* » Elle ignore le mot. Je lui dis le sens : « *Aux vies*… — Ah oui ? Il y en a donc plusieurs ? On a plus d'une vie, c'est vrai ? » Et comme j'avais redit mon nom pour Kurt, en insistant : Haïm, un peu *heimlich*[1], n'est-ce pas ?, elle enchaîne : « Mais il y a vous là-dedans ! *Lé-haïm !* On boit *à vous*, alors ! » Je suis bouleversé. Sa voix est si complexe, si contrastée – avec de l'ombre et de la lumière, de la chaleur et de la glace. J'aurais voulu la toucher, sa voix, la caresser.

Et l'entendre encore, et lui parler un peu plus. Mais le moment viendra, maintenant je le sais. Déjà elle est liée à Marrakech, et à d'autres choses qui vont plus loin. (Au Brésil, « plus loin que Marrakech », *más allá de Marrakech*, cela veut dire que c'est un peu fou.) C'est vrai, il y a eu ici des Allemands qui ont fui le nazisme ; ça les a sauvés des camps. J'en ai connu un qui parlait un peu d'arabe et beaucoup de yiddish. Mais les agents de Vichy les ont pourchassés, et les ont internés avec certains de leurs « frères » d'ici : il y a eu un camp de concentration au Maroc, à Bou'arfa. Des gens de ma famille y ont été ; mais on pouvait leur apporter de la

1. En allemand : étrange et familier.

nourriture, autant dire l'essentiel. J'aurais dû en parler avec elle tout à l'heure.

Je me retourne sur eux, elle me suivait du regard ; mais un homme s'est approché d'eux, avec un chien énorme tenu en laisse très serré. Je reviens sur mes pas reprendre un livre, oublié sur la table. Ils ont l'air de se connaître, les trois. Le chien gronde ; quelle idée de l'amener ici pour le tenir aussi fort. Et si un jour il s'échappait ?

Je fais un tour au bar. Pourquoi pas un bon cognac avant la traversée nocturne ? Je m'installe au hasard.

Non loin de moi, un homme rêvasse devant sa bouteille de whisky. Sourires, échange, toujours le même au départ : « Vous êtes d'ici ? — Et vous ? etc. » Et on se parle. Son regard déjà brillant s'illumine quand je dis que j'écris sur la ville. On sympathise.

« Ah ! Un retour aux sources ! Un peu comme ces saumons qui remontent le courant pour aller se féconder. Un petit retour aux origines, quoi.

— Non. Je viens regarder les murs, qui sont d'ailleurs couleur saumon ; et j'écris ce que j'y vois. Ils sont d'abord inertes, et parfois ils vibrent d'une lumière tout autre, une lumière de départ. Elle y est depuis toujours, je crois. Mon origine est un départ.

— Mais l'origine est toujours un départ, mon vieux ; un point de départ. Certains y restent, ils y barbotent longtemps en croyant la chercher. Ils prennent leur quête – leur illusion – pour l'origine. En fait, ce que l'origine nous donne de mieux, c'est son absence, c'est ça qui nous propulse. »

C'est bien parti, et il enchaîne comme si j'allais l'interrompre :

« Vous savez, Marrakech a beaucoup changé. Par endroits, la ville caracole dans le luxe, elle roule pour son compte, elle a sa *jet-society*, ses snobs, son aristocratie locale, ses petits hobereaux occidentaux entourés de leur minicour ; son agitation culturelle, son art et son artisanat, ses festivals ; ses boîtes de nuit, de luxe et de toc – où des jeunes femmes d'ici, parfois très jeunes si vous saviez, viennent tenter leur chance. Et des plus mûres les initient, gentiment. »

Je pense soudain aux harems d'autrefois. Ceux de Dar el Bacha, de la Bahia, du Palais-Royal devaient être populeux mais plus modestes que ceux des Turcs. Aujourd'hui, le vrai sultan à servir c'est l'argent, d'où qu'il vienne, de l'Européen ou de l'Arabe « plein aux as ».

Il confirme :

« En une nuit, elles gagnent plus que leur père en six mois ; les parents ferment les yeux. Ce n'est pas de la prostitution, c'est de la drague efficace, du rabattage lucide.

Et puis des Français s'implantent ici, ils ont leur “train de vie *tout autre*”, ils vous le vantent, mais justement, il leur faut des amis de France à qui montrer tout ça. Beaucoup achètent en Médina de petits riads – souvent de simples maisons avec patio et jardinet – ou des plus grands qu'ils rénovent. Banal, tout ça, c'est vrai : la tradition, vaincue par l'Occident, se conserve pour lui et lui revend de l'authentique. D'anciens touristes ont ici leur résidence temporaire. Ils y mènent une vie de star ou de notables, petits ou grands selon la somme qu'ils peuvent y mettre, avec une cour de clients ou de fans pour se chatouiller le nombril avant de “repartir” en forme, à l'attaque. Il faut les voir raconter ça dans des livres et des revues ; ils n'oublient pas d'en rajouter sur la magie, le mystère. D'autres sont des jouisseurs plus prosaïques, comme autrefois, comme toujours... Mais votre ville à vous, sachez-le car je vois que vous ne venez pas souvent, elle a disparu, elle est débordée. D'ailleurs on dit que Marrakech est débordante, elle est devenue *ville du monde*. En Amérique ou ailleurs, les grands hôtels l'ont dans leur revue, celle qu'on trouve dans le salon, avec un reportage sur la ville et des photos retouchées de la Médina et des riads. Toujours couleur locale. Drôle de mot pour dire couleur des murs, des tissus, des épices ; on efface tout le reste – le peuple, la pression religieuse, la misère, la violence, l'enlisement, l'ennui, le vide poussiéreux. Des chefs avisés ont recueilli les bonnes recettes [je pense : celles de nos mères], on les déguste dans les lieux branchés – Dar Moha, Jardin d'Inès et autres... On les enseigne même ! Oui, il y a des cours particuliers ; et si on achète quelques jarres et kaftans, on "transmet" ce mode de vie dans son appart' du XVIe. Les grandes surfaces en Europe vendent du Marrakech : luminaires, tapis, bijoux toc et paniers, cafetières, épices, plateaux, petits plats "fascinants" tout préparés. Le goût de l'*autre*, quoi... Je ne vous parle pas des cliniques d'esthétique, des maisons de retraite, troisième âge et quatrième, très réputées, et de la grande université où plus de cent mille jeunes travaillent la gestion, la finance, la communication. D'accord, ils vont être un peu paumés bientôt, avec la crise, mais ils travaillent, ils s'accrochent. Avec tout ça, un peu d'intégrisme, mais où est-ce qu'il n'y en a pas ? »

Il m'avait un peu noyé. Je m'apprêtais à partir quand il ajouta après un dernier verre :

« Je vais vous dire, ma mère est d'ici ; de Mogador exactement. Ils étaient riches. Elle a épousé un Anglais et je suis né à Londres. Eh bien, elle, elle a une sacrée nostalgie de leur maison aux fenêtres bleues qui donnent sur l'océan. »

Je prends congé et je monte dans ma chambre ; elle est fraîche, mais je préfère la chaleur. Je reste un long moment sur la terrasse toute tiède. Je m'encourage : va pour la nuit. L'aube sera belle si j'accouche, si j'y arrive. Je souris du petit scribe que j'étais quand j'écrivais les lettres au père. Celle-ci n'en est pas une. Je pense à celle de Kafka ; il en met de la complaisance à décrire tous les recoins de sa névrose – qu'il impute à son père. Il reconnaît qu'il exagère, puis il le nie puis il l'admet, et pas vraiment... Une belle mauvaise foi qui s'enroule sur elle-même comme un grand serpent sans venin. D'ailleurs, il l'a gardée, sa lettre.

La mienne n'est qu'une lettre sur l'origine. Incontournable, comme on dit : on n'est pas tombés du ciel. Les parents finissent par aller au « ciel », mais l'« origine », elle reste. Bien que certains la clouent au septième ciel, dans l'idéal. Les parents, heureusement qu'ils disparaissent. Imaginez qu'ils restent, avec bien sûr leurs parents, leurs grands-parents... Vous voyez l'encombrement, dans les maisons et dans les chambres. La tragédie totale. Ceux qui disent que le tragique de la vie, c'est la mort n'ont pas pensé une seconde à l'horreur que ce serait sans elle. Eh bien, je sens que les origines, c'est pareil : si elles restaient là telles quelles, au lieu de s'enfouir dans le temps qui passe, quel encombrement... Certes, elles laissent des traces, elles ne laissent même que ça ; des traces à interpréter. Quoi d'autre ? Vous ne voulez quand même pas l'origine pleine et invariable qui vous rentre dedans, là tout en face.

Allez, à table ; le même Kafka n'a-t-il pas dit que le secret de l'écriture, c'est le pouvoir de rester assis ? J'obéis, ainsi qu'à la voix. Elle est bien bonne la voix : « Écris Marrakech. » Si encore elle m'avait dit : « Écris », tout simplement, cela m'aurait lancé ; j'adorerais écrire des pensées, des idées... Ce doit être jouissif ; suivre une idée comme une ligne mélodique qui frôle des choses éparses, qui les accroche en finesse et qui les force à se faire des signes, à se reconnaître dans sa musique enveloppante. Écrire une idée juste et forte, dans toutes ses nervures, ce serait comme suivre un dessein divin ; comme s'infiltrer dans les secrets de l'Événement. Est-ce l'effluve du pommard ? J'entends presque la voix qui dit : « Allez, c'est déjà en route, pour... le départ de Marrakech. » C'est vrai, je n'ai qu'à suivre. Je plains ceux qui ont du mal à prendre leur départ. Il n'y a qu'à suivre le fil rouge.

11

Vendredi, 10 heures du soir

Donc, mon père part en France en 1950, après s'être acheté un costume moderne et un chapeau pour remplacer sa djellaba et son tarbouch. Il va à Paris rejoindre son frère, chassé de l'école sous Vichy (il n'a pas pu s'y réinscrire après la guerre : « trop vieux »). Lui aussi est allé à Paris pour trouver une « situation ». Ce mot désigne pour nous une oasis dans le désert, un trésor qu'on trouve par un heureux hasard. Bien sûr, il faut aider le hasard, lui faciliter les choses, mais s'il reste inflexible, on ne trouve pas de « situation », on court après ; et on n'est nulle part, tout simplement. À la maison, il est dit qu'avoir un salaire, c'est *la* situation, la vraie : « Il n'y a pas mieux ! C'est de l'argent qui tombe chaque mois », répète ma mère quand elle rêve tout haut ; « chaque mois » (*kll s-har*). Elle ne parle pas du travail, ça va tellement de soi, elle fait bien ses quinze heures par jour. « L'homme est né pour l'effort », dit la Bible.

Mon père partira en bateau pour trouver la « situation » et préparer notre arrivée. Ma mère nous laisse et l'accompagne jusqu'à Casa ; elle emporte avec elle une bouteille d'huile qu'elle veut verser dans l'océan : la traversée sera plus calme si la mer est d'huile.

Elle s'attarde à Casa plus que prévu, et je vais attendre chaque jour place Djama' el Fna, à l'arrivée de la CTM[1]. J'ai 8 ans. Avec mon frère de 9 et demi, on garde les petits. Je guette le car ; celui de 11 heures, de 4 heures puis de 7 heures du soir. Avec chacun, j'ai une relation intime : celui de 11 heures est vif, il est parti à 6 heures dans la fraîcheur du matin, il a l'air de piaffer encore quand il arrive. Celui de 4 heures a dû braver le grand soleil, il est épuisé, poussiéreux. Celui du soir déboule place Djama' el Fna quand elle gronde déjà ; il est terne, mais il maintient un peu d'espoir, une promesse de soirée lumineuse ; bien qu'il soit teinté de tristesse, vu que le mot soir (*l mghrb*) résonne trop bien avec l'absence ou le lointain (*ghrib*). Le chant des exilés d'Espagne, chassés par l'Inquisition partant vers la Turquie, commençait par *ghrib* : « Triste et sans parents, exilé de ma terre » (*Ghrib bla walid 'la bladi mjli...*).

À chaque arrivée, mon cœur bondit quand le car pointe au loin, venant du Guéliz vers la place ; l'espoir se précise puis grandit comme un gros plan de cinéma ; il s'enrobe d'une confiance qui peu à peu prend des airs de certitude. Oui, elle y sera. Le car entre dans son parking, près du café Le Glacier et s'arrête. C'est l'épreuve de vérité, déjà mêlée de soulagement : quoi qu'il arrive, ce sera mieux que l'attente. J'observe les silhouettes : chaque voyageur qui descend – et qui n'est pas elle – mord un peu dans mon espoir, puis un peu plus, encore un coup, comme dans une pomme ; jusqu'au

---

1. Compagnie de transports marocaine.

dernier corps, qui laisse le car vide ; alors, plus d'espoir ; plus rien à se mettre sous la dent. Le cœur n'est plus qu'un trognon à jeter. Je sens que ce qu'on attend ne peut pas arriver ; il faut attendre sans attendre. Plus tard, je me dis : sans être *dans* l'attente. Car elle est terrible, elle peut vous rendre fou : le dernier passager du car qui, n'étant visiblement pas elle, m'enlève tout espoir, je me surprends à scruter sa silhouette pour voir si par hasard, au dernier moment, il ne va pas *devenir* elle.

Le quatrième jour, je n'y vais pas. Tant mieux : j'ai l'impression de sortir des sables mouvants dont le prof nous a parlé ; je risquais de m'y enfoncer. Alors ma mère arrive, et la joie que j'avais en réserve est trop grande pour trouver place dans le quotidien qui a repris. Il y a des joies qu'on ne sait plus où mettre. Mais c'est resté dans mon corps comme le pur plaisir d'être heureux sans raison. Cette sensation, je l'ai aussi à l'approche des fêtes.

Essentielles, les fêtes. Quand elles approchent, on se fait faire des vêtements neufs par un tailleur de la Médina. Il « prend les mesures » en bougonnant de dures pensées sur le destin, sur notre espoir millénaire, sur le Messie qui se fait attendre... Le résultat est joli, ou plutôt neuf ; c'est un vœu de « renouvellement » : *bssahtk* (que tu le portes-avec-ta-force-et-ta-santé.) Toujours des vœux de santé, à croire que des malades rythment dans l'ombre tous nos échanges. Il est vrai que les maladies s'aggravent facilement. Quand on guérit, on fait un grand repas, *l-ma'rouf*, qu'on partage avec d'autres – des voisins, des amis et des pauvres à l'entrée du cimetière. Voilà, on a failli y passer, mais ce n'est pas pour cette fois ; *ma'rouf* : « c'est connu, c'est évident ». Un de mes copains n'a pas guéri ; il devenait pâle, de plus en plus, et un jour il s'est effacé, comme un dessin qu'on a gommé.

Vu notre dénuement, l'exigence de « se renouveler » paraît comique, mais on y tient. Nous sommes confinés et avides de nouveauté. Ne pas se renouveler pour les fêtes, c'est comme être en deuil. Les chaussures aussi, il les faut neuves, elles sont sur mesure et bien moins chères que les modernes (*roumi-iènes*) : on pose son pied nu sur une plaque de cuir épais, le cordonnier fait le tour avec son crayon, ça chatouille. Peu avant le départ pour la France, on a pu accéder aux chaussures Bata. C'est ruineux, surtout quand le « mandat » est trop maigre.

Car on vit du « mandat » qui arrive de temps à autre ; une somme variable que le père envoie de France. Le coupon est dans la lettre, souvent très longue. Les lettres avec mandat ressemblent à des bons plats, aux tartines de confiture d'orange amère ; aux *mouffletas* – crêpes maison – avec de l'huile d'olive au miel. Les lettres *sans*, c'est du vieux pain, elles donnent soif, même avec des mots d'espoir : « Bientôt, si Dieu veut, nous serons réunis... » (On dit *Sim itbarakh* : le Nom-béni-soit-il.)

Lire les lettres et y répondre, je le fais dès l'âge de 7 ans. Je suis le septième de la fratrie, mais c'est moi le scribe. Les lettres sont écrites en caractères hébreux, mais en langue arabe. Je me faufile entre les deux langues. Dans la rue aussi, selon l'interlocuteur, on choisit la langue où l'on veut faire son jeu. La façon de dire n'est pas fixée, on la décide d'après l'effet que l'on souhaite. J'aime bien courber les mots, les faire passer d'une langue à une autre, où ils disent autre chose ; j'aime les enrouler, appuyer dessus, les faire s'exprimer comme un bouton...

Je lis les lettres du père à ma mère, elle y répond selon l'humeur du jour. Parfois, elle « balance » une réplique cinglante : *Ézi n-trrkhlo bra* (« Viens que je vide mon cœur sur lui ! »). J'écris sous sa dictée, dans la même double langue, avec toutes les nuances. Et quand ses mots sont trop durs – elle est furieuse d'attendre la « situation » qui tarde –, je les arrondis, je les adoucis. Je vois bien l'autre, là-bas en France, recevoir ces « cartouches » (*qrtass*), ces balles tirées à bout portant. Lui aussi voudra répondre et je serai entre deux feux. Ma mère devine les retouches et me demande à la fin de relire toute la lettre. Je le fais, et aux passages les plus chauds, je lis les mots blessants que je n'ai pas écrits. Je m'y retrouve ; c'est un effort de mémoire que l'exercice affine. Bien sûr, elle perçoit le manège, mais elle n'y peut rien, elle est analphabète ; elle prend sur elle. Moi, je vois chacun d'eux dans sa peine, et je m'arrange pour que l'autre le sache, le devine. Ça ne les empêche pas de s'empoigner et de se blesser avec des mots.

Les lettres parlent souvent des enfants (*trabé* : « ceux qu'on élève »). Elles commencent par des formules solennelles, notamment deux initiales tout en haut – BH, « avec l'aide du Nom » (*bé'ézrat hashém*) –, et s'achèvent par des vœux pleins d'espoir : (*Nrzaou mn sim itbarakh...*) « Espérons du Nom divin » qu'il nous soit favorable ; qu'il trouve la bonne « situation », celle qui activera le départ.

J'écris ces lettres sur une table basse, avec un porte-plume. Je m'applique en tirant la langue et j'essaie d'ignorer les états d'âme ; je suis tout à mon texte. Je l'écris sur des pages de cahier à carreaux. En France, je fus ébloui par les grandes feuilles toutes blanches, éclatantes, si loin de celles que je prenais et qui, encore vides, vibraient déjà de la tourmente qui dans une heure s'y produirait. Car les séances sont longues, ma mère ne peut pas d'emblée mettre de l'ordre dans ses idées, elle en reprend soudain une pour « insister » (*hrrsso*) ; et moi, le porte-plume en suspens dont parfois tombe une grosse goutte qui oblige à tout récrire, je la vois se débattre avec un flot de questions qui me semblent se ramener à une seule : « Qu'est-ce que tu fais pour qu'on soit réunis ? » La feuille se remplit peu à peu des palpitations qu'elle tente de maîtriser. Je vois la distance folle entre « ce qu'on sent » et les mots pour le dire. Mais dans la lettre de réponse, l'indignation éclate : « Tu crois que j'épargne mes efforts ? » Suit le récit de démarches sinueuses auprès de notables dont les noms rythment pour moi toutes les nuances de l'espoir, de l'agrément possible, la déception menaçante, l'espoir relancé...

Mon père aussi me dicte, quand il est là, des lettres – en arabe – que j'écris en français. Parfois en hébreu, langue qu'il connaît pourtant, mais il veut que ce soit écrit en lettres modernes et non dans son écriture médiévale. Ce sont des lettres commerciales à des barbus de Brooklyn, pour qu'ils nous achètent des cédrats. On leur dit que « Moïse notre maître » a prié avec un cédrat du Maroc ; alors, ils paient cher pour faire comme lui.

Et il y a d'autres lettres, de ceux qui sont « montés » en *Eréts* (la Terre promise). On les lit le samedi à la synagogue juste avant la Torah. Elles sont poignantes, comme des appels lointains mais pour moi irréels : « Et maintenant, ô ma mère et mes frères... (*Oudéba ya yima, ya lkhouène*), venez nous rejoindre, on est heureux, on cultive la terre, on y cueille des fruits comme nos ancêtres, des fruits énormes comme ces grappes qu'on porte à deux. » C'est si loin. À la maison, on se méfie de ces lettres. Mon père l'a dit une fois pour toutes : ses fils n'iront pas *là-bas* ; il y a envers les Marocains trop de *aflaïa* (de discrimination). On les appelle des *Maroco sakine*, Marocains-couteau, sous prétexte qu'ils sont « violents ». Si c'est vrai, pourquoi les rejoindre ? Et si on nous calomnie, pourquoi y aller ? J'ai fini par remarquer que ceux qui sont partis en France faisaient des études supérieures et que les autres, qui sont « montés » en *Eréts,* restaient de simples exécutants. Mais récemment, en visite là-bas, quand je l'ai dit à certains d'entre eux, ils n'ont pas « apprécié » : « Allez, c'est du passé... C'est différent... — Quoi ? Le présent a changé le passé ?... — C'est du passé j'vous dis, c'est très complexe. »

12

Nous étions enveloppés de récits édifiants – où semblait poindre un idéal, un espoir fou mais tenace : arriver vivant dans l'*autre monde* ; vivant, avec son corps, après la mort. Arriver *là-bas* « corps et âme », on disait (*gof ou nsama*). Certains « justes », paraît-il, ont pu tromper l'« ange de la mort » – car c'est un ange, un envoyé de *là-bas*, du ciel, qui vient prendre les âmes. En principe, il est intraitable. Ma mère racontait qu'une de mes sœurs, sur le point de mourir, vers l'âge de 10 ans, avait des sursauts de peur lorsqu'il s'approchait d'elle. Chaque fois, ma mère la protégeait, et l'ange de la mort s'éloignait. Mais lors d'un moment d'inadvertance, il l'a prise et emportée. Je me suis dit que l'inadvertance des adultes est vraiment insupportable.

Ma mère racontait aussi qu'une autre de ses filles est morte en bas âge pour « racheter » la vie du père : il était très malade, son état empirait ; alors un jour, elle a pris le nourrisson de quelques mois, elle l'a brandi vers le ciel – toujours lui – en criant à tue-tête : *Roh broh a baba rbbé* (« Âme pour âme, ô père divin »). Le lendemain, la fille était morte et le père guéri. Son récit m'a surpris : elle aurait pu se contenter d'une offrande ou d'un sacrifice. Dans la Bible, on verse une somme au Temple, dont le taux est bien calculé, pour racheter un homme, pour l'arracher à la mort imminente, ou à l'emprise divine. Elle ne devait pas avoir la somme.

Donc, aller au ciel vivant, c'était l'idéal absolu, fascinant ; mourir sans mourir… Le prophète Élie est supposé l'avoir fait ; supposé : car le Texte n'aime pas trop jouer avec ça. Pourtant, c'est écrit, le corps d'Élie a disparu dans un tourbillon de feu…

Mais pour nous autres, aller au ciel, c'était quoi ? Avoir ici bas un corps *céleste*, peut-être ? un corps très inspiré ? Allez savoir. En tout cas, l'un de mes ancêtres, grand kabbaliste, a bien failli *monter* au ciel, lui aussi, corps et âme ; on me l'a dit… Il vivait au Mellah, mais sa femme l'a retenu par le bout de son kaftan au moment où il entamait l'ascension… Tout petit, je me suis questionné sur le plafond : l'avait-il troué ? S'est-il cogné la tête et retrouvé par terre ?

Ces histoires, on les écoutait le soir autour des femmes assises sur la natte dans la pénombre, leurs cuisses blanches à l'air par les grandes chaleurs.

Ce même ancêtre est mort très jeune. Sa femme est allée le « voir » sur sa tombe ; elle y priait en extase, ça la rendait encore plus belle. Mais le cimetière est attenant à la muraille, alors de jeunes *mslmines* ont entrepris, du haut de la crête, d'enlever l'épouse avec une corde. Pendant leurs préparatifs, le gardien, qui dormait par cette canicule, a vu en rêve le mari qui lui dit : « Lève-toi ! (*Qoum !*) Va sur ma tombe, ils sont en train d'enlever Hnouène ! » (forme tendre pour Hanah). Il accourt et arrive juste à temps : il coupe la corde et délivre la veuve. Ce « Lève-toi ! » (*Qoum !*), ma mère le disait d'un ton bouleversant, comme si ce lien des époux, entre ciel et terre, la concernait de très près.

La même jeune veuve a joui d'un autre miracle. C'est un vendredi soir, elle est dans sa chambre, dans la grande maison familiale. L'employée passe devant sa porte et pousse un cri : « Mon maître est là ! il fait le *guifne !* » (le rituel du vin). Aussitôt, le chant s'arrête. L'époux venait donc honorer son épouse chaque veille de shabbat ; comme dans le Cantique des cantiques. Il venait de loin, du côté des morts pour lui chanter le fameux texte qui commémore la Création – celle du monde, pas moins ; disons, le monde en état de création continue...

J'ai longtemps cru à cette histoire, jusqu'au jour où je me suis dit que la femme elle-même, dans son extase, avait pris la voix de son homme pour (lui faire) chanter le couplet « Viens ma fiancée »... Alors, je n'y ai plus cru, je l'ai aimée, je l'ai trouvée belle. En tout cas, le miracle a cessé après cet incident.

On en avait, des histoires où ça circule entre les morts et les vivants. Du reste, on ne se gênait pas pour appeler un mort et le prendre à témoin : « Le voilà ! il est dans le monde de la vérité (*hahouak ! fdniét lhaq !)*, et moi dans celui de la vanité *(wéna fdniét lbatl)*, et il peut dire que... » Il peut dire que j'ai raison. Mais si le mort abuse, il faut une parole forte pour le remettre à sa place. Et de fortes paroles, on en a aussi – d'imploration, d'imprécation, de soutien, de moquerie... Des paroles hautement chargées de tout le sens qu'elles convoient le long des siècles. Un sens caché mais percutant. Même pour arrêter les scorpions, qui sont un vrai danger, on a les mots adéquats : une affiche à l'entrée de la chambre, avec un texte bien frappé, qui porte le mot « scorpion » (en hébreu) mis en morceaux ; il figure l'animal coupé en petits bouts, comme il doit l'être s'il franchit le seuil, s'il passe les bornes. Un jour, l'un d'eux s'est arrêté devant l'affiche, tout net, et il a attendu qu'on l'écrase. (En France, j'ai vu qu'Apollinaire faisait des poèmes de ce genre, des calligrammes.)

On fait des vœux incantatoires à tout propos mais avec précision : on glisse ses propres mots dans une phrase biblique ; on les lie ensemble, nos mots à nous et ceux du Livre ; et quand ça tient bien, quand c'est bien noué, ça fait une étincelle, et le sacré se met en branle et devient quotidien. Ça aide beaucoup, d'appeler le Livre à la rescousse. Mais son auteur Moïse n'est pas déifié pour autant : celui qui boude et qui part en claquant la porte déclenche cette riposte : « On a perdu Moïse, il nous reste Dieu » (*Msa Meussé lisraél, bqalheum llah*). Personne n'est irremplaçable ; nos ancêtres ont perdu leur chef, et ils s'en sont sortis puisqu'on est là.

Dans cette même maison, l'un de mes oncles réalisait un autre miracle, plus simple : jouer en petit orchestre de la musique andalouse avec ses amis arabes. Oui, en plein Mellah, lors de soirées festives, fréquentes et somptueuses. Selon la saga familiale, son père, un rabbin qui se piquait de sainteté, l'avait un jour maudit pour ces mœurs « dissolues » ; et mon oncle en est mort presque aussitôt. Il était jeune. Il y a des paroles fortes qui sont mortelles ; on le savait. Il fallait d'autres paroles pour les casser, les annuler, et il n'y en a pas eu. Quelle tristesse. Mais aussi, pourquoi recevoir de plein fouet une telle malédiction ? Pourquoi se soumettre autant aux mots d'un père grincheux, que personne n'a pu « contrer » ? J'en étais révolté. Ainsi, des gens ont suivi le trajet des paroles fatales et n'ont pu ni l'arrêter ni le dévier. Encore l'irréversible qui m'était insupportable. L'idée qu'on puisse tuer avec des mots, ou rendre gravement malade, m'a paru inquiétante bien qu'elle fût très banale : on baignait dans un univers (et déjà dans le Livre) où les mots peuvent soudain se charger de violence et se décharger sur vous, très au-delà de ce qu'ils veulent dire. Du coup, cette énigme m'a tourmenté : si des mots peuvent tuer, d'autres mots peuvent faire revivre, ou soigner ; mais peut-on les connaître à l'avance ? Peut-on les fabriquer ? Impossible, car d'autres gens pourraient alors produire en série des mots qui tuent. Et où sont-ils d'ailleurs ces mots « magiques » qui tuent ou qui font vivre ? Seraient-ce des mots de la Kabbale ? Des variantes du nom de Dieu ? ou de ses anges bons ou mauvais ? Je m'y perdais, tout en trouvant ridicule qu'il y ait des mots-poisons et des mots-antidotes. J'en ai mis du temps, à comprendre que ces mots ne sont pas connus à l'avance, que c'est dans l'échange de paroles qu'ils s'allument et qu'ils deviennent dévastateurs ou bénéfiques ; que c'est dans la scène même, dans la relation, qu'ils *arrivent* comme des événements, destructeurs ou libérateurs.

Ma mère aussi maudissait quand elle était en colère. Un jour elle m'a lancé : « Que Dieu te raccourcisse la vie ! » (*llah i-qssar 'amrk !*), parole banale quand on a désobéi. Mais ce jour-là, ça ne me va pas et je hurle : « Ça te plairait que je meure ? » (*Wés i'zébk nmeut ?*). Elle baisse le ton et remplace « ta vie » par « ta corde » ; en arabe, ça rime bien : « Que Dieu raccourcisse ta corde ! » (*Llah iqssar hbélk !*). Je n'accepte pas plus, et je prends une fine corde que je me mets à couper en petits bouts avec des ciseaux. « Que fais-tu là ? C'est quoi ces bêtises ! Tu sais bien que quand je maudis, je *dégonfle* ! » (*ta nfsakh*) ; elle dégonfle les vœux de mort en ajoutant par-devers elle une bonne formule. Alors j'ai voulu la mettre hors d'elle : « J'en ai assez des malédictions ! Si tu continues, je vais me convertir ! (*ntguiér*). Je vais devenir grec (*nwoulli grigi*) ! » Elle s'est arrêtée net, horrifiée. Dans notre tradition, devenir grec – au sens antique : devenir païen – était la pire transgression.

Mais elle bénissait aussi ; des flux de paroles bonnes aux subtiles alluvions irriguaient nos échanges ; les « que Dieu te sauve » (*'afak*), « que je me sacrifie pour toi » (*nkeun qrbane 'alik*), toi « lumière de mes yeux », « que ta vie s'allonge » (*llah itouwél 'amrk*) – toutes ces paroles volaient en l'air alternant avec les cris, les coups de babouche ou de ceinture (côté père). Les âmes sont pleines d'ecchymoses à embaumer, mais les bleus s'effacent vite. Je ne sais pas ce qui m'a pris ce jour-là pour la menacer de me convertir. Je voulais qu'elle me dise un mot doux qui vienne d'elle, qui ne soit pas codé. Car il y avait de la tendresse dans l'âpreté ambiante, de la tendresse à fleur de peau, mais elle ne devait pas se dire. Si on ose la formuler, ça sonne bizarre, un peu faux ou forcé. On peut dire : « Mon âme, va me chercher des allumettes », car « mon âme » est déjà dans l'air, dans le code. « Mon amour », non, ce serait obscène, ça renverserait le décor.

Mais l'épreuve des faits peut aussi renverser le code, révéler son hypocrisie. Je me souviens de cet épisode vécu par un sage, proche de la famille ; un saint homme vénéré, répondant aux questions les plus pointues de ses fidèles sur la conduite à tenir (la *halakha*), pour ne pas dévier de la Sainte Loi. Pas d'un pouce. Une fille lui est née, mais sa femme et lui ont été déçus ; ils attendaient un garçon, qui arriva trois ans après. Ce jour-là, tout le monde s'est affairé autour du petit dieu ; la fillette fut délaissée par tous. Elle n'a pas dû comprendre ce vide qui s'est fait autour d'elle. Elle a perdu la parole ; le peu de mots qu'elle savait ; et surtout, son index s'est soudain raidi, comme s'il pointait dans le vide une question muette. Ni les femmes qui frétillaient autour du petit en poussant des *youyous*, ni le père plein de sagesse ne se sont penchés sur elle. On a appelé le médecin, un Français, qui s'est mis à plier le doigt de toutes ses forces pour le ramener à la normale ; en vain. Cet index pointé devenait insupportable, mais la fillette le maintenait. On l'a confiée à sa tante, ma mère, qui l'a amenée à Marrakech où elle est morte en quelques jours, sans relâcher le doigt ni desserrer les dents.

Ce récit m'a stupéfié et m'a rendu sceptique sur l'envergure des « sages ». S'ils ne perçoivent pas l'appel silencieux et ne captent pas ces signes de détresse, à quoi servent-ils ? S'ils sont habités par la Présence (la *Shékhina*) mais ne voient pas celle qui s'étale sous leur nez... Souvent, je suis déçu par leurs discours édifiants. À quoi bon labourer le Livre, dans tous les sens, si ce qu'on en tire est aussi pauvre ? Mais leur joie d'étudier leur fait oublier les autres. Pourtant, ils parlent beaucoup du prochain.

Et surtout, ils brandissent cette terrible réponse : si on n'a pas un peu de bonheur, un peu plus que ça, c'est que Dieu ne le *veut* pas ; ou pire, c'est qu'on lui a déplu.

Cela me plonge dans d'étranges rêveries : nous avons donc tant d'influence sur lui ? sur ce qu'il décide ? Ça ne le gêne pas de nous répliquer d'une façon aussi mécanique ? De se calquer à ce point sur nos conduites ? de nous suivre, presque ? Et s'il nous frappe pour nos « fautes », pourquoi nos « bonnes actions » ne le font-elles pas réagir et doivent-elles être leur « propre récompense » ? Que de méandres. Et personne à qui parler sans se faire rabrouer : « Alors, c'est toi qui vas montrer au Créateur ce qu'il doit faire ? Espèce d'*apiqoross* ! » (épicurien ; en fait : mécréant).

13

Pourtant, je respectais ces rabbis, mais je doutais de leur savoir et surtout de son intérêt. Chacun d'eux s'appelait un *méqoubal* : « celui-qui-a-reçu » (c'est le même mot que « kabbale » : réception d'une pensée transmise par d'autres). Ils ont beaucoup reçu et ont beaucoup lu le même Texte, mais qu'est-ce qu'ils donnent d'autre, eux ? Ne font-ils que rendre ce qu'ils ont reçu, chacun à sa manière ? Par la suite, j'ai pensé à ces bons maîtres comme aux gardiens d'un grand musée où serait conservé le Texte, mais où peu de visiteurs se présentent. Le Texte est bien gardé, en attendant. Un drôle de musée où les gardiens sont des barbus un peu coincés. Au moins ont-ils préservé l'Écriture ; ils l'ont transmise, même de façon assez fermée ou stérile. Et ça en a aidé plus d'un à survivre. Après tout, mis à part quelques grands inspirés, la religion sert de béquille à ceux qui en ont besoin ; elle les aide à tenir debout, à savoir quoi faire de leur temps, elle ne les rend pas plus généreux avec les autres.

Ce qui m'agaçait, c'est que le discours de ces maîtres ne changeait pas. Déjà, la ville ne changeait pas et ce qu'on y faisait restait pareil ; si ce qu'on disait aussi ne faisait que se répéter, c'était l'angoisse. Cette angoisse, je l'ai ressentie très fort. Pas celle où l'on n'a plus de repère, celle où l'on n'a qu'un repère, autour duquel on tourne en rond jusqu'au vertige, à la nausée.

Parfois, ils semblaient se dire entre eux des secrets sur le Messie, sur sa date d'arrivée. Qu'ils y croient, c'est normal, on croit tous qu'un jour le monde sera meilleur. Mais eux avaient l'air très au courant de son approche, de ses déplacements, de son humeur. Pourtant, au quotidien, on parlait de cette arrivée ironiquement, c'était un synonyme de l'impossible : « Quand est-ce que je l'aurai, cet argent que tu me dois ? — Le jour où le Messie viendra ! » Et l'homme s'en allait mortifié. Allez, va voir ailleurs.

En revanche, j'aime le groupe d'étude talmudique qui se retrouve chez moi quand mon père est là. Ils arrivent, je me mets sous la table et j'écoute la musique de leur lecture, le chant de leurs disputes. C'est très vite le brouhaha, puis soudain l'un d'eux attaque, il lance sa voix sur un argument subtil, comme sur une arête, puis la voix avance par petits bonds sur les tons graves croissants, elle accumule posément les données du problème et, brusquement, elle bondit dans les aigus – jusqu'au suraigu – pour faire éclater la question (la *qshia*, le point difficile), dans un grincement strident, déchirant, désespéré. On dirait que s'il a tort, il n'a plus qu'à disparaître. Il défend sa peau, cet homme, il faut l'aider, le secourir, on ne peut pas le laisser dans cet état. Sous la table, je m'amuse de cette fausse détresse, de cette pression sur les autres qui doit forcer leur acquiescement, balayer leur résistance. Mais les autres ripostent, ils ne sont pas d'accord : sans avoir comme le premier le temps d'y aller gravement et de trotter sur le fil de leur argument pour arriver jusqu'au cri, ils y vont à tour de rôle, chacun dans sa modulation, ils attaquent d'emblée dans l'aigu ; ils s'égosillent, ils s'affrontent avec passion. Leur dispute haletante fait un beau vacarme. Parfois l'un d'eux, soudain, parle tout bas, et il emporte le morceau.

Un jour, après l'étude, pendant qu'ils bavardent en buvant de la *mahia*, l'un d'eux évoque l'attitude de certains haineux (*sseuniyènes*) qui nous harcèlent ; et l'une des voix graves déclare : « Il faut leur citer ce verset du Coran : "Ne parlez aux gens du Livre que de belle manière." Ça les fera réfléchir. » Une autre voix plus aiguë objecte : « Ce n'est pas si simple… J'ai été voir ce verset, il précise : "… de belle manière, sauf s'ils sont injustes." Ils doivent nous parler de belle manière sauf si on est injustes. Mais pour eux on *est* injustes puisqu'on refuse leur religion ! On la refuse puisqu'on n'y entre pas… » Un brouhaha s'ensuit et ils passent à autre chose. Je suis stupéfait : ils lisent donc le Livre des autres ?

En tout cas, ils parlent l'arabe avec beaucoup de mots d'hébreu, tout en lisant le Talmud en araméen. Ce mélange de langues m'a toujours intrigué. En fait, nous n'avons pas de vraie langue – pour penser, pour nous confier. Chacune de celles que nous parlons est entamée par une autre. Nous nous exprimons, nous communiquons, mais aucune de nos demi-langues ne nous porte aux nuances des sentiments ou au jeu des idées. Nos bribes de langues, embouties par la religion, se prêtent mal à la pensée. Mais qu'avons-nous à penser ? Nous jouissons d'être bien dans ces langues emmêlées, en nous berçant de rimes et de maximes bien frappées, souvent conjuratoires (*l-m'ané*) ; comme si leur rythme nous tenait lieu de nouveau sens.

Il y avait aussi tout le commerce dévot. Les « pèlerinages », les virées festives sur la tombe d'un saint. Occasions de faire la *nouba* – le déchaînement des bons plats et des boissons : bière, vin et eau-de-vie. Les femmes cuisinent, les hommes prient, tous font des « demandes » au saint et le supplient d'intercéder. C'est dans la vallée de l'Ourika ; il y en a plusieurs là-bas ; leurs tombes sont enfouies dans des ruelles des villages couleur d'argile, comme la montagne rougeâtre dans laquelle ils se fondent. L'un des saints s'appelle Meulaïrri ; ma mère lui adresse plein de « demandes » (*tlibat*) quand elle allume un « verre » à sa mémoire. Les mêmes que ceux qu'on vend dans les synagogues les soirs de fête ; mais là ils sont grands comme des vases de deux litres, pleins d'eau et d'une couche d'huile avec une mèche qui brûle longtemps. Celui qui achète le verre – au nom d'un saint – peut lui faire sa « demande » le premier, en allumant la mèche du verre. Essentiel d'être le premier à demander. On est mieux servi. Enfant, je les regarde allumer leurs verres ; chacun se concentre, il jouit du geste qu'il a payé. Après tout, s'il y tient très fort, la bonne « réponse » peut très bien arriver. Mais le verre est indispensable. La flamme.

Les samedis et les fêtes, on vend le privilège de « monter » à la Torah, à commencer par celui d'ouvrir l'arche où se trouvent ses rouleaux (tous en parchemin, écrits par un scribe qui ne doit faire aucune faute ; s'il en fait une, il doit jeûner). Tout petit, ces enchères m'excitaient, puis elles m'ont ennuyé : elles rallongent la durée de la prière, déjà énorme à mon goût. Mais je m'amuse à guetter les petits gestes et les rictus de ceux qui montent l'enchère ; quand ils emportent le morceau, le gérant les bénit. Si l'enchère a bien monté, il les bénit intensément.

Mon père, lui, enchérit une fois par an, en octobre, après la fête des Cabanes, dans une synagogue du Mellah – celle d'Abttane –, aujourd'hui disparue. Pour une somme modique, il m'achète le « privilège » de chanter chaque samedi le texte des Prophètes. Je l'ai fait entre 8 et 13 ans, jusqu'à mon départ en France. Chaque samedi, j'affronte un public implacable. Les gens suivent chaque mot et reprennent la moindre erreur, même d'intonation. Cela m'a initié au sadisme des adultes et à leur folle complaisance lorsqu'ils sont en groupe. Pour les contourner, un seul moyen, « posséder » le texte à fond. Alors, qu'ils y aillent, qu'ils traquent la faute ! Je n'en fais plus aucune, je file comme un chat à travers les « versets » ; frustrant de leur plaisir les maniaques aux aguets. Et dès que j'ai fini, je file dehors. La ville m'appartient.

Car j'aime beaucoup me promener, surtout place Djama' el Fna ; au risque d'être attaqué. Sans radio ni télé, dans la pleine liberté *vide* du samedi, marcher et regarder sont ma grande distraction – outre l'étude, l'étude et l'étude ; que je tente de varier en fréquentant la petite bibliothèque, à mi-chemin entre Derb el Bahia, où j'habite, et le Guéliz. J'aime y aller pour lire *Paris-Match* et les livres dont je voyais au souk du Mellah des extraits en forme de Classiques Larousse. Très précieux, ces fascicules, quand nul n'est là pour conseiller ; ils suggèrent d'aller aux sources, de lire le livre entier. Donc, je lis à 12 ans *Le Contrat social* et *Les Trois*

Mousquetaires, *L'Esprit des lois* et les *Contes* de Voltaire, *Vingt mille lieues sous les mers* et l'*Éthique* de Spinoza, des romans-photos qui traînent chez des proches, comme *Nous deux* et *Intimité* : ma culture française prend forme. Avec aussi des revues sportives, à base de foot, de boxe (Marcel Cerdan) et de cyclisme (Fausto Copi et Bartali).

Dans cette même petite salle, j'ai lu des bribes d'une histoire du Maroc, pour voir si ça m'intéressait. J'ai aimé celle de Moulay el Rachid, le grand guerrier que son cheval, pur-sang arabe, jette par terre en pleine parade et qui se casse le crâne comme un œuf. Et j'ai vu que le Maroc aussi avait des colonies, en plein XVIIe siècle : Sénégal, Mauritanie, un morceau d'Algérie, etc. J'étais presque rassuré : il n'y avait pas que les Français pour avoir des « possessions ». Les Arabes aussi, et les Berbères. Eux aussi font la loi du plus fort lorsqu'ils en ont la force. Avec les Noirs, ce fut pire qu'avec nous, ils n'en ont pas fait des « protégés », mais des esclaves. Dans notre langage quotidien, on désignait un *Noir* par le mot *'abd* : esclave.

La bibliothèque est mon havre de paix, ma fenêtre sur le monde et la rêverie. Je me souviens du *Comte de Monte-Cristo* et de la scène où il assiste à son propre enterrement. Quelle trouvaille... Voir les siens pleurer sur soi et dire enfin tout leur amour, sans réserve. Bien sûr, c'est sans réserve parce qu'on est mort. Si on déboulait sur la scène, on les verrait se rétracter, mais quand même.

Or ce havre délicieux n'est pas facile d'accès. Et je ne peux y aller que le samedi. Mais j'y prends un plaisir fou : ouvrir un livre quelconque, surtout d'un auteur

« célèbre », lire une page et la comprendre – ou en avoir l'impression. Peu avant mon départ, je mets mon point d'honneur à comprendre ce que dit l'auteur, même si je reprends six fois la phrase. Ce que je ne vois pas, c'est pourquoi il le dit, où il veut en venir. L'idée ne me vient pas qu'on remplisse des pages parce qu'on pense que ce qu'on veut dire est important ; et que ça le devient du seul fait qu'on le pense.

Entre deux livres sérieux, je me repose dans *Paris-Match* ; ses pages pleines de photos en noir et blanc m'éblouissent. J'y vois un jour celles de Diên Biên Phu. La défaite. Que sont-ils allés faire là-bas, dans cette *cuvette* ? Le mot me semble étrange : cuvette. Je pense à la cuisine ; ils sont allés se faire bouffer. Je pense à la lessive : ils sont allés se faire lessiver. Bref, je retrouve, mais en français, les jeux de mots chers à mon père. Il aime ça, lui, il en fait tout le temps ; mais toujours les mêmes et cela m'attriste. C'est très pénible de voir son père ressasser les mêmes jeux.

Avant de partir en France, il voyageait dans l'Atlas ; il parcourait les mellahs pour inspecter les petites écoles de la Torah et nous rapportait des épices, du pain berbère (*tanneurt*), des dattes et d'autres fines nourritures. Tout notre petit monde est ancré dans la nourriture, ombiliqué dans le bon plat. Un repas, c'est un rite entre la mère et le bon Dieu, entre la terre et le ciel. Un rite où s'exprime notre hantise de manger et que ce soit bon... Parfois, place Djama' el Fna, les soirs de ramadan, je vois une longue file d'hommes, chacun aspirant son bol de soupe (*hrira*), avec un son humide et prolongé. Après quelques goulées, les plus repus lancent déjà leurs premiers rots en exhalant des « grâces » (*hmdou lilléh*). Nous aussi, les enfants, nous imitons ces rots (*tgri'at*) lors des bombances aux jours de fêtes ; mais nos grâces sont des prières d'un bon quart d'heure.

La fête (l'*id*), c'est le même mot – la même racine – que la *'ada*, la tradition, avant tout culinaire. Chaque fête a la sienne ; pas question de changer de plats, on se tromperait de fête. Nos mères y sont reines ; elles orchestrent les repas, elles les travaillent toute la journée. Les hommes, eux, je ne sais pas ce qu'ils font, ils « courent » après l'argent (*ta izriou*), ils *vendent* et *achètent*, comme on dit. Et s'ils n'ont rien à vendre, ils sont foutus... Les notables aux revenus gras m'intriguent : leur suffisance naïve, leur bêtise parfois méchante, leur égoïsme rusé. Comment des gens si alertes, si « éveillés » (*feïqine*) peuvent-ils être aussi bornés ? Chez les pauvres, c'est moins visible ; ils sont trop soucieux de l'essentiel pour s'installer dans la bêtise. Mais celle des nantis est triomphante, ils l'étalent, ils se lâchent quand ils veulent ; et certains n'ont clairement pas de limites.

14

Quant aux Français, ils me sont inaccessibles. Je ne les vois qu'en tenue militaire, de loin. Ils surgissent en nombre le 14 Juillet, au défilé. C'était pour moi un moment d'histoire palpable. J'appréciais *La Marseillaise*, dont j'appris aussitôt l'air. Un jour que je m'éloignais en la sifflant soigneusement, un soldat m'a pris en chasse : « Ça ne se siffle pas ! » Mais je courais plus vite que lui.

Ici, j'étais toujours en short. Lorsque j'ai eu 13 ans, nous étions sur le départ. Et arrivés à Paris, on s'installait à peine, alors je n'ai pas fait ma *bar-mitsva* ; je n'ai pas eu l'objet magique qu'on obtient lors de ce rite décisif : le costume bleu marine ; le signe évident qu'on est adulte. Pourtant, l'autre signe symbolique – pouvoir lire dans les rouleaux de la Torah –, je l'ai eu très vite. Dès mon arrivée en France, à la « colo » de Chailly-en-Brie, le directeur, voyant que j'étais un initié, m'a demandé : « Est-ce que tu as plus de trois poils sur le sexe ? — J'en ai bien plus ! — Alors tu liras. » Et cette lecture n'est pas si simple, sans voyelles et sans signes musicaux.

L'absence de ce costume m'a joué un tour, juste avant mon départ. Je devais me produire dans une pièce de théâtre, j'y tenais le rôle principal. J'arrive pimpant et fier pour la fête, la « distribution des prix », en short et en chemise. Le directeur me toise : « Allez mettre *votre* costume ! » J'esquisse une explication, mais l'ordre est sans réplique ; l'échange bref. « Allez-y ! — Mais où ? — Et revenez en costume ! » Je comprends que cet homme au regard d'acier n'entendra pas. Nos deux mondes sont incompatibles. D'ailleurs, je le prenais pour un « chrétien » (*nsrané*), ce M. Goldenberg qui semblait ne comprendre ni l'arabe ni l'hébreu. Ce jour-là, j'apprends qu'il y a plus dur qu'un mur en béton : faire bouger un adulte qui reste sur sa « position ». On peut buter sur le mur, mais l'homme qu'on ne peut pas fléchir, on s'écrase dessus. Mieux vaut s'éloigner.

Cet homme n'a rien laissé paraître de son plaisir à me virer. Peut-être se vengeait-il ? Et de quoi ? De voir que je lui échappais en clamant ma joie du départ ? Que des adultes se vengent sur des jeunes, je voyais ça tous les jours, mais j'en ai gardé une suspicion envers les gens de pouvoir ; une impression que c'est dans l'abus qu'ils jouissent le plus.

J'ai donc été pour ainsi dire chassé de l'école le dernier jour. Et je n'ai pas eu mes prix ; j'en avais quelques-uns. Pas en maths, c'est sûr, je n'avais aucune idée de ce qu'est une démonstration ; c'est en France que j'ai découvert la chose et ça m'a ébloui : cueillir des preuves de tous les côtés, les rassembler, ne pas se tromper (mais pourquoi *se* tromper soi-même ? les autres vous trompent bien assez), puis lancer le résultat, et personne ne peut rien contre, c'est incassable, irréfutable ; quel plaisir... Ici, la manière dont on nous enseignait les maths était typique : on nous faisait entrer dans le moule des définitions, des théorèmes, des hypothèses ; et quand on y était entrés, on n'en bougeait plus, on n'existait plus ; l'idée ne venait pas de faire appel à la fantaisie, à l'imagination. On se coulait dans le modèle jusqu'à la noyade totale.

Il n'y a pas eu d'au-revoir aux copains, aux professeurs ; à l'une d'elles surtout, une blonde dont j'étais amoureux, une prof de physique-chimie à qui je posais des questions alambiquées sur les acides et les bases juste pour entendre sa voix et voir ses seins bouger pendant ses longues réponses. Et même les bâtiments, je n'ai pas pu leur faire signe pendant qu'ils étaient pleins de monde. Tant pis. Ils avaient été protecteurs mais aussi terrorisants, quand les profs s'excitaient sur la discipline alors qu'on était plutôt calmes. Après tout, ces murs m'ont donné le goût de la liberté.

Une fois dehors, je marche en ressassant. J'en veux à ce type. Mais arpenter les rues et les souks fait passer mon cafard, d'abord doucement puis très vite. Je m'en rends compte d'une façon qui m'amuse : une fois place Djama' el Fna, tout le film de mes pensées tristes a défilé, toutes les images ; à vive allure il faut croire, car la place est à dix minutes de l'école, celle d'Arset el M'aj. Ma colère aura pris moins d'un quart d'heure. Puis je plonge dans un blanc velouté, un vide lumineux que le foisonnement des souks envahit peu à peu.

Et me voilà parti pour une grande balade, la plus longue possible ; un adieu à la ville. J'en absorbe l'espace immense à pleins poumons, je suis heureux : il y a de la place pour vivre ailleurs ; personne ne peut m'en priver ; il faudrait m'enfermer. Mais voilà, aujourd'hui c'est dehors qu'on m'enferme. Non, on ne m'enferme pas, on me ferme une porte ; j'en trouverai une autre. Et si je ne peux aller nulle part ? Impossible, j'ai la lettre du père. Et même sans elle, je trouverai une autre idée. Penser, personne ne peut m'en empêcher. Je l'ai senti dans cette longue promenade ; ça m'a consolé puis réjoui. Je me suis bien « remonté le moral ».

En fait, je suis déjà parti. L'autre a fait son métier d'être inflexible, et moi je plonge dans la ville, elle s'ouvre devant moi ; cette fois je la sens accueillante, sans réserve. Elle m'enveloppe de ses couleurs, ses vastitudes et ses lumières, ses espaces vides et ses foules. Je nous sens complices, elle et moi, dans la fierté et le dénuement. Je vais partout, dans les caravansérails, chez les tanneurs, les teinturiers. (J'en vois un qui verse un seau de teinture rouge ; cela me rappelle les seaux de sang qu'on jette après l'abattage d'une vache, lorsqu'on nettoie le patio à la serpillière – *sffafa*.) Au souk, les femmes sont enveloppées mais visibles ; les hommes ont un bon regard, absorbé ou vacant. Leur présence m'apaise : le costume bleu marine n'a pour eux aucun sens, ils n'ont rien à voir avec, ni avec l'homme au regard de carpe qui l'exigeait.

J'arpente la Médina dans tous les sens, je la récapitule. Je suis présent et déjà loin. Je me vois du dehors tout en humant ces boutiques parfumées, ces décors médiévaux où des corps bien réels jouent pour de vrai un drame antique qui m'échappe, une scène immémoriale pleine de rancœurs et de plaisirs.

Pendant cette longue marche (je suis rentré seulement le soir, ma mère a cru que la fête m'avait retenu toute la journée), j'ai pris goût à la solitude. On est si bien finalement, à l'écart ; ça donne des forces ; on n'a pas à se perdre dans ce que les autres vous proposent, vous imposent. La sensation du bien-être me revient, me pénètre, me révèle que je suis bien. Et je découvre que cette exclusion me donne des forces. Ai-je vraiment besoin d'un costume pour jouer mon jeu ? « Ça fait du bien d'être exclu de temps en temps », me suis-je dit par la suite. Ça vous aide à ne pas vous confondre avec là où vous êtes. Et, si on a quelque chose dans le ventre, c'est l'occasion de l'exprimer, c'est le moment ou jamais pour que ça sorte. Si en plus l'exclusion est injuste, c'est stimulant ; ça vous met dans le cerveau une force bien plus tonique que le sentiment d'être une victime.

J'ai gardé de cette errance une horreur de l'impasse. Dès qu'on me coince, j'essaie de chercher autre part ; « on », c'est quelqu'un bien sûr, qui prétend me faire sa loi, me montrer que la seule issue est d'en passer par lui. Alors je suis déjà ailleurs. Je n'insiste pas. C'est devenu mon grand défaut : autant devant une idée ou un problème je ne lâche jamais, autant devant quelqu'un qui jouit de barrer la route et de contrôler le passage, mon plaisir est de l'ignorer, de m'en remettre à l'ailleurs immense (au grand tailleur qui me fait d'autres costumes...) qui m'accueille avec douceur ; pendant que l'autre « maintient » sa « position ». Il faut bien s'ouvrir l'autre espace, non pas pour fuir l'épreuve mais pour renouer avec la simple joie d'exister, d'être là, de s'abreuver aux sources fraîches de la liberté.

Et j'ai mis du temps à voir qu'il fallait être ailleurs tout en gardant un pied ici ; qu'être ailleurs sans être ici, c'était de la fuite. Oui, l'ailleurs n'a d'intérêt que si on peut y apporter ce qu'il y a ici ; même en pensée. Et si on peut le ramener ici, plus ou moins, quitte à repartir autre part.

Cette marche rêveuse me réjouit ; j'y vois mon départ s'étaler sur les murs couleur d'argile marqués par l'abandon, par un temps qui ne change pas. Mon plaisir d'être là, redoublé par celui d'être ailleurs tout bientôt, m'a rappelé une longue errance dans la ville cinq ans plus tôt. Qu'est-ce qu'on est vieux à 13 ans quand on se revoit à 8 ans... Cet été-là, les miens étaient partis en pèlerinage me laissant à ma grand-mère maternelle, une forte femme endurcie par la vie : des vingt enfants qu'elle avait eus, il en restait une dizaine. Et moi, réputé sage, je n'avais qu'une chose à faire : aller à l'école de Torah (*ssla*) du matin au soir.

Aussitôt la famille partie, je retourne chez moi, j'entrouvre légèrement la porte – fermée seulement par un cadenas –, j'y glisse mon livre, puis je vais chez la grand-mère la harceler (« Il va me rendre folle ! ») pour avoir la somme qu'ont laissée les parents. Elle me la jette par terre, je ramasse les pièces une à une. J'ai voulu parler au grand-père, mais elle l'a isolé depuis longtemps pour régner seule. L'homme, ruiné par ses fils, devenu aveugle, psalmodie toute la journée, répétant des blocs de Bible et ponctuant ses pieux murmures par des pensées sur la Kabbale. C'est ainsi qu'il a annoncé un jour de Pâques : « Dans six mois, c'est la fin du monde. » Froidement, sans s'affoler, avec des preuves et des calculs. Six mois plus tard, jour pour jour, il est mort. À croire que chacun ne parle que de *son* monde ?

Donc, une fois seul dans la rue et libre pour huit jours, avec un refuge pour la nuit (l'autre grand-mère, naïve et gentille, ne posant pas trop de questions), j'ai toute la ville pour moi. Je pars tôt le matin comme pour aller étudier et je rentre tard le soir, fourbu d'une autre étude. Huit jours d'ivresse et l'immensité pour soi, de quoi errer passionnément, se perdre et se retrouver, dans l'enceinte des murailles ou dehors, parfois très loin. J'ai parcouru tous les souks et les marchés, j'ai humé la ville, je l'ai respirée, absorbée. J'en connais les bruits et les gestes, ceux des cochers, des forgerons, des cardeurs de laine, des artisans du bois, du cuir, du cuivre... J'aime regarder les nourritures, les fruits et les fleurs. J'observe pendant des heures les bijoutiers ciseler des bagues et des bracelets ; je surprends des voleurs en plein travail ; parfois, ils me bousculent en courant.

Je ne pense à rien ; et soudain une pensée se forme, sereinement désespérée, avec plein de questions : pourquoi sommes-nous à part depuis des siècles, et pourquoi si enfermés ? Que pense ce marchand qui a l'air hébété ? Que peut-il gagner si tout le contenu de sa boutique vaut une somme dérisoire ? Pourquoi toujours étudier le même Livre ? Pourrons-nous un jour vraiment partir ? La vie, c'est sûrement autre chose, mais quoi ? Ces questions devinrent plus tendues quand, deux ans après mon départ en France, je suis revenu ici l'été pour acheter des cédrats dans le Sud, près de Taroudant : j'ai été révulsé par cette misère ; je la « voyais » pour la première fois. Avant d'avoir vécu à Paris, j'y baignais tout simplement, avec les autres ; c'était mon décor quotidien, et c'était bon.

Je déguste ma balade du dernier jour, pendant que les autres font la fête, la distribution des prix. J'ai la tête dans les nuages et j'enchaîne quelques idées lorsque, au tournant d'une ruelle, un homme en pleine course me bouscule violemment. Un voleur. En fait, il me renverse, il tombe sur moi et se relève aussitôt, sa tête rasée frôle mon visage, sa tête d'où part une mèche tressée qui fouette mon front. Il me lance un regard fou et reprend sa course. Au même moment déboule sur moi l'homme furieux qui le poursuit et que j'ai failli faire tomber, lui aussi. Il a l'air assez idiot et il m'engueule de ne pas courir. Quelle fraternité… Je lui crie que j'ai mal au pied (*iwj'ni rjli*), le pied que j'ai posé ou plutôt qui s'est figé sur un objet que le voleur a fait tomber. Aussitôt seul, je le ramasse : un petit portefeuille en cuir doré avec six billets de mille francs. Après un bref moment vide où j'ai du mal à y croire, je me dirige vers le cimetière, mi-effaré mi-jubilant. Il me faut un bon repli, un lieu sûr. Ce grand espace vide m'apaise. Je mets deux billets dans la tirelire du saint, dans la salle des discours sur les morts, là où s'arrêtent nos cortèges. Et je repars avec le reste, après un regard circulaire sur le ciel immense ; le ciel qui fait pour moi le charme de ce lieu, et qui s'arrête au loin sur les murailles de la ville.

Oui, un regard rieur sur le ciel tout bleu : il me porte chance. Ce n'est pas la première fois qu'après avoir moulu des pensées noires, je fais une trouvaille qui me réjouit. En partant, je lui lance un cri de grâce. Pas une prière habituelle, un de mes vers préférés de je ne sais quel psaume : « Ce ne sont pas les morts qui peuvent te glorifier. » C'est nous, les vivants.

Le retour à la maison est un peu dur. La ville ne me protège plus, avec ses rythmes, ses couleurs, son brouhaha. Je reviens vers ma ruelle et je la vois comme une impasse ; ce qu'elle est, du reste : elle ne mène nulle part ailleurs. Cette fois, je l'éprouve dans ma chair, dans ma tête ; je bute sur l'énigme de l'abus comme sur un mur transparent : c'est ainsi, il y a des gens qui ont le pouvoir de vous jeter, et ce pouvoir ils en abusent. Que faire avec eux ? Que faire quand un homme vous marche dessus et qu'il n'y a pas de recours ? Je tourne en rond comme un chat enfermé, je m'enivre de la question, je m'échauffe avec, puis j'essaie de ramener le calme dans ma tête. Et voilà que s'y engage une discussion avec l'autre part de moi. C'est une vraie découverte, un choc de douceur. Depuis, j'y ai pris goût, j'en ai souvent.

« Alors qu'est-ce qu'on fait ? — Qu'est-ce que *tu* fais ? Tu lèves les yeux au ciel, voyons (*hzz 'inik l-lah*), comme on dit autour de toi. — Et il va me dire quoi faire ? Tu penses qu'il sait ? — Dieu, il est là pour ça. C'est seulement s'il sait, que nous on peut savoir. — Alors, je peux savoir sans lui demander. — Essaie donc ! (Long silence.) Qu'est-ce que tu trouves ? — Qu'il n'y a rien à faire. — Tu exagères, tu dis toi-même qu'il y a toujours une autre piste. — Il n'y a rien à faire de cette histoire, il faut faire autre chose, c'est ça l'autre piste. — Alors laisse tomber et fais autre chose. — Ce qui m'exaspère, c'est qu'on m'a privé de mes prix. — Tu entends ce que tu dis ? — Oui, on m'a privé de mes prix. – Ne sois pas sourd ; tu as parlé de *mépris*. (J'éclate de rire et aussitôt je me reprends.) — Les jeux de mots m'agacent. Mon père en abuse, il ferait mieux de moins jouer avec et de les tenir, les mots.

Chez nous, “avoir le mot” (*'ndo lklma*), ça veut dire tenir parole. — Il fait ce qu'il peut, ton père. On parlait du mépris. — Tu as raison, il faut régler ça par le mépris ; des gens pareils, il faut les couvrir de mépris. »

Je suis content de ma trouvaille, mais au bout de quelques minutes je m'aperçois que c'est pire : je pense tout le temps à ce type. « C'est affreux, si je le méprise il me colle, il ne me quitte pas. — Alors méprise ton mépris, et tu trouveras la paix ; essaie. Laisse tomber, *vraiment*. »

Et j'ai retrouvé la sortie, l'air libre, le large, dans la « grande pièce » tout étroite où nous vivons. Et l'idée du départ s'est remise à briller devant moi.

15

Pour gagner sa vie, mon père faisait de l'abattage rituel et des circoncisions ; bref, il coupait les têtes et les queues. J'ai souvent vu dans un patio une vache par terre dans son sang – ou un veau, ou un mouton – faisant des « signes » eux aussi, des signes convulsifs dans leur long évanouissement ; comme pour chercher ailleurs l'élan de vie qui manque, avant de se résigner. C'est leur essoufflement rauque qui m'a montré l'irréversible, l'irrémédiable : il y a cinq minutes la bête vivait pendant qu'on l'attachait, juste avant le trait silencieux du couteau. Le même jour, je pouvais voir un nourrisson pousser son cri spasmodique quand le couteau lui tranchait le prépuce. J'accompagnais mon père pour aller voir l'enfant dès le second jour de sa naissance. Je suis surpris quand le pénis du nourrisson s'érige pendant qu'on l'examine. Certains lancent même un jet d'urine majestueux. Pendant le rite de la coupure, ce n'est vraiment pas le silence ; la vague des *youyous* et des chants puissamment maintenus couvre la petite voix. Il peut toujours crier, le petit, on *sait* qu'il est d'accord. Et si on attend qu'il le dise plus clairement, comment faire pour le circoncire à huit jours ? On l'amène donc vêtu de blanc, on le porte comme pour un sacrifice, on le tient haut sur son coussin immaculé ; et après l'acte on le rend à sa mère, solennellement. Le voilà, ton fils, on n'en a pris qu'un petit bout. La mère est belle comme une mariée, et souvent pâle, comme si c'était à elle qu'on avait coupé quelque chose.

C'est aussi l'occasion de règlements de compte, où tel rabbin, vexé de n'être pas désigné pour trancher le prépuce ou pour tenir l'enfant pendant la cérémonie lance une « mauvaise parole », que le tout petit reçoit de plein fouet. Il peut s'en trouver mal ; et même en mourir. Mais le rabbin évincé peut être maudit par un autre, plus « fort » que lui, et c'est lui qui va très mal. Une fois, les deux rabbins sont morts presque en même temps parce qu'ils se sont maudits l'un l'autre et qu'ils étaient de force égale.

En tout cas, les cris du nourrisson m'ont appris ce que peut être une épreuve, un acte pénible mais nécessaire ; désagréable et impossible à éluder. C'est le lot du petit. Les autres convives hument une feuille d'oranger pour remercier le Créateur d'avoir inventé le parfum, puis ils plongent dans le festin et tout se confond en nourritures.

C'est ainsi que dans ma mémoire, les plats somptueux sont connotés de sacrifice, d'égorgement, de chair vive coupée... On y va au couteau – grand, moyen ou petit : le grand a une lame effrayante, c'est pour le bétail ; le moyen pour la volaille, le petit pour la tige des nourrissons. Avec le grand, mon père m'a un jour menacé si je pissais encore au lit. « Je te la coupe avec ça ! » L'effet fut immédiat. Certains soirs, je le voyais affûter la grande lame avec un soin obsédant : il faut pouvoir passer l'ongle de l'index sur le fil d'un bout à l'autre sans ressentir d'aspérité ; pas la moindre, pour que les bêtes (et le bébé) « ne souffrent pas ». Je suivais ce travail « sacré » ; après quoi on s'en donne à cœur joie – on partage le festin avec Dieu, et il a grand appétit.

La bonne nourriture. Notre meilleure motivation. Il y a même une nuit qu'on passe à préparer le festin, sans dormir. C'est celle du sacrifice des poulets (*lilt dbih dzéz*) ; l'avant-veille de Kippour. On va au souk du Mellah, sur la petite place centrale ; on y achète les volatiles, on baisse la tête à tour de rôle pendant que l'égorgeur (*ssohét*) tourne sur elle l'animal trois fois, en répétant : « Ceci est ton rachat, ton expiation, ton pardon. » Puis, il égorge la poule ou le coq, selon le sexe de chacun, et on rentre. Après quoi commence une préparation de plats et de gâteaux qui dure jusqu'au matin. Plusieurs fois dans la nuit, je porte des plateaux vers le four, à bout de bras ou sur la tête à travers les rues sombres. Tout est paisible. J'aime ces allées et venues, ce calme profond sous le ciel étoilé, cette immense sécurité que me donnent les rues vides. Je rêve d'espaces encore plus vides, de déserts purs, comme celui du Sinaï ou de Judée. On y est loin de la colère des hommes. Mais il y a celle de Dieu ; tant pis. En attendant, c'est l'éblouissement devant tant de plats, chacun très savoureux. On va jeûner un jour et il y en a pour dix repas. Cet excès me rassure : on est entre nous, les autres regardent ailleurs, on est libres...

Quand les mères sont tout à leur passion de cuisiner, elles semblent possédées ; elles sont très calmes. En temps normal, elles crient souvent, excédées par on ne sait quoi. Là, elles sont tout à leur tâche presque sacrée ; elles ont l'air inspirées. Et quand elles ont fini, on *entre* enfin dans le Kippour (*k'ppor*), la fête terrible et délicieuse.

La veille, quatre heures de prières, le jour même, douze heures d'implorations : on clame ses fautes, on demande pardon. Au ciel, pas aux hommes ; les hommes, c'est une autre affaire ; si vous voulez leur pardon, il faut le leur demander ; apparemment, on redoute leur refus, car on le leur demande peu. À *Kppor*, pas question de se promener ou même d'être dans la rue. Il plane sur le Mellah une torpeur lumineuse, un merveilleux accablement. Je suis dans une petite synagogue, étouffante mais éclatante. Tout petit, j'admire d'abord mes habits neufs, longuement ; puis, j'observe les grands qui chantent et prient ; je me demande s'ils sont sincères, car certains vont jusqu'à pleurer et je ne crois pas qu'ils aient mal. D'ailleurs, quand l'occasion se présente, ils se disputent pour des vétilles, puis l'*esprit* reprend le dessus. La plupart sont vêtus superbement et ont l'air grave, effrayé : ils vont être jugés par le Tribunal céleste, rien que ça. Au fil des années, j'ai vite compris que pécher c'est vraiment irrésistible ; la preuve, on demande pardon chaque année et on recommence. Il doit y avoir en nous une force rebelle qui n'accepte aucune loi ; on ne peut pas se repentir – ni bien faire – une fois pour toutes. Même si on fait bien, tôt ou tard ça tourne mal. J'ai peu d'occasions d'y réfléchir ce jour-là : dès 8 ou 9 ans, il y a le défi de jeûner. Je tiens le coup jusqu'à 2 heures, puis je flotte dans une torpeur famélique, où l'obsession de manger rivalise avec l'interdit. Je finis par y arriver, et vers 8 heures du soir, je suis complètement abruti mais heureux.

J'aime aussi les autres fêtes, avec leurs jeux singuliers dont une foule d'artisans fournit le jouet : les pompes à eau par exemple, pour s'asperger de loin, à la fête de Pentecôte (*Shavouot*) ; les *agouéls* de Pourim, tambourins multicolores au son ingrat. Quand on ne les casse pas, ils rappellent la fête passée et annoncent la prochaine... À Pourim, j'aime les jeux de cartes, les beuveries, et l'excès de pâtisseries pour dire « la joie » (*elfrh*). La joie d'être sauvé, d'avoir échappé au haineux Haman qui voulait nous effacer. J'aime la débauche de fleurs ; le bouquet de roses (*msmeum dlward*) partout présent même chez les pauvres, pour ponctuer le temps festif ; surtout les soirs de Pâque. Il en faut un pour le *Chant de la hâte*, celle des ancêtres sortant d'Égypte (*bibhilou*) : on tourne en chantant un vase de fleurs au-dessus de chaque convive, lentement, sans doute pour mieux rappeler ladite hâte. Un jour, au printemps, j'ai vu par hasard la profusion inouïe des fleurs sur la route entre Marrakech et Casa, des tapis de fleurs sauvages sur plus de cent kilomètres, tapis épais, immenses, aux couleurs denses et rutilantes. On s'y roule, on s'y enivre, on a envie d'y rester... Ce déploiement affolant dure quelques jours, puis le soleil dessèche tout. L'immensité fleurie m'a rappelé les bouquets qui déferlent dans les rues du Mellah le soir de Pâques : elles avaient leur plein sens, au-delà du parfum, dans cette fête millénaire, avec ce chant de liberté.

Mais elles déferlent aussi à la fin de la fête. Et c'est un moment étrange que celui de la Pâque qui s'achève. On dit que la fête *s'en va* ; on fait même un bon repas pour lui « donner congé »... (*msifda dl'id*). Je sens dans l'air une légère angoisse : le temps de la fête s'en va et il nous laisse en plan ; on ne sait pas encore à quel temps se raccrocher. Cette fête géante (*Pisséh*), on a mis des semaines à la préparer. Tout est renouvelé : vaisselle, vêtements, matelas ; la maison est repeinte... Quelques jours avant le grand soir, on commence à faire les achats de nourriture (*lqdiène dl'id*). Et quand on est fauché, on se raconte des histoires de miracle : ma mère évoque parfois celle d'une famille qui n'avait pas un sou pour « faire les achats » ; l'homme va au marché acheter son poisson quotidien pour quelques pièces durement gagnées ; la femme ouvre le poisson et y trouve un diamant. Alors ils peuvent tout acheter. Pour nous, le miracle serait qu'un gros mandat arrive.

Et voici que la grande fête s'en va, impossible de la retenir. (On ne peut que se la rappeler.) Tout va basculer vers une reprise de la routine ; c'est excitant et affreux. Elle est loin, la première nuit, avec le bouquet sur la tête. Et celle d'avant, où l'on traque le *fermenté* à la lumière d'une bougie : je le faisais avec ma mère. Elle a caché dix bouts de pains à travers la maison, et je les cherche avec elle, une petite chandelle à la main, même quand tout est éclairé. Dès que j'en trouve un, je dois marquer la découverte par des *hm ! hm !* qui feignent l'indignation ; comme pour dire : « Quoi ! Là encore ça fermente, et on a failli l'oublier ! » Ne surtout pas oublier les endroits où ça fermente. Une fois les dix objets trouvés, on les range pour les brûler le lendemain et se retrouver complètement purs ; avec plus rien en nous qui tourne à l'aigre... On est prêt à revivre la grande libération.

16

Mais pendant que la fête s'en va, une autre plus étrange se prépare : la Mimeuna. Je la revois bien : mon grand-père paternel rentre de la synagogue, porté par les fidèles, sur les épaules du plus solide, un géant de l'Atlas au visage biblique. Le petit cortège chante *Adone 'olam*, « Maître du monde », un hymne à son unicité, invisible mais certaine. Arrivé chez lui, il bénit chacun avec une feuille de laitue trempée dans du miel ; la laitue est censée être amère ; et il faut des contraires : amertume et douceur, toujours. Chacun lui baise la main, celle qui donne la feuille. Tous les hommes un peu lettrés font ce rite chez eux. Mais la vraie fête commence le soir. On dresse des tables avec gâteaux, farine, laitages, menthe, fleurs et nourritures, dont certaines apportées par des *fatmas* voisines, puisque pendant huit jours on ne mange pas de pain, et qu'on veut l'avoir dès la première étoile. Cette fois, il sera là, l'objet de notre faim ; sous forme de pains ronds et de crêpes au miel. Les femmes repartent à la charge des délices ; ça chante et ça danse. Les *youyous* montent, ponctués par des vœux de chance : « Réussissez et prospérez ! » (*Trbhou ! Tsa'dou !*) On se donne du courage, avant de replonger dans l'abîme du banal. Des cortèges se forment, on prépare des sorties et des pique-niques.

Un cri étrange sert de refrain et m'a souvent intrigué : *A lala mimeuna !* Lala, c'est l'appel à une femme ; mais qui est-elle, cette Mimeuna ? La femme qui porte chance ? La chance qui devient femme ? Le mot *mimeun* évoque la chance ou le destin. D'ordinaire, je l'entends dans les insultes ; *a itihlou mimeun-ou* : que son destin s'effondre ; *a tihlou s'dou* : que sa chance s'écroule. Et voilà que ces mots (*mimeun, sa'd*) reviennent dans la fête mais bonifiés, exaltés : que notre destin et notre chance brillent ! Le tout dans un retour à la nature – avec des fleurs, des bottes de menthe, des légumes crus qu'on étale, des repas champêtres.

Une année, cette nuit-là, je suis ressorti tard et je suis allé au Mellah, devant l'entrée. J'ai cru rêver : un cortège dense d'hommes en *djellabas* noires franchissait la grande porte en chantant le psaume : *Pithou li sha'aré tsédéq* (« Ouvrez-moi les portes de la justice, que j'y vienne glorifier l'être » ; Yah ou Yahvé : Dieu)... C'était irréel : le peuple du ghetto sortait de ses murs.

Je le revois marcher dehors ; il respire la liberté, il manifeste – dans cet acte symbolique et sans espoir, qui rappelle le désir de partir, d'aller ailleurs. Cet ailleurs, était-ce Sion ? C'est si loin, presque absurde... Je contemple le défilé, avec des pensées confuses, vaguement admiratives pour cette foule démunie qui clame une fois par an son désir d'avoir de la chance. Elle veut sortir de cette malchance, de cette misère ; et ce vœu s'est conservé dans le refrain de cette fête : *A lala mimeuna... bghina nmshiou !* (« ...nous voulons partir ! ») C'est dit clairement. Cela me rappelle les cortèges pour la pluie ;

quel culot, de demander ce à quoi on ne peut rien, mais de le demander quand même, de s'entendre le crier, en foule... Je perçois même un appel plus précis : *Safdouna l-darna !* (« Envoyez-nous à la maison, nous voulons partir ! ») On frappe à la porte du destin, on frappe avec des mots anciens et nouveaux ; des mots d'ici et d'ailleurs. On veut le frapper d'étonnement, le forcer peut-être, tous ensemble ; forcer le passage. La libération semble proche, à portée de main ; elle est là ; mais où ? On prenait donc au sérieux, juste à la fin de la Pâque, son mot d'ordre libérateur : sortir de l'esclavage ; peut-être aussi de l'opprobre qu'on ressentait ?

Cette année-là, celle de mon départ, j'avais été chassé de l'enfance. Puberté : j'ai appris le mot en France. On n'avait pas le mot, nous ; et pour le dire à qui ? Cette jouissance inconnue, déferlante, qui fait trembler tout le corps, cet appel venu de loin, ce désir précis et confus qui s'adresse aux femmes mais qui ne peut pas se formuler. Alors, devant la porte du Mellah, je n'ai plus vu qu'une chose : la chance folle que serait une femme qui accueillerait ce désir. Voilà la vraie « libération ». Sinon, c'est l'esclavage de l'obsession avec ses chaînes invisibles. Une chance folle, une chance infime, impensable, impossible. Car voyez-vous, les femmes sont « très loin de ça ». Elles seules peuvent satisfaire cet élan, mais elles se trouvent dans un monde aussi divin que cette jouissance – un monde mystérieux très au-delà du nôtre. Et où est-il ce monde du féminin ? À qui le demander ? Aux hommes ? Ils vont rire. Aux femmes ? Elles peuvent vous lancer une gifle, ou pousser des cris ; se sentir insultées en tout cas. Alors silence.

Ce qui m'a inculqué cette sottise ? Je l'ignore. L'hypocrisie ambiante était énorme. On pouvait parler d'attirance, de désir mais pas de sexe. Le résultat fut pour moi ce mystère assez glauque : les femmes veulent « autre chose » que le sexe ; mais quoi ? Elles sont d'une essence supérieure, très au-dessus de notre bestialité virile. Rien à voir avec l'organe – honteux – qui est le nôtre ; le leur n'est pas honteux, il est sublime et mystérieux.

En attendant qu'un hasard fou me fasse rencontrer une femme – et comment serait-ce possible ? J'ai 13 ans et je suis si petit... –, j'endure la nostalgie des choses inconnues qui sont plantées là dans ma chair et mes rêveries. Nostalgie de *la* femme, forcément idéale, qui est la vie même et qui offre l'amour avec ses lèvres tendues, tremblantes, comme dans les films de cow-boys, vers la fin, quand « le garçon et la fille » (*lwéld ou lbént*) se retrouvent dans une étreinte convulsive et un baiser irrésistible qui les emporte. Quand « le garçon », l'homme qui s'est bêtement agité sur son cheval avec ses copains bandits, comprend enfin l'essentiel : *la* femme. Elle seule peut cueillir ce feu qui jaillit, et recevoir le lait de cette tendresse infinie. Quel idiot cet Onane (on venait de relire son histoire dans le Livre), d'avoir jeté ça par terre, lui qui avait devant lui une femme superbe, Tamar, prête à s'ouvrir et à l'aimer. Et le Texte a une façon si excitante de dire la chose – « il vient vers elle » ! Quelle tentation... Mais oui, il y a des femmes *vers qui aller*. Seulement, elles sont introuvables.

Bref, les femmes, je les ai portées aux... nues. À mon arrivée à Paris, à l'internat, des élèves de première ont dit que leur père leur a payé une visite au bordel. C'est donc par là qu'il faut passer ? À Marrakech, tout près de l'école, il y avait un bordel, à 'Arst Meussa, mais l'idée d'y aller était purement inconcevable. Et pourquoi faire, si ce que je veux c'est l'amour ? Mais l'endroit confirmait bien la lubie qui s'était vissée dans ma tête : si ces femmes de rien se donnent à tout le monde, les vraies femmes ne se donnent à personne. Aucune chance qu'elles descendent de leur piédestal et accueillent des jeunes gens – vulgaires –, leurs queues raidies entre les jambes. Pourtant, ces femmes, on en parle dans les livres, elles y sont. Mais voilà, même les romans d'amour ne parlent pas vraiment de *ça*. J'ai dévoré *Le Rouge et le Noir* à la recherche du grand moment ; rien. Les romans-photos, eux, promettent quelque chose en de rares allusions. Dans un numéro d'*Intimité* que j'ai trouvé chez des cousins, une femme, belle bien sûr, dit à un homme, beau bien sûr : « Je suis enceinte de toi… » Je suis bouleversé de lire ça. Enceinte ? ! Ça veut dire qu'il l'a pénétrée, inondée, fécondée, et qu'elle était consentante ! Mieux, qu'elle désirait, qu'elle voulait ça. Est-ce possible ? C'est fou ! Quel miracle…

Certes, des femmes enceintes ne manquent pas dans les rues ; elles portent haut et semblent tanguer en naviguant sous leur charge. Mais pour moi, elles ont dû être forcées ; ou elles l'ont fait sans y penser, sans mesurer l'énormité de cet acte. Ou elles ne sont pas de « vraies » femmes – celles qui se penchent avec grâce, de leur lieu céleste, pour accorder leur corps un bref instant aux hommes, comme on donne une gâterie à de grands enfants.

Une fois bien convaincu que la femme qui peut répondre à cette jouissance cosmique n'existe pas, je ferme ce chapitre pour longtemps. J'ai mis du temps à reconnaître à l'autre sexe le moindre désir pour le nôtre – si bestial – et le simple droit à la « bêtise » humaine.

Dans ma naïveté, j'avais d'étranges arguties, plutôt réalistes ; ces couples des romans-photos, qui jurent de « s'aimer pour toujours », me semblaient bizarres. Et si leur amour meurt ? S'il n'y en a plus, à quoi ça rime de le maintenir ? S'il meurt, on devrait le mener en petit cortège au « Rendez-vous des vivants », et l'enterrer avec un beau commentaire sur l'amour ; et des consolations en règle, et des sorties de deuil, pour signaler que l'amour est possible à nouveau...

Un jour, avec mon copain Bitton, on s'est mis à s'aventurer vers les quartiers modernes ; et en reluquant les filles on inventait des chansons, dont ce refrain jazzy qui me reste :

> *Haïm, how many dollars have you ?* (bis)
> *Gabriel, I have one thousand dollars.*
> (Ensemble) : *But one thousand dollars are not sufficient for two girls.*

Oui, elles étaient inaccessibles ; et l'argent – même fictif – ne suffisait pas.

Je m'arrête d'écrire. L'aurore s'annonce doucement. Les oiseaux du parc ont lancé des notes timides et isolées, presque dans le noir, comme pour l'ouvrir et trouver où s'installer dans un chant plus assuré puis rapidement cacophonique. Comment peut-on dormir encore ? Mais les gens dorment et leur sommeil est plus profond que ces gazouillements métalliques. J'ouvre la fenêtre, l'air garde un peu de fraîcheur nocturne ; j'entends la voix du muezzin (le *meuddn*) ; c'est le second. Je m'allonge, abruti par le chant des oiseaux qui m'endort très vite. Une heure après, le jour éclate et me réveille.

17

Je veux revoir la Palmeraie avant de prendre mon café. C'est le meilleur moment, avec le couchant bien sûr. C'est très beau, le vert des arbres, si légers, presque dansants, s'enveloppe de rose et tout semble s'apaiser avant d'affronter le soleil.

Jadis, c'était au-delà de la ville, vers l'oued Tensift, le fleuve souvent à sec. J'y allais pour voir un paysan qui cueillait des palmes non encore ouvertes (des *loulav*, en hébreu, pour le rite des Cabanes). C'était une forêt de palmiers, une vraie ; un vertige d'arbres d'une belle densité ; d'une légèreté lumineuse à chaque bouquet – les palmiers poussent souvent par familles, et c'est chaque fois un jaillissement de lumière quand le bleu et le vert s'entremêlent le long des palmes… Aujourd'hui, c'est rabougri, rongé de maisons rouges et de résidences. L'immobilier y a fait des siennes, des « coupes sombres » : de grosses clairières. Sur deux ou trois virages à peine, on ne voit que des palmiers ; partout ailleurs, c'est envahi, saccagé. Mais il reste l'écho lointain de cette harmonie vert-bleu sur ocre qu'elle offrait il y a longtemps.

Maintenant, le soleil est haut, tout s'illumine. Sur le chemin du retour, peu avant le Guéliz, je prends en stop deux Marocaines en djellaba. Elles aussi sont allées s'y promener tôt. Des originales. Je me demande pour qui je veux passer ; ce sera selon l'accent que je prendrai. Je leur dis que je vis à Paris, mais je leur parle en arabe, ça les fait rire, elles aiment. Je leur dis ma tristesse devant cette ruine de la forêt ; elles s'étonnent puis acquiescent. La plus jolie est mariée et l'autre la chaperonne. Au moment de se quitter, il est question de se revoir. Mais où ? Quand ? Comment ? Finalement, la plus hardie lance : « Bon, vous savez où nous habitons. Et vous ? » Au Grand Hôtel.

En rentrant, je me rappelle ma ritournelle de tout à l'heure : les femmes « n'ont rien à faire des hommes » – avec leur queue aussi bête que celle des ânes en érection, ceux qu'on voit dans nos ruelles. Hormis les hommes qui se maîtrisent, qui eux aussi sont au-dessus de *tout ça*. Pourtant, on voyait des signes de désir charnel ; et même des femmes voilées n'étaient pas des ascètes ; on savait que par les terrasses, les visites à « la famille » et bien d'autres détours, ça se faisait quand même. Mais bon, je n'ai pas eu le temps de raccorder toutes les bribes contradictoires. À mon arrivée en France, j'avais en tête qu'avec une femme, il faut faire l'amour très vite, avant qu'elle ait le temps de se ressaisir, de constater qu'elle s'est « fait avoir », qu'elle s'est « laissé entraîner », qu'elle a été séduite, qu'elle a cédé à la pression. C'est à la longue que le réel m'a martelé le contraire, jusqu'à ce que ça entre : les femmes peuvent aimer ça autant que l'homme et beaucoup plus. Jusque-là, pour moi, l'élan physique prenait place dans une romance, mais sans qu'on touche le bas du corps. S'il y a pénétration, on ne doit pas s'en rendre compte...

Vous devinez que j'ai beaucoup ri lorsque, longtemps après, j'ai lu sous la plume de je ne sais qui des choses du genre : la vraie jouissance – celle de la femme – est « tout autre » que sexuelle ; la femme c'est l'Autre absolu, etc. Comme quoi les grandes sottises peuvent rencontrer les grandes pensées. Pourtant, un de nos proverbes exaltait sans pudeur l'érection et raillait le pénis qui pend : « Quoi ? tu viens à la guerre sans armes ? » Mais à 13 ans, j'étais loin de l'âge de la guerre. Bien sûr, j'aurais pu dissiper ma naïveté en pensant aux femmes de la Bible, dont certaines disent carrément, comme celle de Putiphar dit à Joseph : « Couche avec moi ! » ; là, tout net. C'est écrit en toutes lettres. Je le chante sous la férule du maître, et je n'entends rien. Je cherche « ce que ça veut dire d'autre ». La plainte des femmes sur la grossièreté m'a assourdi ; et les hommes qui les harcèlent, qui font des avances, qui montrent leur désir – ne m'ont rien dit.

J'aurais pu aussi penser que les femmes rejettent la chose et la désirent en même temps ; qu'elles dénoncent les avances pour les attirer encore, et les dénoncer à nouveau. Elles seraient donc duplices ? Mais non, elles sont franches, c'est évident ; et c'est dit une fois pour toutes : un homme ne peut que « profiter » d'une femme ; celle-ci le laisse faire ou pas ; au mieux elle le supporte comme un « mal » nécessaire.

Cette folie a dû m'aider à supporter la frustration ; c'était pratique de croire que les femmes n'aiment pas ça. Quand on a besoin d'une idée, elle peut vraiment vous empêcher de voir le monde.

Pourtant, celle qui m'a déniaisé là-dessus est une femme de Marrakech, mais à Paris. J'étais venu à Orly, la nuit, chercher mon père qui rentrait du Maroc. Au tapis des bagages, une belle femme près de lui attend le sien ; nos regards se touchent, elle me sourit. Divine surprise, une *mslma,* raffinée et pudique, s'offrant à un jeune homme – j'ai 18 ans – au lieu de lui lancer un regard sombre ? Elle veut prendre le train pour rentrer à Tours. Puis-je la déposer ? Bien sûr. Une fois mon père reconduit, je l'emmène dans ma chambre d'étudiant. Et ce fut un élan animal vif et retenu, qui semblait rattraper le temps perdu, le temps aride du silence. Elle, très ardente, s'excuse de ne pas se donner plus à fond : « Il est encore en moi » (*Mézél bqa fiya*), évoquant son mari mort dans un récent accident. Elle a balayé l'odieux cliché et m'a donné jusqu'à l'aurore toute la tendresse que « ma » ville m'avait refusée. En plein Paris, nous sommes en proie à Marrakech ; et de la voir s'ouvrir ainsi m'a fait penser au Djama' de ma rue qui m'était toujours fermé. Nous traversons une barrière invisible, transparente ; comme la plaque de verre des aquariums pour séparer deux espèces incompatibles (le temps qu'elles apprennent à être ensemble), une fois retirée. On peut se toucher comme on veut, c'est étrange et très proche et très bon. Nous parlons l'arabe, mais nos vraies langues sont le silence, l'impulsion aimante qui traverse l'interdit. Je suis entré en elle avec jubilation et tout son corps a vibré. Non seulement elle m'accueille, mais elle me donne sa jouissance, et j'en suis fier, transporté : j'ai l'impression d'avoir ému un être d'une autre planète. Avec le don de son corps, elle m'a soufflé un éclat de simplicité : une femme peut être là, accueillante, aimant cet amour qui se donne, sans qu'il y ait à la harceler avec des « à quoi tu penses ? ». Son silence est clair : « Pense à toi, à ce que tu sens, à ce que tu veux, prends-moi puisque j'aime ça, et laisse mes états d'âme, c'est mon affaire. » Ça empêche d'être collant, y compris avec soi-même. J'ai eu avec elle la joie de voir les mots « obscènes », les mots de la chair, devenir des mots tendres dans son acquiescement radical. À la fin, je lui ai dit que je l'aimais comme les murs de Marrakech ; elle n'a pas compris. Pouvait-elle deviner que j'aime regarder ces murs comme s'ils étaient les toiles vécues de mes rêveries ? Ainsi les vraies frontières sont hors d'atteinte, on ne peut pas les déplacer, les supprimer. Mais faut-il ? N'est-ce pas déjà miraculeux que grâce à elle j'aie parachevé mon abandon de l'idée folle, celle des femmes au-delà du sexe, dans un Ailleurs inaccessible ? Pour la première fois, j'ai senti que c'était méprisant pour elles. N'est-ce pas mépriser quelqu'un que de l'idéaliser ? Et avoir une idée fausse sur la moitié de l'humanité, la moitié de la réalité, c'est être plus qu'à moitié fou. Vous ne savez plus où vous en êtes : si l'une d'elles est partante ou consentante, vous en êtes si ému que vous l'aimez pour ça ; pour l'exception qu'elle fait : descendre du ciel et venir jusqu'à vous. Après, vous voyez bien que sa provenance n'est pas céleste, et surtout, vous oubliez l'essentiel. « Est-ce que je l'aime, moi ? Est-ce que je me plais avec elle ? » Et dans le doute, vous bloquez tout : « Non, ce n'est pas Elle ; je ne passerai pas ma vie avec elle ; pas même huit jours, ni trois... »

De retour à l'hôtel, petit déjeuner avec des sortes de crêpes à l'huile (*msmmén*) qui me rappellent les *moufflettas* de jadis. Puis, je m'installe près de la piscine avec mon paquet de feuilles. Je lève les yeux. Eva est là, elle tient le même livre et m'envoie un sourire. Je vais la saluer et je vois qu'elle porte une chaîne avec le mot *hay* en hébreu ; ça veut dire : *vivant*. Stupeur et joie mêlées, comme quand on voit se réaliser ce qu'on imagine. Petit tressaillement rieur comme quand on gagne, et légère angoisse : *qui* mène le jeu ? Sous le choc, je me raccroche au jeu des mots : « Savez-vous que ce *hay*, c'est la racine de votre nom ? Dans la Bible, Ève s'appelle ainsi parce que c'est elle qui donne la vie. Vous le saviez ?

— Non ; vous me révélez... mais avec toutes les Ève du monde, quand même. On donne toutes la vie ?

— Vous plaisantez. C'est un moment, une épreuve, celle d'être la première femme. Elles la partagent comme elles peuvent. Toutes les femmes en savent quelque chose, sur le fait d'être la première.

— Et votre nom à vous ?

— *Haïm* ? C'est *les vies*. Le pluriel de *hay*, justement. C'est à ça qu'on a trinqué hier soir, *lé-haïm*, vous vous souvenez ? Aux vies ? Nos deux noms ont la même racine, la vie.

— Votre vin était délicieux. Et ce que vous dites me trouble. »

Après un silence qui me caresse les entrailles, elle ajoute : « On est dans la vie, en tout cas ; c'est l'essentiel, non ? »

Puis elle éclate d'un rire étrange, de plaisir un peu crispé ; une sorte de réjouissance mêlée de peur.

Nous sommes rejoints par un grand blond tout rose qui a dû s'oublier au soleil ; je reconnais son ami Kurt : « Che fous ai fu écrire tout à l'heure, et déchà hier. Fou n'arrêtez chamais ? » Puis il s'installe. « Et fous êtes né ici ? Quelle chance... Fos parents étaient français ? Des colons, che suppose ? — Pas vraiment.

J'ai été naturalisé en France à 30 ans. » Il finit par comprendre et il s'empêtre dans l'effort d'être encore plus aimable.

« Et pourquoi écrifez-fous sur Marrakech ? dit-il.

— Au fond, est-ce que ce sont vraiment vos origines ? ajoute-t-elle.

— Non, mais cette ville en fait partie. Nos origines nous échappent ; c'est même ce qu'on n'a pas.

— Ah oui ? Eh bien, dit-elle, je crois que je n'en ai pas. Donc j'en ai, selon vous ; c'est drôle ! »

On m'appelle à la réception. J'y vais, tout en grinçant sur ma manie des « belles » définitions. Elle a raison, on n'a pas ses origines, d'accord, mais pourquoi dire : *c'est* ce qu'on n'a pas ? Il y a tant d'autres choses qu'on n'a pas. Tiens, là, je n'ai pas la paix, c'est mon ex-femme qui appelle de France ; elle me harcèle pour notre petit dernier : mes deux grands vivent leur vie, le petit se dégage bien de son « autisme » – c'est l'étiquette qu'on lui a collée, et mon ex y tient. Au moindre écart qu'il fait, elle me harponne, où que je sois. A-t-elle peur de le voir – presque – autonome ? Mais après tout, son appel est utile, presque bon signe. Il me rappelle à moi-même, à ma réalité, devant cette Ève que je sens proche et dont le charme m'envahit peu à peu. Un peu de vigilance, bon sang.

18

Quand je reviens, Kurt est en train de partir, il a « des affaires à traiter », mais il m'invite en insistant à dîner avec eux ce soir ; chez des amis qui ont une belle villa. J'hésite. Qu'ai-je à y faire ?

Et je le vois partir avec l'homme au chien – qui gronde continûment, comme un moteur à l'arrêt. (Je ne comprends pas qu'on exhibe de tels chiens si c'est pour les tenir aussi serrés. Cela m'évoque les femmes qui portent des jupes très courtes et passent leur temps à les tirer vers le bas.)

« Je vais y aller aussi, dit-elle, d'une voix plus proche (c'est très doux quand la distance devient proche).

— Moi je reste. Il faut que j'avance mon petit *Marrakech* ; et j'ai si peu de temps. Je dois écrire.

— C'est votre religion ou quoi ? dit-elle.

— Non, c'est mon envie.

— Vous êtes sûr ? Ce ne sont pas vos origines qui ont envie ?

— Exact. J'ignore pourquoi elles sont venues me relancer ce week-end. Et je compte bien les satisfaire, alors elles me laisseront en paix. Et vous ?

— Moi aussi elles m'ont rattrapée ces jours-ci ; mais comme je ne les connais pas, je suis tranquille.

— Comment ça ? Vous êtes rattrapée par l'inconnu ?

— C'est un peu ça. Ma sœur jumelle est morte il y a trois mois au zoo de Munich qu'elle dirigeait. Elle rentrait d'une mission au Rwanda d'où elle avait apporté quelques fauves et, pendant le transfert, la passerelle a cédé, du côté des jointures ; pourtant c'était en acier, mais ça s'est décroché, entre la cage et le wagon, et l'une des bêtes l'a déchiquetée.

— Vous avez dû souffrir l'horreur dans votre chair. C'était une vraie jumelle ?

— Oui. »

Un *oui* angélique et animal, blessé et apaisé. Je l'entends comme un accent d'aurore. Je perçois dans sa vibration l'accent majeur de ma vie ici : consentant et révolté. C'est elle qui me le fait entendre et sa voix me ravit. Elle poursuit :

« Depuis, je me sens, comment dire ? habitée par quelque chose d'inhumain, de très violent. Les obsèques ont été dures, très dures : ma mère a imposé de brûler le corps. Elle n'a pas dit pourquoi, mais elle y tenait. C'était vital pour elle que le corps de ma sœur brûle. C'est après les obsèques qu'elle a craqué. (Obsèques horribles, je déteste les crémations, cette façon de tout faire disparaître, de ne même pas laisser une tombe où l'on puisse se recueillir...) Ce jour-là, elle m'a dit que sa mère a été dans les camps, qu'elle y est morte, mais pas dans la chambre à gaz. Un jour qu'il avait beaucoup plu, elle n'a pas résisté au plaisir d'aller se laver dans une flaque d'eau, une sorte de petite mare, et le SS qui passait là n'a pas résisté au plaisir d'envoyer son chien sur elle ; l'ivresse de la peau blanche et tendre… La bête lui a arraché la fesse, pendant qu'elle agonisait. C'est ensuite qu'ils l'ont brûlée. De tout cela, ma mère n'avait jamais parlé. Depuis, mes origines qui n'étaient qu'une grande absence ou un trou blanc se sont remplies de fumée. »

Je réprime une violente envie de la prendre dans mes bras. Me réprimer, je sais faire, et plus que bien. D'autant que la partie sarcastique de moi m'appelle au calme : « Tu veux la consoler, c'est ça ? Ou la sentir plus près de toi ? » Agaçant, ce qu'on peut entendre venant de soi.

En fait, mon ange gardien s'amuse bien ; elle est telle que je l'ai pensée, claire et discrète, lumineuse, ouverte comme le Livre de la vie. Et elle vient d'ailleurs, de loin ; que rêver de mieux ? Elle est un pur fragment de cet Ailleurs dont je rêvais, de cette femme inaccessible et désirée, dont le rêve irriguait mon exil comme un torrent le désert. Elle incarne cette beauté charnelle dont l'absence autrefois me donnait le vertige. Oui, si ridicule que cela paraisse, c'est d'elle que je rêvais.

« Et vous êtes parti d'ici à quel âge ? dit-elle distraitement.

— À 13 ans. »

Si elle avait voulu prouver que mon rêve était risible, elle n'aurait pas dit autre chose. Mais tous les rêves sont ridicules ; et alors ? Est-ce qu'on n'est pas fou de désir à 13 ans ?

Un certain silence s'instaure, chacun tourne autour de l'autre et de lui-même sans savoir quoi dire. Je crois trouver un passage :

« Parlez-moi un peu de votre mère.

— Ma mère ?... C'est une dure histoire, qui hélas n'est pas unique. Sa mère à elle, je vous l'ai dit, a fini dans les camps, mais son père s'en est échappé, et il s'est retrouvé au Maroc pendant la guerre, dans cette ville même ; d'où il est parti en 1948 pour se battre en Israël, vous connaissez l'histoire. Là-bas, il a été héroïque, mais vu son caractère rebelle, il s'est retrouvé avec ceux de l'*Altaléna*, ce bateau de combattants indépendants, qui ne voulaient pas se faire intégrer dans l'armée régulière, au point que Ben Gourion a fait sauter leur navire plein d'hommes au large de Tel-Aviv ; prétendant que leur indiscipline devenait dangereuse. Mon grand-père, Joseph Lebenstein, fut un des rares survivants. Incroyable, non ? Il a regagné la côte à la nage, il était plus qu'écœuré, effondré, moralement anéanti. Ça a dû lui faire sauter quelque chose dans la tête.

— En effet, avoir échappé aux camps nazis et se faire exploser par les siens qu'on est venu aider, ça ne doit pas être facile à digérer.

— Après son épisode palestinien, il est rentré en Allemagne, à Munich, où il a retrouvé sa fille, âgée de 20 ans, ma mère. Et là, il a sombré dans une longue dépression pendant trois ans, lui reprochant chaque jour d'être la cause de sa mort prochaine. Un jour, elle l'a retrouvé mort, allongé dans la cuisine, le robinet de gaz ouvert. C'est tout récemment qu'elle nous l'a raconté. Je suppose qu'après, elle a dû être submergée, remplie de culpabilité, pleine à craquer : ma sœur et moi on l'a senti, c'était infernal. Oui, c'est l'enfer de vivre avec une personne qui se sent toujours coupable. Vous n'en avez aucune idée.

— Si, si, j'ai des idées, dans mes romans policiers...

— Rien à voir. Vous, vous connaissez – enfin, vous jouez avec – des criminels qui traînent leur faute et qui laissent échapper des signes, des aveux. Mais elle n'avait rien à cacher, elle était une faute vivante, celle d'avoir survécu, de n'avoir pas sauvé son père, d'avoir grandi dans le bien-être chez des Allemands pronazis... C'est quelqu'un qui ne peut plus être en faute tellement c'est insupportable, alors elle traque la faute chez les autres, elle a si peur de mal faire qu'elle guette le moindre risque de faute. Cela veut dire qu'elle vous harcèle, qu'elle vous cherche pour trouver ce qu'elle pourrait dénoncer, déplorer... non pas pour punir car punir une faute c'est en finir avec, mais pour vous mettre en faute, vous culpabiliser. C'était affreux.

— Et votre père ? Vous n'étiez quand même pas toutes les deux seules avec elle ?

— Mon père était un homme rieur et talentueux. Il était peintre, assez connu d'ailleurs – Barzélitch, un expressionniste ; vous connaissez l'art contemporain ?

— Non, j'en suis resté à l'impressionnisme. Je suppose que ça veut dire *l'expression* avant tout, non ?

— C'est plus compliqué. En tout cas elle l'a fait fuir. Pourtant, lui-même avait été un enfant caché pendant la guerre, en Ukraine, où sévissait ce qu'on appelle aujourd'hui la Shoah par balles. Il avait eu sa dose. Pour lui aussi c'est devenu irrespirable ; il est parti à Chicago, j'étais encore jeune ; il est allé rejoindre ses frères ; et il vit là-bas ; heureux, je crois.

— Lui non plus n'a pas parlé de son passé ?

— Non, on a vécu sous l'étreinte d'un silence inouï, on parlait de tout sauf de *ça*, mais tout ce qu'on disait portait l'empreinte de *ça*, qui était tu, et a fini par éclater.

— Quand vous parlez de ces choses, je sens un tel décalage avec notre misère d'ici, tellement insignifiante. »

Après un long silence :

« Elle l'est peut-être si vous la comparez ; mais pourquoi comparer ? Chaque vie est unique, chaque petit groupe a son histoire. On n'est pas sur terre pour réaliser la Vie mais pour que chacun puise dans le chaos qu'elle nous offre de quoi réaliser la sienne, avec ses cimes et ses abîmes, ses éclats et ses noirceurs...

— Je maintiens que nos petites vies ici, comparées à ces monceaux de cadavres, à ces cortèges de rescapés qui ont enduré l'impossible, l'impensable...

— Je crois comprendre que votre origine prend sa source dans l'amour du Texte, dans les gestes simples de la vie...

— Dans les bons plats, figurez-vous ; ils ont valeur d'offrande faite au Ciel ; on les partage avec lui... Cela me touche que vous le sentiez. Oui, les bons plats, c'est vital, et l'écriture, et l'amour...

— Chez d'autres, l'origine a ses racines dans ce gouffre infini des Camps de la mort, dans cette mémoire en feu qui brûle toujours. On n'y peut rien. [Encore une de mes expressions. Je jubile...] Chacun fera *de la vie* avec ce qu'il a reçu.

— On se sent quand même tout petit devant cette histoire, devant cette limite infernale de l'humain, tout petit...

— Y a-t-il une histoire devant laquelle on se sent grand ?

— Je m'exprime mal : je sens que, face à nos petites vies, les autres en Europe ont vécu quelque chose d'infini.

— Ils ont vécu le grand Meurtre, oui. On dirait que vous enviez les victimes. Pourtant, vous n'aimez pas être victime, ça se voit. Allez, vous n'avez pas à rougir d'être aussi… implanté dans les gestes de la vie. Si ces morts des camps ont un poids, ce n'est pas pour vous écraser. Leur poids n'est écrasant que dans le procès des barbares ; je veux dire, le procès contre l'humain lorsqu'il révèle sa barbarie. Une transmission ne se mesure pas au nombre de morts qu'elle a eu. Ce nombre mesure la cruauté des tueurs, d'autant plus violente qu'elle se déguise sous des airs de haute "culture"… Les morts brûlent dans les mémoires et ce sont les vivants qui doivent s'éclairer. »

Mine de rien, elle me rappelait cette phrase des psaumes que je chantais très souvent : *Ce ne sont pas les morts qui peuvent te glorifier…*

J'étais si ému, elle disait juste les mots qu'il fallait pour m'envelopper, comme si j'étais tout nu et qu'elle me couvrait tendrement, avec des gestes féminins qui semblent incarner la justesse des mots, la transformer en cette chair soyeuse – son corps, soudain si présent – qui rayonne devant vous, qui vous caresse du regard, et qu'on voudrait dévorer. Ce geste simple qui vous ajuste la chemise et qui suffit à vous faire fondre parce qu'il vous donne tout le corps de celle qui le fait si délicatement. C'est terrible, l'amour serait à ce point dans la tendresse maternelle qui a manqué ?

19

Samedi, la matinée

J'étais sous le choc, sous le charme, je voulais en savoir plus mais une petite vague humaine a déferlé sur moi : un groupe de « Tunes », bruyant et sympathique, chacun avec sa coupe de « bienvenue » : « Voilà Bouzaglou ! *Lé-haïm* ! Le grand Haïm ! » Dans le vacarme, Eva disparaît après un signe complice, comme une vibration délicate incompatible avec ces cris. « Et qu'est-ce que tu fais là, Haïm ? » Voilà une vraie question d'amis ; typique. Un jour j'étais au Salon du roman policier, j'en ai écrit une quarantaine, mais des « amis » m'ont abordé avec surprise : « Qu'est-ce que tu fais là, toi ? » C'est comme ça. En fait, ce n'est pas méchant, ça veut dire que la personne occupe l'espace tout entier et qu'elle marque la surprise de vous y voir ; sans plus ; tiens ? tu es là toi ? C'est gentil, en fait.

Ces Tunes-là, je les connais de Paris ; Saada, Bellaïche et quelques autres. Ils viennent d'arriver et ils aiment ça, occuper tout l'espace. Mais je les aime bien. Je lance une piètre parade : « Et *vous* ? qu'est-ce que vous faites là ? Votre nostalgie est à Tunis, non ? — On vient voir la tienne, mon cher. Et puis, Marrakech est un *must* ! » Un gros bavardage s'installe ; soudain, je les branche :

« Les Tunes, ils ont un handicap !

— Quoi ? !

— Oui, ils ont connu le bonheur et ne s'en sont pas remis.

— Ah ! C'est bien vrai… On l'a connu, le bonheur… »

Et pendant qu'ils racontent, j'essaie de rester avec la pensée d'Eva – où donc est-elle ? –, puis je retombe dans leur bruit corrosif. Après tout, ils vont m'aider sur *Marrakech* ; *via* tout « le bonheur » qu'ils ont connu… Mais eux aussi, ils en ont été coupés ; une coupure invisible, un grand coup de faux les a éjectés en France. La plupart n'ont même pas eu à déchiffrer cet arrachement – qui les a mis en porte à faux : glorifier un mode de vie qu'ils quittent, de leur plein gré mais sans pouvoir faire autrement ; se réjouir de l'évoquer mais sans paraître le regretter… Compliqué. Le mélange où j'ai vécu, ce trouble mélange de quiétude et de harcèlement, d'élans sublimes et d'abjection, eux l'ont « géré » d'une façon plus nette, plus clivée : là-bas, c'était le *kif*, le paradis, et en France c'est la jungle, c'est dur – ou plutôt ça l'a été, car le clivage fut vite dénié par une réussite fulgurante. Il la fallait, cette réussite, pour panser la blessure ; et se donner le temps de comprendre ; d'« intégrer » le fait que là-bas ils étaient devenus inintégrables. En fait, le vrai rejet ne venait pas des « indigènes », le rejet les précédait, ils n'en étaient que le relais. Et même aujourd'hui, ils sont gênés de se voir l'exprimer à leur insu ; de se reconnaître traversés par une vindicte envers nous qui vient de loin et les dépasse. Elle n'empêche d'ailleurs pas leur nostalgie du convivial. Les plus jeunes ont la nostalgie de ce qu'ils n'ont pas connu, de cette *autre* communauté... (« Les jeunes d'ici “répondent” mieux, m'a dit un vieux de Marrakech venu revoir ses lieux d'enfance, ils n'ont pas envers nous la rancœur des vieux... D'autres disent le contraire : les jeunes sont agressifs, ils en veulent, ils ne savent pas sur quoi ils butent ; les vieux sont plus calmes. »)

L'un des Tunes, un jeune à l'air placide ou vaguement dépressif, me dit : « Et si on vous avait traités comme des citoyens à part entière, sans insultes ni petites humiliations, heureux comme vous étiez, seriez-vous partis ?

— Oui, lui dis-je, par la force des événements ; mais en gardant, comme les Tunes, une intense nostalgie ; un sentiment d'avoir quitté le paradis pour la grisaille parisienne, le froid des hivers, la cohue des métros, les logements exigus – sans terrasse – d'où l'on voit à peine le ciel ; et le dur quotidien où l'“on n'est même pas servi”. C'est ce que disent aussi nos riches qui habitaient les beaux quartiers, parlant juste ce qu'il faut d'arabe pour mener leurs domestiques... »

Pendant que les autres organisent un petit *treck* dans l'Ourika, j'observe ce jeune homme mélancolique, et je pense à d'autres enfants de Tunes, qui ont été heureux là-bas, si « heu-reux » ; le *bone-heur*. Ils ont parfois une détresse que je reconnais. Mais chez eux c'est une sorte d'enlisement, une impuissance à se mouvoir, à rebondir. Leur besoin de reconnaissance est maladif, comme si seul le miroir, l'image d'eux-mêmes, pouvait leur donner un appui. Dans mon souvenir, c'est différent : l'impasse et le porte-à-faux sont là d'emblée, ce n'est pas un risque ou un danger, c'est une donnée de départ : « Voilà, ici c'est sans issue, l'horizon est bouché. » Alors quoi ? Alors on fait des rêves ; et c'est l'espoir qui monte et qui ne laisse pas de repos.

« Tout ça finira par se tasser », dit le docteur Bellaïche, un grand de la chirurgie esthétique, qui relève les seins et les fesses au gratin du show-biz. Ça ne l'empêche pas de réfléchir. « Le contentieux avec eux vient de loin, c'est vrai. J'ai cru comprendre que leur Coran nous intègre dans sa reprise de notre Bible et nous maudit si on refuse l'intégration, la "soumission". Mais c'est une vieille histoire, au fond, comme avec le christianisme. Ils finiront un jour par accepter que nous sommes *autres* ; d'ailleurs ils l'acceptent déjà un peu mais n'osent pas l'avouer. »

Il en a de bonnes, Bellaïche, avec sa brillance de Tune qui « réussit tout ». D'accord, il connaît les Textes ; et il y tient, à répéter que « notre » Bible est venue en premier, et que les autres ont du mal à s'y faire, à se débrouiller avec ça. Mais tout n'est pas écrit, bon sang.

Et lui, il en rajoute, il y va même un peu fort : leur « reprise de notre Bible » !

« Vous prétendez que leur religion n'a pas innové ? lui dis-je, un peu surpris.

— Si, elle a innové en posant que ce qu'elle a pris dans notre Bible, c'est-à-dire l'essentiel, n'a de valeur qu'avec son étiquette à elle, et que sans cette étiquette, sans cette allégeance de l'ancien Livre au nouveau Livre qui le plagie, l'ancien est récusé, il est pratiquement nocif, falsifié, et ses tenants sont des mauvais pour la plupart...

— Mon cher, sur cette lancée, tu vas devenir islamophobe. »

Il bondit :

« Attends, attends, Haïm, tu ne t'en tires pas comme ça. Tu n'aimes pas le steak à point, n'est-ce pas ?

— C'est vrai.

— Mais tu n'es pas un phobique-du-steak-à-point ?

— Où veux-tu en venir ?

— Et ceux qui n'aiment pas le bouddhisme, est-ce qu'ils seraient bouddhistophobes ?

— Heu...

— Alors ceux qui n'aiment pas l'islamisme, pourquoi seraient-ils islamophobes ? »

Je riposte aussitôt :

« Justement, tu l'as dit, mon vieux : islamisme. Donc intégrisme. Tu confonds tout, tu fais de l'amalgame.

— L'intégrisme, il a bon dos. S'ils nous maudissent chaque fois qu'ils psalmodient leur Livre, c'est de l'intégrisme ou de la simple tradition ? »

Il m'énerve, je m'éloigne, il me rattrape.

« C'est de la haute tradition, mon cher ; et elle est incassable. C'est pourquoi la paix restera une utopie. Tant mieux.

— Et avec ça, tu restes optimiste ?

— Oui, je pense que ça leur passera. Les chrétiens aussi, ça leur a passé. Il est vrai que leur religion, elle, a innové, ils ont inventé le Dieu-homme ; ça vaut ce que ça vaut mais c'est nouveau, sans aucun doute. En revanche, *eux* n'ont rien inventé et ils le supportent mal. Mais ça leur passera.

— Tu vois vraiment loin.

— Parfaitement ; un jour ils reconnaîtront leur dette, eux aussi ; ça les aidera à se libérer.

— Tout ça ne dit pas pourquoi les nôtres sont tous partis sans que personne les ait chassés », dit l'amie de Saada, une dame au visage poupin.

Comme si l'énigme la dépassait. Elle m'« interpelle » du regard, elle veut que je lui parle, là dans les yeux.

« Le départ, vous savez... Ce sont des gestes, des attitudes, plutôt que des théories. Imaginez, après l'indépendance, les places laissées libres par les Français reviennent aux plus compétents. Mais ce sont des *dhimmis,* alors on les écarte, et c'est gênant ; si on les laisse c'est gênant aussi. Donc ils doivent partir. Ceux qui restent aujourd'hui, et qui sont moins de 2 % de ce qu'il y avait, sont protégés par le départ des autres. Certains sont à Casa, d'autres à Rabat, proches du pouvoir. Ils maintiennent "le dialogue", ils œuvrent pour "la paix". Si un jour elle se fait, c'est à eux qu'on le devra ; ils en sont convaincus.

— Peut-être, dit la dame poupine, mais quand même, tout ce bon peuple d'ici, ces gens qui sont *nés dans le pays* – c'est l'étymologie du mot indigène, n'est-ce pas ?...

— Elle n'éclaire rien, nous étions là depuis des siècles, bien avant eux.

— Mais les gens d'ici – elle ne se démonte pas, j'aime la certitude granitique de certaines femmes, ça donne envie de la fissurer en douceur –, ces gens souvent modestes, n'ayant que leur foi pour exister et pour s'exalter un peu, qu'avaient-ils à faire de ces petits récalcitrants que vous étiez ? Vous étiez une entorse à leur plénitude, une objection vivante quoique un peu misérable.

— Ils étaient tant que ça dans la "plénitude" ? dit le jeune homme dépressif.

— Mentalement oui, dit Bellaïche. Pour eux, le monde était apaisé, complété, achevé par la volonté d'Allah ; c'est lui qui veut ci ou ça, c'est écrit, *mektoub*. Leur soumission à lui réglait tout. En fait, ils avaient le même horizon que nous, aussi fermé, aussi borné ; mais eux n'ont pas cette cassure intérieure, intrinsèque, qui nous met en dissension avec nous-mêmes ; et avec notre Dieu qui lui aussi n'est pas d'accord avec lui-même, enfin pas souvent. Eux, même quand ils s'exilent, ils emportent leur tout avec eux, le tout qu'ils sont, qui bute forcément sur ce monde trop coriace. Car le monde, la réalité résiste. Et ça bute aussi sur nous autres qui sommes coriaces, nous qui étions... comment dites-vous, ma chère ?

— Une objection, dit la dame poupine.

— C'est ça, une objection, une rature dans la belle calligraphie de leur histoire.

— Ils ont été bien généreux de nous tolérer pendant des siècles, en faisant de nous des protégés, reprend la dame, qui ne lâche pas son idée. Au moins nous avions la vie sauve. »

Je suis soufflé par son cynisme. Elle s'y complaît, du reste, elle s'y étale sans vergogne. Mais ce qu'elle dit n'est pas faux : ils auraient pu nous malmener davantage et ils ne l'ont pas fait. À peine, de temps à autre, quelques bouffées de violence venues de loin, d'une hostilité archaïque. Et pourquoi ? Mais y a-t-il un « pourquoi » à chercher ? Enfant, j'ai cru que c'était une question de caractère : vous tombez sur un type bien, c'est-à-dire heureux, il ne va pas vous humilier, pourquoi le ferait-il ? Puis on tombe sur un borné qui a du fiel à déverser (*fih smm*), alors on dit : c'est un haineux (*seuné*). Dans ma rue, il y en a. L'homme qui habite au fond, dans la partie la plus sombre de Derb Djama', un certain Bidawi, un notable ; il nous jette des regards noirs quand il passe ; parfois il crache ; c'est un *seuné*. Mais je n'ai jamais pensé que ces gens hostiles autour de nous avaient un problème. Ils sont chez eux, et leur droit de nous « protéger » est évident. Je n'ai pas cherché à scruter le problème puisque j'avais la solution : partir. De sorte que par la suite, en France, j'ai eu avec « les immigrés » une vraie fraternité : eux aussi étaient venus parce que là-bas ils avaient un problème qui exigeait le départ. Et j'ai « lutté » avec eux, comme on dit (ce n'était pas fatigant), je les ai « soutenus », jusqu'au jour où j'ai senti que leur idée sur nous, bien rangée dans un placard, ou immontrable comme un enfant caractériel qu'on ne sort pas, sortait quand même à leur insu de temps à autre.

La voix de la dame poupine me tire de ma rêverie :

« Allez, tout ça c'est du passé. D'ailleurs dans nos longues balades en ville – on a visité Fès et Rabat –, nous étions parfaitement respectés.

— Oui, en tant qu'"Européens", ou que touristes. Cela étant, ils n'ont jamais dit autant de bien de nous que depuis qu'on est partis. »

On continue à bavarder ; les arguments s'effilochent dans un projet de « grande bouffe » pour demain. On se quitte, mais la dame veut acheter des épices, elle veut que nous y allions ensemble : « Vous connaissez tout ça… de l'intérieur. »

Nous voilà dans une calèche pour le souk. Pendant qu'elle me parle de sa fille (qui « réussit en tout, oui, toutes les matières… mais elle est déprimée ») et qu'elle m'avoue être la maîtresse de Bellaïche – son « assistante », officiellement ; il l'emmène dans ses week-ends, ses escapades et ses congrès vu que sa femme est une « ogresse bipolaire plus souvent *down* que *high* » –, je pense aux épices, si cruciales dans nos vies. Le « vertige » des senteurs ou des parfums, dont parlent les prospectus, est en fait assez mesuré. Nous autres, nous avions surtout le culte de la saveur (*lldda*). Un plat, on le mange pour se nourrir mais surtout pour le déguster, pour en jouir.

Au retour, nous passons à pied par la *Souika* (le petit souk) de Riad Zitoun, près d'une rue toute sombre, Derb Zouina. Nous avons habité là. Près de cette ruelle, il y avait une petite église, avec en haut un clocher en bois. Nous passions en dessous, mais nous tenions à passer la tête haute, bien rejetée en arrière, pour ne pas paraître s'incliner devant la croix (que nous appelions l'idole : *lmé'beud*). Cette cloche ne sonnait pas, jamais ; pas plus que celle d'aucune église. On dit que le père franciscain, qui en a apporté une à dos de chameau, s'est fait sonner les cloches à Pâques, lors de l'inauguration, par le général : « Vous voulez choquer la population en étalant bruyamment vos croyances ! » C'était l'esprit « protectorat » : avoir le pouvoir et que ça ne se voie pas trop. Les Français protégeaient les Arabes, qui à leur tour nous protégeaient...

Soudain, on entend l'appel du muezzin dans la mosquée toute proche. Elle me regarde avec tendresse : « Ça vous donne la nostalgie, non ? — Le muezzin du matin, oui ; le souvenir des réveils à l'aube. Pour le reste, il me rappelle que l'accès à la mosquée, celle de ma rue, nous était interdit ; même pour jeter un coup d'œil. Je ne comprenais pas pourquoi. Par la suite, quand j'ai lu les textes sacrés qu'on y chante, j'ai trouvé cet interdit plutôt gentil. » Bellaïche dit que c'est une façon de nous « protéger » : « Pourquoi vous laisser entrer dans un lieu où l'on dit tant de mal de vous ? S'ils doivent vous maudire, autant que ce soit à votre insu… » Il est terrible ; quand il s'y met, il me tue.

On se quitte. Décidément, je vois mieux Marrakech avec d'autres qui viennent d'ailleurs. Puis je file au déjeuner chez le notable. Son festin du shabbat (*ssbt*) me rappelle la misère d'autrefois, la tristesse sans raison, comme lorsqu'il n'y a rien à attendre et qu'une présence vous manque sans qu'on puisse dire laquelle. C'est copieux, riche, varié, les *fatmas* servent les plats l'un après l'autre, et une vraie désolation plane sur l'ensemble. Une misère autre que matérielle. Je l'ai aussi sentie chez nous, même dans les fêtes, quand ma lucarne sur Le départ était fermée ; quand c'était sans espoir. Pourtant, l'homme semble heureux, ou sûr de l'être : « On a tout ici ! (*tbark llah* – grâce à Dieu) ; on ne manque de rien. » Mais le rien qui ne manque pas semble avoir tout envahi. Ce vide que j'ai connu, notre présence le remplissait ; nos gestes, nos affairements, nos disputes, nos fêtes, notre désir de partir. Ici, dans cette maison de riche, la solitude résonne – « les enfants sont partis » – et le vide a perdu toute sa poésie. C'est un peu suffoquant. C'est notre détresse d'autrefois sans ouverture sur le ciel ; ou plutôt, l'ouverture est ici obturée par un gros confort qui n'efface pas la détresse mais qui la rend méconnaissable.

20

Samedi après-midi

À l'hôtel, je trouve un mot d'Eva : elle sera là dans deux heures (toujours ses *staffs* d'immobilier...). J'en profite pour faire un tour en ville, de quoi reprendre dans le décor – ou sur les murs – quelques traces qui attendent. Le taxi passe du côté d'Arset el M'aj, non loin du Cours complémentaire, celui de l'Alliance. Je m'arrête. Le bâtiment est un peu délabré ; son rouge est délavé et tout autour l'espace est encombré. À l'époque, j'aimais le vide du voisinage, sa légère désolation ; comme celle des classes désertes que je vois. Mon arrivée ici – mon entrée en sixième – a été une rude épreuve : les filles étaient de vraies femmes, grandes, les seins en avant. Certaines avaient 16 ou 17 ans ; on disait qu'elles étaient là pour attendre le mariage. J'avais 11 ans, j'étais petit, plutôt bon élève mais supposé « enfant » alors que j'avais de gros soucis pour « la maison » (mandats trop maigres et pénurie). Ces grandes filles que je désirais, je les ai rayées non sans regret du champ des possibles.

L'année du départ, je suis en quatrième. Le prof d'anglais nous impose un nouveau manuel, qu'il trouve « excellent ». Il oublie que beaucoup n'ont pas de quoi l'acheter. Heureusement, j'ai un copain fils de notable, et le soir je vais chez lui, à travers les ruelles, recopier les devoirs à faire. Sans livre, je suis premier en anglais ; au trimestre suivant, un mandat nous permet de l'acheter : je suis second. Il est vrai que le prof m'a sanctionné pour « cruauté envers les animaux » : ce jour-là, en plein cours, un oiseau entre dans la classe et par réflexe d'enfant des rues aimant la chasse, je lance sur lui mon porte-plume et je m'élance pour l'attraper. Alors M. Aziza fait le silence et déclare : « Le geste cruel de votre camarade est impensable en Angleterre ! Là-bas on aime les animaux, sans exception ! » Je lance : « M'sieur, et en Allemagne aussi on aime les animaux ? — Bien sûr ! Tous les peuples civilisés... » Personne ne m'a parlé des camps nazis. Je découvre la chose en arrivant en France, où je dévore aussitôt des paquets de livres là-dessus, parmi lesquels *La Muraille*, un gros pavé sur le ghetto de Varsovie. Le mur en briques rouges de sa couverture m'a attiré ; le mur du ghetto avec un trou dedans. Je m'aperçois peu à peu que je trouve beaux les espaces où l'on peut se cacher ; et ceux par lesquels on peut s'enfuir facilement.

Pour le reste, dans cette classe délabrée que je vois, la remise des copies est terrible et solennelle : c'est le verdict décisif, surtout en français : le prof me saque régulièrement pour mes tournures « grotesques », mes formules « grossières » – prises dans notre quotidien qu'il faut vraiment oublier si on tient à entrer dans la culture. « Et vous êtes sûr de vouloir, monsieur

Bouzaglou ? ! » Alors, pas de termes crus et populaires, ni d'allusions trop physiques ou grimaçantes... Il faut une langue « châtiée ». De quel châtiment ? Je l'ignore. Ce jour-là, il frappe fort : il lit ma copie à toute la classe. Tout le monde rit, y compris moi. Rire franc et joyeux de ceux qui retrouvent leur vie intime dans un lieu incongru : un cours de français qui se déroule dans un autre monde, dans un espace propre, moderne. Et après m'avoir pointé – « Cet élève fait exactement ce qu'il ne faut pas faire » –, il lit la copie d'une jeune fille modèle ; silence religieux, ennui profond : « Voilà le travail, prenez-en de la graine. » Je me souviens de ma sensation d'être exclu et de celle, plus précise, de ne pas envier ceux qui m'excluent. J'entrevois cette complaisance dans l'écriture, ce sentiment d'y être chez soi, et de s'y prélasser ; ce n'est pas pour moi.

Je n'étais pas chez moi dans cette langue ; dans aucune du reste. Plus tard, j'ai pensé que je paierais mon droit d'y être en n'écrivant que des choses urgentes, nécessaires ; des choses qui ne soient pas des bâillements maniérés. Puis je me suis calmé : on a tous besoin d'une petite prise de complaisance, comme certains d'une prise de tabac (*tnfiha*). Et refuser toute complaisance n'est-ce pas s'en fabriquer une autre ?

Terribles scènes où la classe attend, muette, l'instant brûlant où le maître dira : « C'est bien », déclenchant des murmures envieux qui passent pour de l'admiration. Et le plaisir de *faire* la chose ? De se glisser parmi les mots et d'y trouver des surprises qui vous font rire en silence ? Du plaisir, j'en ai pris, dans mes copies « grotesques », malgré le prof qui hurle parmi les rires : « Mais ce n'est pas du comique, ça ! c'est de la FARCE ! » Et les élèves regrettent d'avoir ri ; ils se sentent coupables. J'en suis soufflé. La *farce*, j'ignore ce que c'est ; je pense aux légumes farcis que fait ma mère ; et surtout, je ne vois pas où cet homme puise une telle colère. Je devine qu'il n'aime pas avoir compris sa langue maternelle qu'il s'efforce d'oublier, et mon texte le lui rappelle. Mais feint-il d'être furieux ou l'est-il réellement ? J'ai fait une faute, sans doute, et très grave, mais laquelle ? J'ai dit ce que je pensais, je les ai tous fait rire sans insulter personne. Faut-il nous terrifier pour nous rendre sérieux ? Je suis sérieux mais j'aime les drôleries ; et je vois que ça « jure » avec la belle écriture... Tant pis. Pourquoi veulent-ils nous moderniser ? Pourquoi ne pas nous laisser tels que nous sommes et nous ajouter, en plus, de la culture moderne ? J'aurais aimé discuter de Molière ou de Musset avec les hommes en djellaba et en tarbouch qui venaient à la maison. Mais c'était impensable. Bref, la « vraie culture » m'a été transmise dans la peur. Ce n'est pas grave, je l'aimais d'avance, j'étais prêt à beaucoup m'ennuyer pour elle ; j'étais sûr qu'avec le temps elle deviendrait plus excitante. Quant au français, il devait nous servir à dire de jolies choses qu'on ne ressent pas. Et ce qu'on ressent, comment le dire sans quelques mots de l'origine qui dans mon cas sont déchirés entre hébreu et arabe ? L'arabe parlé bien sûr, pas l'arabe religieux qui restait intouchable, propriété exclusive de ceux qui s'enivrent avec.

En fait, cette colère du prof m'est restée énigmatique ; et un jour j'ai compris : ces profs avaient été dressés pour être conformes à un modèle, sans se demander ce que nous sommes ou ce que nous pouvons être. Ils se sont sacrifiés pour être conformes. Et un homme qui fait ce sacrifice de soi, qui renonce à être lui-même pour entrer dans un moule, n'aime pas voir un petit être insignifiant, un ado de 13 ans, refuser de faire ce pas et s'accrocher à ce qui doit être mis de côté.

Le plus drôle est qu'un jour il y a eu un inspecteur. Il avait l'air très doux, mais le prof et le directeur tremblaient devant lui (c'était comique). J'en ai déduit qu'il était doux et terrible. Je vois la scène : dans un silence explosif, il lance sa question d'une voix fluette : « Quelles furent les conséquences de la révocation de l'édit de Nantes ? ! » Personne ne répond. Je me risque : « Plusieurs protestants ont émigré. — Plusieurs ? ! Plusieurs ! ! Mais c'est combien ? » Je souris intérieurement à l'idée qu'on est au souk et qu'on marchande. « C'est combien ? » Je lance le plus cher. « Plusieurs milliers, m'sieur. — Ah, c'est mieux ! Excellent. » Puis je renchéris : « Plusieurs dizaines de milliers ! — Encore mieux ! » Il a l'air ravi, et moi je suis content de le voir sourire. Il n'a plus son air sadique.

Je reviens vers Derb Touargs, près de la place des Ferblantiers. Il y avait là une station de calèches. Souvent, l'un des cochers (*lkouétsiya*) m'envoyait lui acheter de la bière ; eux n'y ont pas droit. Religion. Après avoir vidé quelques bouteilles, il lançait avec ses copains de longs rots (ponctués de « grâce à Dieu ») et leurs propos se relâchaient. Un jour il raconte qu'un des leurs a été arrêté en état d'ivresse et emmené devant le juge, le *qadi* ; qui lui jette son verdict : « Huit jours de prison » – en exhalant un rot qui sentait le whisky. Le cocher se retire en lâchant : *Aïwa sidi* (« Alors, votre honneur »), maintenant le whisky a le pouvoir sur la bière (*drouk lwiski ta ihkm 'lsrbiza*)...

Peu après, quelqu'un m'a raconté l'anecdote. Le cocher a donc menti quand il s'en est fait le héros. Il avait bu ; j'étais déçu.

Je vais vers le Mellah, où j'entre par une petite porte face au mur de la Bahia ; c'est une ruelle étroite et sombre. Des gosses me proposent : « La synagogue ? Le cimetière ? » On me guide gentiment pour quelques pièces. La voilà ; elle est abandonnée, *Slat l'zama* ; celle où nous chantions le grand deuil pour Jérusalem. Elle est vide et « restaurée » ; déserte et embellie. J'essaie d'y « inclure » celle d'autrefois – où ça grouille, ça étudie, ça bourdonne dans tous les coins ; ça vrombit d'explications, de disputes savantes, d'arguties interminables. Chaque samedi, le gérant des lieux « démarre » une prière dans chaque pièce à mesure qu'elle se remplit, pour pouvoir vendre plusieurs fois les privilèges rituels (monter à la Torah, ouvrir l'arche).

Cette synagogue, je l'ai dans les veines par tous les chants qu'on y criait. J'en ai même rêvé : une nuit, tandis que ma mère s'agitait seule dans le grand lit et que dans ma banquette à côté je m'inquiétais d'elle, je l'ai rejointe, j'ai voulu me presser contre elle pour m'apaiser. Elle m'a repoussé vertement (*ésch bik ? !*). J'ai regagné ma place et j'ai rêvé de la synagogue, comme si c'était mon seul recours : c'est la nuit, elle est déserte, inondée par la lumière de la pleine lune – que je m'étonne de voir remplir les salles fermées, et même le coin où se trouve l'arche de la Torah. Tout est clair, je suis seul et je n'ai pas peur. J'aime les lieux déserts. Puis un seul mot se fait entendre dans le rêve, Adonaï, un des noms divins. Une femme apparaît, rousse aux yeux bleus, avec de beaux cheveux qui ondulent, comme une touriste américaine ; elle chante des bouts du Cantique : « Son fruit est doux à mon palais... » J'aimerais bien mettre un fruit dans son palais mais elle a disparu ; où est-elle passée ? Puis c'est le grand silence, lumineux, éblouissant : le rêve s'arrête comme un film en bout de piste. Comme ces films de Chaplin qu'on nous passait à l'école une fois par an. Nos maîtres ont dû se dire qu'il fallait nous « apprendre » un rire moderne, reconnu, honorable. Tant mieux, ce fut le rire des muets de Charlot. À la fin de chacun, la bobine s'achève, le ruban flotte et l'écran est couvert d'une lumière de lune. Comme dans mon rêve.

Je reviens vers la place du souk (*oust souq*), celui du Mellah. Je pense à Canetti qui le décrit dans ses *Voix de Marrakech*. J'y étais quand il est passé, avec le fils Dahan, dont il parle. Il avait le regard gris-bleu, lointain, et semblait venir d'un autre monde. L'idée qu'il était des nôtres ne me serait pas venue. J'ai compris qu'il en était un peu gêné mais il tenait à nous voir. J'ai aussi vu, mais place Djama' el Fna, le gros Hitchcock qui tournait *L'homme qui en savait trop*. J'ai aussitôt reconnu James Stewart et Doris Day ; je collectionnais les photos d'acteurs. Mais Canetti, je ne savais pas qui c'était. Il nous a regardés d'un air froid, un peu embêté. Quand un homme vient de loin pour nous regarder, je vois le lointain sur son visage ; c'est ce que j'aime. Un jour, un homme est venu de New York nous acheter des cédrats. Il était blond aux yeux bleus, tellement d'*ailleurs*... Je m'étonne de son intérêt pour les cédrats. Ce type en costume-cravate vient de si loin pour ces fruits bizarres qui servent à accomplir un verset de la Torah ! C'est beau et incongru. En tout cas, il a acheté sans discuter ; nous avons quintuplé le prix ; il n'a pas marchandé, tant pis pour lui ; il a laissé un gros paquet de dollars. Quel bonheur… Et lorsque je l'ai raccompagné à la sortie du Mellah, un vieillard en tarbouch assis par terre près d'une boutique misérable m'a demandé : « D'où est-ce qu'il est, cet homme ? (*Mnéine héd bnédm ?*) — De New York. — De New York ? ! *Lmskine*… Le pauvre… » C'est si loin, New York, loin du trou où nous sommes visiblement au centre du monde.

21

Canetti est venu ici en 1953. A-t-il perçu dans cette misère nos signes de vie increvable ? A-t-il vu en nous un reste tenace de ce petit peuple qui traverse les siècles et résiste à l'effacement ? Il dit qu'il nous trouve le regard « intelligent, curieux, attentif » ; qu'on le soupèse, lui, l'étranger de passage. C'est bien vrai. Qu'est-ce qu'il croit ? On se questionne, on ne sait pas qu'il nous fait l'honneur d'être un des nôtres...

En tout cas, sur cette place du Souk, son regard a vacillé. Il parle d'« enchantement ». Il a l'impression d'être « ailleurs »... Il dit qu'il s'est trouvé là il y a des centaines d'années : « J'étais cette place et je crois bien que je suis toujours sur cette place. » Une belle franchise, même déguisée. Mais ce sentiment d'être ailleurs, il aurait pu l'éprouver, comme chaque touriste, à la place Djama' el Fna, où l'ailleurs est servi sur un plateau. Eh non, c'est sur cette place du Mellah qu'il a cette émotion intense, qu'il se sent « au terme de son voyage ». Ce qui m'amuse, c'est qu'une revue, *Horizons maghrébins*, cite son passage sur le Mellah comme s'il portait sur Djama' el Fna. C'est normal : un grand écrivain a trouvé son Ailleurs, cela ne peut être que sur la place de l'Ailleurs, bien connue. Bref, si l'autre est présent dans votre Texte, dans votre lieu, et si ça vous gêne, le réflexe « naturel » est de vouloir l'effacer ; effacer au moins sa trace. (Les plaques des rues du Mellah ont toutes été changées.) C'est déjà bien de ne pas l'effacer réellement.

Puis Canetti fait le coquet avec les Dahan ; il est distant et se veut proche... Il est attiré par la femme, il aimerait surtout qu'elle demande à le revoir ; mais aussitôt qu'on s'ouvre à lui, il esquive, il veut rester extérieur. Quand le père, qu'il admire pour son aura, l'invite à la fête de Pourim, il décline l'offre. C'eût été pourtant une bonne façon de les connaître, de nous connaître ; dans la joie et la fête – où l'histoire antique est revécue dans le détail. Que n'a-t-il vu cette même place du Mellah à Pourim, rutilante de couleurs, débordante de friandises, de jouets, de grands cercles animés autour des jeux, dans la liesse qui suit le jeûne ? On fête le temps où nos ancêtres ont failli être effacés, et ont pu être sauvés grâce au « hasard » favorable. C'est la fête de la chance, où la détresse devient bonheur. On se fait des cadeaux, les enfants ont de l'argent (*lqrada*) pour s'acheter des pistolets contre Haman le tueur. On joue aux cartes, à chaque coup nos cœurs battent très fort et confirment que le hasard est bien le maître. La tricherie du meneur aussi : ce n'est qu'une « bataille » ; on pose sa pièce sur une carte ou deux que le meneur distribue à la ronde, et quand tous sont servis, il crie : « Personne n'en veut plus ? Je la *retourne* ? (*aïwa anqlbha ?*). » Son jeu est truqué, on le sait, les pires cartes sont marquées à la pointe d'une aiguille, il prend son temps, il retarde : « Prenez-la, elle est bonne ! C'est *votre* chance ! » Et nous autres, on patiente jusqu'à ce qu'un naïf la prenne. Le bon hasard est rétabli. L'homme retourne sa carte, puis la série des autres ; le cœur bat fort, les tripes se crispent...

Dans la synagogue bondée, on lit le rouleau d'Esther, on célèbre le destin qui se retourne et qui remplace une mauvaise carte par une meilleure. Les gens sont en éveil ; présences tendues ou distraites, regards allumés et lointains. Tous comprennent le Texte ; certains opinent à sa lecture, ils voient des recoupements entre le passé et le présent ; leur sourcil broussailleux se dresse, leur index aussi, raidi par la certitude : mais oui, on sera sauvés de cet exil, de cette *galout*, c'est sûr.

J'aime que Canetti ait « vu » cette place du Souk où j'ai vécu mon origine à fleur de peau, à ciel ouvert ; et qu'il ait dit : « J'étais cette place. » C'est le miracle de l'écriture : il bute sur une réalité, allez savoir ce qu'elle lui rappelle – ce qu'il a cherché à oublier ? – et aussitôt il se rétablit : il *est* cette réalité, il *est* cette place du souk ; depuis des siècles, depuis toujours. Et ça lui donne des fulgurances. Il ressent ce lieu du Mellah comme universel, non par sa pauvreté pittoresque mais par la faille de l'humain que ce lieu révèle, et l'exigence pathétique de vivre avec, de franchir cette faille, et même de la transmettre, comme un défi aux autres, y compris aux haineux, pour qu'ils affrontent eux aussi leur faille intrinsèque, celle de leur origine enfouie. Après tout, leur vindicte n'est peut-être qu'une résistance à reconnaître leur déficit identitaire, leur cassure originelle, ne fût-ce qu'à certains moments. Cette résistance existe aussi chez les nôtres, quand ils cherchent ailleurs l'altérité qu'ils ont déjà mais qu'ils n'aiment pas avoir reçue de cette façon trop singulière – à leur goût.

Voilà qui est dit. Maintenant, je veux rentrer. J'admire encore le jeu des ombres et du soleil dans les ruelles aux tons d'argile parsemées de déchets. L'image de notre vie jadis. Ces murs délavés m'ont reconnu et me « renvoient » le temps où je les ai connus. En partant, je passe devant une « maison d'hôtes » ; une *guest-house,* dit la pancarte. J'entre, c'est joliment arrangé ; deux jeunes sont attablés dans le patio. Ils ne savent pas que les propriétaires ont eu ce lieu pour presque rien ; à la faveur de nos grands départs. Un jour à Jérusalem, dans un taxi, le chauffeur palestinien me parle franchement, me prenant pour un des siens (la langue, toujours elle...) ; il me montre la rue : « Tu vois ? Tout ça c'était des maisons à nous, maintenant c'est à eux. » J'ai dit qu'à Marrakech, je connais beaucoup de rues où c'est l'inverse. Il s'est tu.

Je cherche quand même la synagogue du grand-père. Un ivrogne agressif me coince. Il veut être mon « guide » et je refuse. Un passant le « supplie » (*'afak llah ikhllik...*), mais il insiste, il veut de l'argent. Pour m'échapper, j'entre dans une maison ouverte, et voilà que c'est le *hamam d'A'fir,* où j'allais avec ma mère côté femmes, jusqu'au jour où je suis passé chez les hommes. Mais la jouissance de s'y laver était la même : on passe de la salle fraîche – *tbrida* –, déjà très chaude, vers la salle fumante, brûlante, où l'on s'asperge de seaux d'eau en bois en se grattant avec une pierre (*lmhkka*) et en se faisant masser pour une somme dérisoire ; puis on va dans la chambre fraîche se reposer avant de rentrer à nouveau, plusieurs fois, jusqu'à presque s'évanouir. C'est là que j'ai vécu le « passage » entre la salle des femmes où les enfants étaient admis et celle des hommes. Un jour les femmes ont protesté : « Tu sais, il *comprend*, ton fils ! » Qu'est-ce que je comprenais soudain ? Pour elles, c'était ce jour-là. Et j'ai troqué aussitôt un paysage de seins et de vagins pour un autre plus viril.

Cette maison donne aussi de l'autre côté du Mellah, dans le quartier de Berrima. Une fois à l'air libre, je suis rejoint par des jeunes qui ont suivi toute la scène avec l'ivrogne. « Tu sais, c'est des mots, seulement des mots... — Mais oui, je sais, ce n'est pas grave. » Si les chefs planétaires comprenaient que les « Orientaux » – même les dirigeants – aiment d'abord se saouler de mots, cela mettrait une bonne distance entre les mots et les actes ; de quoi calmer le jeu. Mais il y a les « activistes », et leurs actes explosifs passent pour des paroles fortes.

Tiens, c'est dans ce coin que j'ai rencontré, il y a dix ans, Francis Ford Coppola, au festival de cinéma. Il venait voir un film à Dar lbdi', un palais aux airs de ruine mais très bon le soir pour des films en plein air. Le « palais » fut somptueux au temps où les rois d'ici menaient la guerre contre les chrétiens d'Espagne – avec ses flux et reflux pendant trois siècles. (Alors que plus au nord, la France et l'Angleterre n'ont mis qu'une guerre de cent ans pour se calmer ; juste un petit siècle pour se départager.) Cet endroit où, enfant, j'errais avec ma bande dans le dénuement et la joie, j'y entre ce soir-là avec de grands étrangers. Les lieux me font signe, ils sont complices de mes changements ; eux aussi ont changé de rôle. On s'est regardés, les murs et moi, comme deux êtres venus des mêmes bas-fonds, qui paradent devant l'étranger. Autrefois, j'ai mené des touristes dans ce « palais » moyennant quelques pièces. Que venaient-ils y chercher ? La parole des ruines ? Le silence du passé auquel ils prêtent un mystère ? Toujours est-il que cette nuit-là j'y suis avec une foule occidentale à qui j'ai, le jour même, en conférence, raconté mes sensations d'enfant au Mabrouka ; ce qui m'a valu ce cri du cœur du responsable : « J'ai enfin compris après quarante ans de métier, pourquoi je fais du cinéma. » Après le film, le gratin va dîner au Palais royal, en présence du roi, dont chaque journal doit faire l'éloge en première page. Je n'ai pas vu les signes festifs de jadis qui marquaient sa venue – les petits orchestres dans les carrefours, les tapis dans les rues –, mais j'ai vu lors du dîner un millier de convives assis, dans la plus pure tradition. Dans un ennui poignant où la parole est impossible, on affronte une suite de plats auxquels on touche à peine tant il y en a (poulet entier pour chacun, énorme pastilla et grand méchoui...). Les « restes » vont nourrir les fidèles du roi. C'est fait pour ça. En sortant, je demande à une star parisienne, qui était à la table du sultan, ce qui s'y est dit. « Aaah... ? », murmure-t-elle, comme pour taire un secret intime, avec une moue charmante de ses lèvres – botoxées à plein tube pour rester toujours pulpeuses.

Pendant que je cherche l'issue, un vieil homme m'appelle du fond de sa boutique : « Alors (*éiwa*) le fils du Sage (*a would l-hakham*), tu ne reconnais plus le chemin ? » Il m'a reconnu, lui ; on s'est parlé il y a vingt ans lorsque j'étais revenu ici faire un tour avec mes garçons. L'aîné m'avait dit, effaré : « Mais papa, tu viens du Moyen Âge ! — *Plus* l'électricité, mon fils ! Celle qui fait des étincelles dans la tête, et donne des illuminations... — Tu n'es pas un illuminé ! — Non, mais c'est toujours une question de lumière. » Son frère avait poussé des petits cris de joie en arrivant au Grand Hôtel, devant la piscine inondée de soleil : « C'est le paradis, ici ! » Alors, le jour même, je les ai menés dans mes ruelles. Pour nuancer.

Avec le vieux, on dévide le chapelet des complaintes sur la vie, le destin ; j'active le rythme. « Nous voilà, dit-il, aux mains d'Allah, il fait de nous ce qu'il veut ! » Je le taquine : « Allah sait-il ce que *nous* voulons ? » Il est interloqué : « Vous êtes vraiment des mécréants (*kéfirines*) ». On plaisante ; on sait qu'on n'a pas le même Dieu : le sien lui donne la paix en échange de la soumission ; le mien se bat avec lui-même et avec nous ; c'est compliqué. On boit le thé quand même, on est des « cousins ». « Tu connais *dar Oua'knine ?* la maison juste à côté ; eh bien, l'un des vôtres est revenu d'Amérique où il s'est enrichi, et il a payé cher pour dormir une nuit dans sa chambre d'autrefois. — Qu'est-ce qu'il a dit en se réveillant ? — Il était content. Il a vu ce qu'il voulait voir. » Je l'imagine plonger dans sa nuit d'enfance pour y chercher des rêves perdus, des sensations déjà inconnues à l'époque. Cet espace exigu aux fenêtres grillagées l'aura rendu à lui-même dans son sommeil, en son absence, sous le regard des anges nocturnes.

22

Je prends le large en calèche vers l'Hivernage, la Ménara. Ici, la ville s'est agrandie, mais elle reste la même. Juste plus dense, plus enflée. Beaucoup d'avenues nouvelles qui se ressemblent. Heureusement, le ciel bleu, les maisons rouges et les palmiers, tout le décor où j'ai grandi est là, et s'offre distraitement aux caresses de la mémoire.

La Ménara, c'est récemment que j'ai appris son origine : les soupirs d'un sultan pour une fille de Louis XIV qui n'a pas voulu de lui. On l'appelle le Versailles de Marrakech. Pourquoi pas ; si l'on doit toujours craindre le ridicule, on ne fait rien. Aujourd'hui, près de son grand bassin, des touristes déambulent. J'entends une voix pondérée et convaincue : « On n'a pas les clés, on ne comprend pas. Dans les îles grecques, même lointaines, on a le même code, pas ici. » Une femme assez jeune insiste : « Tu as vu dans les souks berbères ? il n'y a pas de femmes, d'accord, mais le regard des hommes est… » Qu'est-ce que tu veux, ma petite, la femme étrangère est désirable, c'est comme ça. Est-ce qu'elles viennent le vérifier ou quoi ? Je m'éloigne pendant qu'ils parlent d'Essaouira. Ils ont aimé les maisons aux portes bleues. Je les connais ; les nôtres aimaient peindre leurs portes en bleu ; et voilà que ces touristes en parlent. Puis l'un d'eux – c'est amusant – *nous* évoque. « Pourquoi sont-ils partis ? Est-ce qu'on les a chassés ? » J'ai failli lancer : « *Non*, mais de quoi je me mêle ? » Je me dis que j'aurais bien acheté une maison, pas en médina, mais dans les grands espaces vides aux confins de la ville, si j'étais sûr que mes enfants ne se fassent pas jeter des pierres quand ça remue trop au Proche-Orient. Et même sans Proche-Orient. Une amie espagnole a posé la question à des gens du souk, près de Djama'el Fna : « Pourquoi sont-ils partis ? » Elle a eu des silences, des « on ne sait pas », des « pourquoi tu veux savoir ? ». Puis l'un d'eux lui a lancé : « Ces gens sont maudits par Allah, alors où qu'ils soient, ils doivent partir à la fin ; c'est comme ça. »

C'était pourtant un drôle de petit peuple que le nôtre ; animé, pittoresque, bariolé – avec ses sages, ses riches, ses pauvres, ses érudits, ses cinglés, ses audacieux. Et il quitte villes et villages, il s'en va sans un bruit, sans demander son reste ni s'expliquer avec personne ; sans en parler, sauf à titre personnel, quelquefois, avec le même refrain : « Ce n'était plus possible. » Il se disperse entre France, Canada, Israël, Hollywood… et cela semble aller de soi. Bien sûr, il y a l'effet grégaire : dans chaque ville, en deçà d'un certain seuil, quand une masse est déjà partie, les autres n'ont plus envie de rester, il n'y a plus « le goût », *l-gosto, l-gana*, l'ambiance, l'esprit. Il y a trop de vide. Alors ils invoquent les enfants, les études, la « peur pour les filles » – la crainte des mariages mixtes, pourtant rarissimes.

Au printemps 1980, j'ai pris part à un petit colloque ici : une centaine d'intellectuels venus de France ;

on a parlé d'identité et de mémoire... L'après-midi, j'ai emmené en calèche deux journalistes de France-Culture qui étaient là, pour visiter la Médina. On est passés par Bab Ghmat près du « Rendez-vous des vivants » ; et là, une bande de jeunes les a « traités » comme nous l'étions autrefois. L'une des journalistes, d'origine *tune*, s'est mise à pleurer. C'était cocasse, la traversée du Mellah : elle, tenant sa perche pour le son, enregistrait « des horreurs » – des scènes banales en fait, que j'ai souvent connues. Mais là, dans une radio publique, ça a choqué des auditeurs : la gentillesse des Marocains est incompatible avec « ces choses-là ». L'idée qu'on peut avoir « la gentillesse » en même temps que « ces choses-là » n'était pas supportable. Pourtant, chacun est divisible, et même assez divisé. On en fait des simagrées pour paraître d'un seul tenant...

De la Ménara, je prends un taxi et j'ai une drôle d'idée : avec mon accent natif, je lui demande de faire un crochet en Médina et de me nommer les carrefours. Allez, un peu d'ordre dans ma mémoire de ces quartiers... On roule dans un magma de ruelles calmes ou animées, bordées de boutiques dénudées ou rutilantes, de maisons avec patios bourrés de marchands et d'artisans ; le tout cerclé par la muraille qui parfois n'est qu'un mur avec sa suite de grandes portes.

Le chauffeur lance des noms : *zaouiat sidi abbas, 'arst lhouta, riad el'ros, bab lkhémis, bab rob, bab aïlen*... Je les entends soudain tels que mon père les disait, d'un ton las ou affairé. Et soudain, je le *vois* arpenter ces rues, ces noms, pour des démarches interminables dont il avait le secret. Il sillonne à pied ces espaces – en pure perte, puisque son pas le plus marquant fut d'émigrer. Il énonce de sa voix aiguë : « On est monté à la *mhkama* » (le tribunal) ; « Puis j'ai filé à la *baladya* » (l'actuel hôtel de ville)... » Le mot sonne inquiétant à mes oreilles d'enfant. Je sens qu'il faut s'y battre contre le caprice des fonctionnaires. Il faut pouvoir les arroser pour espérer que le dossier soit bien « suivi », qu'ils ne le perdent pas en route. Là aussi, l'art culinaire de ma mère remplace l'argent et tente de les adoucir. Je regarde ces notables aux babines à vif engloutir des repas fins, allant de la *pastilla* avec pigeon au *paï* final (un grand gâteau crémeux) après la série des tagines avec poulet, langue ou cervelle... – des plats dont un seul aurait suffi à les gaver. Pendant les repas, je déteste voir mon père s'efforcer de leur plaire, et je me promets pour plus tard de pouvoir leur plaire sans effort, et de m'y refuser. (Mais j'ai d'autres petits gestes pour le venger, pour me rappeler avec tendresse la vanité de ses efforts, pour lui faire un petit signe de temps à autre.)

Des nôtres aussi, des notables, sont invités à manger. Ils sont plus coriaces : chez eux, « on connaît déjà » ces sublimes nourritures. Pour eux, la valeur de ces mets, c'est le savoir-faire et le travail, qui sont peu de chose quand on les a sous la main ; et ils les ont. Ils n'ont donc jamais fléchi, et n'ont pas aidé le père à trouver un travail. À cause de leur dureté ou grâce à elle, il est parti à l'étranger.

Ma mère leur en voulait, surtout aux religieux, dont elle espérait plus de noblesse. Elle raillait leur « hypocrisie » (*sbi'out*). Elle m'a transmis sa méfiance envers eux. Un jour elle raconta qu'elle faisait un vœu à chacun de ses accouchements, juste au moment de la délivrance, comme si le ciel s'ouvrait à cet instant pour recueillir sa supplique de femme qui vient de franchir les affres de la mise au monde : « Que ce nouveau-né ne leur doive pas sa subsistance. » Elle pensait aux rabbins haut placés qui jouissaient de leur emprise sur les ignorants ; leur suffisance l'exaspérait. « Je m'en méfie, ils invoquent la religion pour soumettre les gens (*i'éfssou 'ala 'ibad llah*). » Des années après, elle ajouta : « Ils se cachent derrière Israël pour te faire marcher. — Mère, tu ne vas quand même pas taper sur nous ! — Je te parle de ces notables ! »

Parfois, elle était excédée par l'absence de son homme, par ses quêtes de « situation » qui jamais n'aboutissaient. Alors, elle prenait ses distances : elle était d'une famille riche. Lui venait de chez les pauvres, des érudits certes, des *hakhamime* soi-disant, mais : « Qu'est-ce que ça nous apporte ? » Son père à elle s'est opposé à leur mariage. Il ne voulait pas de ça (*héd lfraza* : ce spectacle – de misère qui finirait par se produire). Il a fallu que l'amoureux usât d'une ruse, presque d'un rapt : il l'a un jour abordée dans la rue, alors qu'elle allait faire des achats, – des « nouveautés », mais oui, de la mode (*l-moda*) – et, avec deux amis, il l'a attirée à l'écart comme pour lui dire un secret. Soudain, il lui a mis la bague, devant eux, avec la formule rituelle : « Te voilà consacrée à moi selon la loi de Moïse » ; là, devant la porte du Mellah. C'était un peu fort, mais c'était en règle : la « prise » de femme – car dans cette langue on *prend* femme – avait eu lieu devant témoins, avec bague et formule. Et même une pièce d'or à remettre au père. Mais ce détail était louche : c'est le père qui aurait dû recevoir le louis d'or (*llwièse*). Là, c'était la fille. Toujours est-il que le beau-père dut accepter le fait accompli ; et faire des noces « comme il faut » (*zouèz 'ala hqo otriqo*). Oui, elle aurait dû ce jour-là refuser ce forçage ; elle aurait eu ailleurs une belle « situation »... Mais ces amères exhalaisons étaient rares ; pas le temps de s'y complaire ; le travail n'attend pas. « Va mon âme-que-je-meure-pour-toi m'acheter un kilo de riz et deux œufs... »

Certains jours, elle est prise de migraine, alors elle met un bandeau autour du front, bien serré. C'est comme un signal : le monde est plombé, même s'il fait beau. Je me dis qu'avec une plume verticale plantée derrière, elle aurait l'air d'un Indien. Mais même sans plume, ces jours-là elle a l'air sombre des chefs sioux qui, le regard lointain, rêvent d'un monde plus heureux, pendant que les chevaux ennemis leur tapent dans la tête. Ce sont ces films que j'aime voir au Mabrouka. À l'Atlas aussi, mais plus rarement ; là, le public s'agite trop ; les gens hurlent quand un cow-boy ou son attelage fonce vers la salle comme s'il allait y débouler. C'est la panique ; des babouches volent vers l'écran pour les stopper, avec des cris et des insultes. Moi, je suis pour les cow-boys ; ils me rappellent les Américains qui nous envoient de grands sacs d'œufs en poudre, de lait en poudre, des jouets et des vêtements. Mais j'aime aussi les femmes indiennes avec leurs longs cheveux bleutés.

Le taxi avance par à-coups dans le dédale des rues. Il faut y vivre pour distinguer une ruelle à Bab el khmis d'une autre à Bab ghmat. Toutes sont rouges, goudronnées au milieu, avec des bas-côtés terreux où se succèdent boutiques et portes. Des silhouettes assez pauvres y évoluent, dans une saleté familière que combattent quelques efforts peu convaincus. Dans une fine poussière aussi, que dissipent par endroits des gobelets d'eau dont on lance le contenu avec un geste de la main qui doit produire un jet de gouttelettes. Des crottes d'ânes ou de mulets dans le sillage des charrettes... Beaucoup de lieux sont rénovés. Ça leur donne assez de lustre pour compenser l'effet du temps – le délabrement qui avance et qui annule l'effort de l'homme. Dans la brûlure de l'été, tout semble soumis à ce temps qui ne passe pas et que la météo surplombe. Une divinité inerte semble fixer les choses. Les touristes aiment cette fixation, ce temps qui leur est étranger ; ils veulent le toucher du doigt, si possible, avant de rentrer dans le leur pour tenter de le ranimer. Et moi, je viens faire le grand écart entre ce temps immobile et celui que j'ai vécu, écart que je retrouve à portée de main. Je viens sentir ces entre-temps, ces frottements de la vie qui passe au rythme des exils. Mais il n'y a pas que la fixité ; ça bouge aussi ; je vois beaucoup de cybercafés ; et non loin de la Koutoubia, une boutique de fécondation *in vitro*... Les techniques de pointe arrivent ; moins qu'à Dubaï. Et cela changera-t-il l'invariance fondamentale ?

En tout cas moi, j'aime avoir pour enfance une ville qui ne change pas : elle s'encombre, s'enfume, se décompose, resplendit, prolifère, embellit, mais elle reste là identique à elle-même, dans cette plaine de terre ocre qui lui donne de quoi décupler sa surface tout en restant la même.

23

De retour à l'hôtel, je cherche Eva, je perçois son absence comme un pincement, presque une peur. Mon impatience m'agace. Je cherche encore, d'un long regard circulaire, je ne la vois pas, et pour cause, elle s'est glissée je ne sais comment jusqu'à moi, tout près, avec une étrange évidence. Elle me sourit. Nous émergeons de la foule des nouveaux arrivants qu'enfin j'aperçois. Les femmes sont toniques ; elles en veulent ; les hommes accablés se traînent dans la chaleur. Pourtant, c'est ce qu'ils viennent chercher : chaleur et lumière. Certains reviennent d'un *trek* (ils ignorent que c'est le mot arabe pour dire *chemin*). D'autres déplorent la nourriture qui leur donne la diarrhée. Il est vrai que dans ces terribles buffets qui offrent une cinquantaine de plats, si l'estomac en récuse un, c'est comme une seule amande amère qui fait cracher une pleine bouchée. L'idéal serait de manger chez des amis. Mais l'hospitalité coûte cher : entre dons et contre-dons, il faut rivaliser de gentillesses, tenir la conversation, s'émerveiller de l'installation, parler d'immobilier, s'éblouir du coup fumant ; et si l'hôte se croit important, le lui confirmer...

Nous allons au bar. Je nous sens dans une bulle de sérénité, de fraîcheur.

« Vous m'avez laissé sur une brûlure et vous avez disparu. Il est vrai que mes amis Tunes ont été…

— Très prenants. Mais tant mieux s'ils nous ont interrompus. J'ai compris que vous êtes ici pour votre histoire, je n'aimerais pas vous encombrer avec la mienne. Vous ne voulez pas qu'on aille en ville ? Vous me parlerez de *votre* Marrakech, ça vous aidera, ce serait plus léger pour vous.

— Je ne me plains pas.

— D'accord ; vous êtes fort, prêt à tout supporter. Mais moi je sens que c'est une épreuve pour vous, d'écrire tout ça ; et ça me touche. Vous écrivez sur votre enfance et j'ai envie de vous prendre par la main.

— Pour que j'écrive ? N'en faites rien, je dois garder les mains libres… Et puis, écrire sur mon enfance ici, cela m'amuse un peu, c'est comme une danse avec des temps incompatibles, des langues qui s'entremêlent et qui ne s'entendent pas.

— À vrai dire, ça me rassure que vous écriviez. J'espère que ce ne sont pas des choses futiles, et même si c'en était, ça me touche que vous soyez là assis pendant des heures sans lever la tête. C'est comme de voir un homme aimer une femme dont on n'aurait rien à craindre. J'ai souvent eu envie d'écrire mais tout est déjà dit.

— Oui, mais pas par vous ; peut-être que ce serait mieux dit si ça l'était par vous ?

— En tout cas, j'aimerais écrire, au lieu de lire ces dossiers d'immobilier. Chez moi on avait le culte du Livre, ça doit venir de mes grands-parents… »

À la table voisine, un groupe de Marocains très sympathiques. « Vous êtes d'ici ? — Oui, j'y suis né. — Alors on i di cousins ; di la même famille ; on i tous di croyants. — Pas vraiment, il y en a parmi nous qui ne sont pas croyants ; pas religieux du tout. — Qu'est-ce que vous raconti ! Vous ites une religion ! — Et les non-religieux qui ont été gazés pendant la guerre ? — Mi ça si laa bitise di nazis ! Si teun irreur. — Vous voulez dire que les autres... » Le serveur s'approche, je suis appelé à la réception. Pendant que je m'éloigne, l'autre me crie : « Mais on a le même Dieu ! » Je réponds : « On est des frères ! » Ça me fait drôle d'entendre que c'est le même Dieu. Alors, pourquoi nous en veut-il ? Remarquez, le nôtre aussi nous en veut, mais avec lui c'est une longue empoignade depuis toujours, avec des coups et de la tendresse, des agressions et de l'amour ; comme dans la vie. Peut-être que notre Dieu, c'est la vie, après tout ? Alors, ceux qui prennent sa place pour nous juger, c'est notre vie qu'ils veulent prendre ; ou prendre en mains.

Eva m'a suivi. Elle irradie une intense proximité, comme si nous n'avions plus de raison de nous quitter. Elle me rappelle le dîner de ce soir et me propose, pour demain, de faire un tour avec eux – avec Kurt et ses amis – dans la vallée de l'Ourika. Elle insiste : « C'est beau, paraît-il, avec des bourgades qui se fondent dans le paysage, tout est couleur d'argile… Et demain, c'est leur seul jour libre. Ils sont très excités. Ils ont agrandi leur terrain en ville et le projet prend de l'ampleur. Ils veulent aussi faire, juste au pied de la muraille, un vaste réseau de petits riads, avec parkings, Monoprix géant, boutiques de luxe, et chacun sa piscine. Vous saviez le “secret” de la ville ? On peut bâtir solide avec seulement de la terre et très peu de ciment ; ça tient. Alors, ça les a illuminés : l’entente entre la terre et les maisons, la fusion mystique avec le Ciel, la musique, le soufisme, l’orientalité nouvelle, fondée sur des recherches allemandes, des études très poussées... »

Je la sens proche et déjà loin à nouveau. C’est au moment où je l’imagine avec cette bande de chiens-loups que je voudrais la sentir plus près de moi. J’aimerais qu’elle me parle encore un peu, je lance à tout hasard :

« Votre mère, que faisait-elle à part vous harceler ?

— Elle s’est jetée dans l’art, figurez-vous, elle a retourné sa fureur contre le métal en faisant des œuvres étranges, des sculptures massives d’animaux avec, plantés à même la chair, des objets industriels, des fragments d’armes et de machines. Elle a dit qu’elle voulait montrer le “dialogue” des corps avec la technique oppressive. Elle prétendait sculpter la “maladie de notre époque”, sans voir qu’elle nous rendait malades, ma sœur et moi. Elle voulait être à la fois la bête et l’instrument, leur “point de jonction”, elle disait. Un jour, elle a sculpté un chien terrible avec plein de tubes dans le corps, des bouts de mitraillettes. Ça faisait peur. J’ai toujours eu peur des chiens. Elle le savait et elle m’a souvent répété cette phrase stupide et rituelle : “Mais il ne va pas te mordre !” Elle ajoutait : “Surtout pas celui-ci !” Peut-on être une vraie créatrice en étant aussi loin de ceux qu’on a procréés, aussi distante ? Ses œuvres ne dégageaient pas d’émotion, à mes yeux en tout cas. Elle avait beau s’acharner, essayer de les faire vivre... Elle a dû le comprendre car elle s’est déprimée, elle a retourné contre elle-même sa volonté de fer et s'est pour ainsi dire abattue, mais sans cesser de nous harceler. C'est la mort de ma sœur qui semble l'avoir réveillée. Comme si ma sœur sacrifiée lui redonnait un peu de vie.

— Vous êtes dure avec elle. Ce n'est pas de sa faute si elle a hérité de *ça*, de cette mémoire calcinée, de cette tombe en feu dont les brûlures vous ont touchée. Mais...

— Arrêtez. Si l'on remonte au passé de chacun, même un monstre, on ne peut que l'absoudre.

— S'agit-il d'absoudre ? Qui sommes-nous pour faire un procès ? Il faut tout juste comprendre, pour vivre un peu ce qui est donné. Et votre mère, toute meurtrie qu'elle fût, a permis que s'épanouisse une femme comme vous. Même dans ses peurs et ses manies, elle a fait passer, à son insu peut-être, des chances que vous avez saisies, des lumières qui vous ont éclairée. Et avec ça, il lui est resté des forces, de l'énergie à dépenser, pour se heurter à la matière, s'affronter au métal, en essayant, si j'ai bien compris, de relier la langue du naturel et celle de l'artifice ; celle des formes animales et celle de la technique. Cela me touche, pour moi, c'est le génie même de notre peuple, cette façon d'être entre les langues, entre la langue du sacré et celle de l'ustensile. C'est ce que j'ai vécu ici, chaque jour, sans m'en rendre compte.

— C'est généreux de votre part de lui donner... du "notre peuple". Ça lui va comme un costume à un chat. Vous savez, elle est plutôt du genre à douter que ce peuple existe.

— Pourquoi pas. C'est le doute sur cette existence qui la rend plus vivante, et fait la force de ce peuple ;

c'est sa fragilité qui la rend increvable, cette existence. C'est comme la vie, elle resurgit à travers ses éclipses et grâce à elles ; elle rebondit grâce aux risques d'effacement. Mort et résurrection. La mort est un des attributs du Dieu de la vie. Il est "mort" comme il est tant d'autres choses. Les chrétiens en ont fait un moment fondateur et "crucial", mais notre Dieu, c'est-à-dire notre transmission, passe tous les jours par des temps morts et des temps vifs. Dans nos détresses les plus profondes, il y a une joie qui guette, qui attend le moment de se déclarer.

— C'est vrai, je l'ai senti hier soir là où vous m'avez menée, dans cette étrange synagogue. Ces chants rauques qui semblent avoir traversé les siècles…

— Les millénaires, mon amie. Ce peuple "n'existe pas" depuis des millénaires ; quelle sacrée vie…

— C'était quoi, d'ailleurs, ce premier chant, très long, où vous chantiez à tue-tête, plus fort que les autres, avec une voix d'adolescent ?

— C'était le Chant des chants ; certains l'appellent Cantique, ça fait latin, église, etc., mais c'est le Chant, il fait plus que rassembler des chants d'amour, il fait vibrer ce qui manque à tout chant d'amour pour être Le chant. Moi, j'y retrouvais la mélodie et les accents de mon enfance, quand je le chantais chaque vendredi, le soir, seul…

— Ça commence comment ?

— "Qu'il me baise des baisers de sa bouche car faire l'amour avec toi c'est meilleur que le vin."

— Ouahou… Il y a *ça* dans ce chant biblique ? Et que fait Dieu là-dedans ? Qu'est-ce qu'il dit ?

— Rien, ou plutôt il est l'ensemble de ce qui se dit, le faisceau infini de tous ces mots d'amour, liés par cette lumière, ce flamboiement poétique, cet éclat de la parole où il est dit aussi : “Je vous en conjure, n’éveillez pas, ne réveillez pas l’amour avant qu’il ne veuille.”

— Et comment savoir que l’amour veut se réveiller, s’il dort ? »

On éclate de rire.

« C’est vrai, dis-je, il faut le réveiller pour le lui demander… »

24

Elle veut qu'on aille « errer dans la ville » ; je ne lui dis pas que j'en viens. Mais j'aime l'idée d'y plonger avec elle. Ce sera si différent. Le taxi – où nos deux mains se frôlent, puis se tiennent, sans que je sache laquelle a commencé – passe devant la piscine d'autrefois, entre Guéliz et Médina. Je lui explique : nous venions là dès le printemps ; il y avait trois bassins, un pour chaque religion. Le meilleur jour pour chacun c'est son jour « saint », vendredi pour l'islam, samedi pour nous, dimanche pour les chrétiens. Le samedi, l'un des bassins est sale, l'autre est moyen, on s'y baigne, pendant que le troisième se remplit d'une eau limpide pour ceux du dimanche. Ceux du vendredi ont plongé copieusement dans le bassin qui se remplissait. Nous aussi, on essaie de faire pareil dans celui des chrétiens, dont l'eau est vraiment pure ; mais on est rappelés à l'ordre. Il faut que dimanche leur bassin soit pur. Tout comme celui du vendredi, qui le samedi est pourtant très moyen. « Vous suivez ? »... Elle fait « oui » de la tête. Je la sens ailleurs mais elle murmure : « C'est clair comme de l'eau. — Laquelle ? La nôtre était trouble. » On éclate de rire. J'aime son côté lointain et proche. Cette façon d'être ailleurs et si présente... Je crois que je suis amoureux d'elle car l'idée de le lui dire me remplit de joie ; le lui dire avec les mots de la chair, qui puissent épeler une à une chaque partie de son corps. L'intérieur surtout.

Puis on longe, à Jnane el 'Afia, le mur de ma première école, la primaire. Je lui dis que les maîtres y étaient durs ; ils voulaient nous tirer de l'arriération. On apprenait l'hébreu et le français.

Puis je me tais ; je n'ai pas envie de faire le guide ; on est mieux dans le silence. C'est bon de se souvenir avec, tout près de soi, un corps proche et lointain, comme la ville elle-même. Ça vous allège étonnamment. D'ailleurs, elle tient bien le silence, Eva ; c'est là qu'elle parle le plus fort. Nos mains se libèrent.

Je regarde une de mes classes, de loin. Un jour, le prof y a rempli le tableau d'un texte biblique. Dix minutes pour l'apprendre par cœur. J'aimais bien ça, me remplir de beaux textes. Même en français. Ça nous donnait des choses toutes prêtes à écrire : « Nous déambulions ce jour-là au bord de la rivière, l'herbe était d'un vert éclatant », sans qu'il y ait d'herbe ni de rivière autour de nous. Ça ne me gêne pas de réciter : « Nos ancêtres les Gaulois », je sais que c'est faux et que le maître le sait aussi. On apprend aussi l'histoire du Maroc, après celle de la France. J'étais très calé sur les dynasties : Almohades, Almoravides... Et la Giralda de Séville, la tour Hassan de Rabat, la Koutoubia de Marrakech... Sans comprendre pourquoi les splendeurs qu'on nous exhibait n'avaient eu lieu qu'au Moyen Âge. Pourquoi l'esprit de cette culture, très ouvert paraît-il à cette époque, a-t-il perdu toute sa brillance ? Pourquoi les chefs militaires n'ont plus été victorieux depuis ces temps lointains ?

Au cours de géographie, le maître accroche une grande carte dont l'envers est « muet ». Puis il la retourne : si on ne met pas le nom correct, il frappe sur le doigt un coup violent de sa baguette qui pointait le lieu à nommer.

Mais ce n'est quand même pas la punition de la *falaqa*, qu'on reçoit à l'école de la Torah : là, l'ignorant ou le fugueur est couché par terre, les pieds nus entre un gros bâton et une corde nouée aux deux bouts ; deux élèves serrent le bâton en le tournant jusqu'à coincer les pieds mais sans faire mal : la douleur doit venir des coups. Le maître fouette les pieds levés en rythmant la frappe par une phrase de la Bible, assez longue, où Dieu « est plein de miséricorde, il pardonne les fautes, etc. » (*wéhou rahoum wikhapér…*) ; un coup pour chaque mot. Autre punition : un bon élève va cracher dans l'oreille du cancre qui n'entend toujours pas la parole divine. Essentiel, d'écouter et d'entendre. J'évite d'être ce bon élève, certaines oreilles sont très sales. Le rythme de l'étude est intense : dans une sorte d'état second, la musique des mots s'engouffre dans nos têtes avec de grands passages du Livre. On apprend à notre insu, très vite. Parfois, je m'offre avec un copain une petite pause en chassant des mouches ; on leur coupe la tête, qu'on écrase en haut de la page de la Torah en retournant sur elle le coin supérieur : le gagnant est celui qui obtient la forme rouge la plus « vraie ». On se dispute sur ces petites formes sanglantes, ça nous change du Texte – qu'on nous assène avec toujours la même question : « Qu'est-ce qu'il veut dire ? » (*És ta ihéb iqeul ?*), lancée par le maître de sa voix éraillée entre deux prises de tabac. Elle s'entend comme : qu'est-ce qu'il *aime* dire ? Il *aime* donc, le scribe de la

Torah ? il a des envies cachées ? En tout cas, il aime dire autre chose que ce qu'il dit, toujours. Et pourquoi ne pas le dire d'emblée ? Peut-être aime-t-il les choses qu'on ne peut pas répéter ?

Je lui montre les bougainvillées de l'école ; ils foisonnent encore à l'entrée de chaque classe. « Ce sont les mêmes qu'autrefois, dis-je. — Pas vraiment, dit-elle ; on ne baigne pas deux fois son regard dans les mêmes arbres... — Pourtant ce sont les mêmes ; ils sont à leur place et me rappellent la même scène : on est en rang par deux, devant chaque classe ; la cloche sonne, c'est l'examen des ongles : s'ils sont sales, un coup de règle sur les doigts. En hiver ça les réchauffe. Puis les grands entonnent un chant. Je l'apprends plus tard, ce sont les mêmes que sous Pétain ("Halte là, halte là, les montagnards sont là..."). Nul n'avait pris soin de les retirer. Après tout, on a sauvé notre peau ; ce n'est pas si mal. Pendant la guerre, l'autorité française a été dure, même lorsqu'on était français. Un ami m'a raconté que le maître lui a jeté par terre son cahier en criant : "C'est faux !" alors que le problème était juste. Il en a attrapé la jaunisse.

— Est-ce que vous avez des photos de classe ? » dit-elle soudain. Et son regard s'illumine.

Non, ma mère n'avait pas de quoi les acheter ; mais je ne l'ai pas regretté. Tant pis. Très vite, j'ai eu la frustration légère, presque impalpable. C'est quand on m'arrache l'objet que je la ressens ; comme cette fois où un jeune *mslm* m'a pris des mains le billet du Mabrouka que je tenais trop doucement, juste à l'entrée. J'ai couru après lui à travers les ruelles, en vain. Et la séance commençait, je ne voulais pas rater ce film. Ça aussi, c'est moi : je ne peux pas renoncer. Alors j'ai resquillé, pour la première fois ; je le dois à ce voleur. Après, j'ai pu le faire sans trop de mal ; juste quelques battements de cœur au moment de passer, puis une grosse bouffée d'air dans les poumons, qui fait un peu mal. Être dans la salle sans billet, c'est un délice. J'attends « les autorités » qui vont venir me chasser, et personne ne vient.

« Non, pas de photo de classe.

— Un jour vous en aurez une par un ancien condisciple, peut-être, avec l'Internet.

— Un jour, en France, j'en ai vu une de la classe voisine ; c'étaient les mêmes profs que nous, et leur tête d'adolescents m'a stupéfié : ce sont ces jeunes qui nous ont terrorisés ! C'est eux qu'on a dressés pour nous mener vers la culture ? En leur faisant d'abord mépriser leur origine, la nôtre ; qu'ils finissent par exalter trente ans après...

— L'enfant que vous êtes, je veux dire : qui est en vous, a dû être très déçu par les adultes...

— Oui, le jour où j'ai vu que leur aura, c'est nous qui la fabriquions ; eux n'étaient souvent que de bons bougres qui tentaient de survivre en prélevant sur nous leur petit plaisir. »

Puis on passe près du Rendez-vous des vivants ; ça la fait rire.

« Vous aviez peur de la mort ?

— Non, mais l'effacement m'intriguait ; la disparition : si nos morts vivent dans notre mémoire, que deviennent-ils après notre mort ? Nous vivrons dans la mémoire de nos descendants ; mais ceux-ci, voudront-ils se rappeler ceux qui vivent dans la nôtre ? Et ainsi de suite ? Ma pensée se perdait devant les dalles presque illisibles des morts d'il y a cent ans : où sont-ils, ceux que personne ne rappelle ? Dans les rites, on évoque les parents, les grands-parents, on ne remonte pas plus loin. Nous serons donc parmi ceux vers qui, à la longue, personne ne remonte. On a beau remonter loin, il faut bien s'arrêter. C'est en voyant un jour les plus vieilles dalles que j'ai senti mon arrêt de mort. Là je me suis vu réellement disparaître ; j'ai vu mon nom presque effacé sur la pierre. Et l'idée de n'être plus que ce petit texte à peine lisible…

— Pourquoi un "petit texte" ? Il peut y en avoir d'autres. L'important est que la mémoire continue, que l'Écriture se poursuive. Pour moi, les morts vont rejoindre l'illisible où nous prenons de quoi écrire, et de quoi lire, pourvu que ce soit intéressant. Ils rejoignent le matériau de la vie.

— Savez-vous que c'est cela même qui est écrit sur chaque tombe ? Oui, sur chacune : "Que leur âme soit gardée dans le faisceau de *la vie*."

— Ah bon ? Comment le saurais-je ?

— Et je vous l'ai dit, *la vie*, c'est *haïm*. C'est vous et c'est moi ; et c'est aussi ce dont parle le *Rendez-vous* de ce portail, le rendez-vous de tout *vivant*… »

J'essaie de cacher ma jubilation. Je m'emballe.

« C'est vrai, les morts ne meurent pas, sans être pour autant des vivants. Et s'ils ont écrit des choses, des choses marquantes, dans le corps de leurs proches, qui l'ont traduit pour d'autres, c'est de la vie qui se transmet. Ils font partie de la masse vivante, du paquet de vie. »

Elle aperçoit les petites tombes qui sont près de l'entrée.

« Elles n'ont pas d'inscription, dis-je.

— Ces enfants n'ont donc rien "écrit" ? Je suis sûre qu'ils ont laissé dans la chair de leurs parents des traces brûlantes, des lettres de feu. Des lettres de vie...

— En tout cas, on nous disait que les plus petits vont sur la Lune. Alors, dans la prière des lunaisons, je leur parlais et je sentais qu'ils ne pouvaient pas répondre. C'est resté dans ma tête comme la souffrance la plus terrible. »

Puis le taxi nous laisse de l'autre côté du Mellah, vers des ruelles plus animées. Le quartier semble avoir un air festif. Cela me rappelle la grande fête, quand le roi venait de Rabat faire un séjour dans son palais. Toute la ville s'y mettait.

« Imaginez ces petits *souks*, ces *souiqas* qui deviennent des cours de maison ; tapis par terre, murs recouverts de tissus criards, plateaux de thé et de gâteaux dans les carrefours. Le petit peuple offre son intimité au roi, ou plutôt il se l'offre au nom du roi. On marche de cour en cour en restant dans la rue, on s'allonge sur des tapis au coin des places devenues salons, avec souvent un petit orchestre traditionnel : violon, tambourin et luth (*el 'oud*). C'est là que j'ai aimé le son troublant du violon. On le tient verticalement, comme un petit violoncelle, ça ne permet pas des prouesses mais ça suffit pour s'enivrer. Je l'entendais comme la plainte d'une personne très sensible privée de mots. On lui ouvre l'âme, comme avec un long couteau et elle ne peut pas parler, pour dire sa détresse mêlée de joie. Telle était notre vie ici : plainte et bien-être. Nous étions ces violons aux élans impuissants, qui donnent sur l'infini et souffrent de ne pouvoir que rêver d'y aller. »

J'ai trop parlé ; qu'est-ce qui m'a pris ?

25

Nous prenons place dans un café face au Mellah, devant l'ancien marché, là où j'allais chercher la viande. C'est très populaire, tout le monde nous regarde ; jadis j'aimais bien l'endroit. On nous sert un thé et des beignets. Ils sont tout chauds mais durs.

« Ceux d'autrefois étaient moelleux, onctueux.

— C'est l'effet du souvenir, *my dear*.

— Non, mon souvenir n'embellit rien ici et tant mieux. Les beignets, c'était une fête d'en avaler une bouchée : toute la vibration de la faim vous afflue dans la gorge et vient fondre là dans une sorte d'attendrissement où les yeux deviennent humides. »

Elle semble amusée :

« Tant pis, vous n'aurez pas votre "madeleine de Proust".

— Au contraire ; ces beignets durs me rappellent bien plus que ceux du passé. Ce que je retrouve, c'est que l'écart avec le passé, je le vivais déjà au passé. Je vivais ici un temps écartelé, un espace disjoint ; moi-même j'étais scindé, pris dans un vide entre deux mondes, un vide palpable que je retrouve intact aujourd'hui.

Il est écrit sur les murs, il est dans l'air ; il me suffit de respirer pour le sentir.

— Et ça sent bon ?

— Ça sent l'origine. C'est un manque aigu mais vivant ; je le perçois aujourd'hui et je le vivais jadis. Ce n'est pas que le présent me décale du passé, c'est qu'avant, au passé, j'étais déjà décalé, déporté. »

Elle reçoit le mot comme une claque. Long silence.

« Ma grand-mère, arrêtée à Munich, est passée par Dachau pour être ensuite déportée à Treblinka. En partant pour Dachau, elle croyait que ce serait bref, elle a laissé ma mère âgée de quatre ans à des voisins qui l'ont gardée. Mon grand-père, je vous l'ai dit, a pu fuir, et s'est retrouvé à Marrakech. Des Séfarades l'ont accueilli. Je suis venue voir si l'idée d'une enquête avait un sens. Tout à l'heure, quand j'ai "disparu", ce n'était pas que pour un *staff*, c'était aussi pour vérifier quelques traces de lui que j'ai retrouvées. »

Je repense à mon vœu d'hier matin. Nous sommes les jouets de la même origine, qui nous échappe et nous enveloppe. Nous avons presque le même souffle. Un bon silence s'installe. Je sens dans mes poumons une fine douleur qui contient de la joie : j'ai reconnu cette femme hier, avant de la connaître, et la voilà devant moi ; si proche... C'est tellement simple si on laisse faire le hasard ; en le suivant du coin de l'œil.

Au loin, je vois Berrima ; nous avons habité là, entre la muraille qui, sur sa crête, porte des nids de cigogne et le mur du Mellah. Tout près, c'est la place des Ferblantiers. On y fabrique encore des objets en fer-blanc, des luminaires (des *fnar*). C'était jadis très animé. Nous traînions là, et dans les cafés enfumés où flotte l'odeur du haschisch. On y jouait au « billard », au baby-foot ; des bagarres éclataient lorsqu'un point était douteux. Quand la balle rentrait fort dans le but, le gagnant criait parfois : « Je te l'ai enfoncée jusqu'aux tripes ! » (*Hsit-hélk htta lmsarn !*) L'endroit est maintenant piéton, assez joli, presque intime. Mais le temps y fait son œuvre et il fait vite.

La maison où nous vivions à Berrima m'a laissé un souvenir d'opulence, dû sans doute à l'arrivage plus abondant des dons américains – des vêtements surtout, de style cow-boy, que je trouvais très seyants même si ma mère restait sceptique ou un peu agacée, disant que le notable qui gérait l'arrivage vendait pour son compte les plus belles pièces et n'offrait au bon peuple que les restes. À supposer que ce fût vrai, cela ne me gênait pas puisqu'on avait ces beaux restes gratuitement.

C'est dans ce coin aussi qu'on trouvait les charrettes à bras (*krrossat*), notamment pour déménager. En quelques charretées, tous nos biens passaient dans la nouvelle maison à travers quelques ruelles. J'étais gêné de suivre ce tas de meubles et d'ustensiles ; de voir dehors tout le dedans de la maison. J'avais l'impression d'être tout nu ; ou plutôt, d'avoir ma nudité devant moi et de courir après. Là j'éprouvais notre intimité, quand elle était à découvert. Sinon, on n'en parlait pas : par un accord tacite on écartait les états d'âme incertains, les sentiments vacillants, les questionnements angoissants ; on ne parlait pas d'intimité ; ce n'était pas une idée ou un thème...

En fait, ces déménagements me plaisaient aussi : j'aime me détacher des lieux où j'ai vécu, et voir les chambres vides, abandonnées, habitées par l'absence ; puis arriver dans d'autres lieux que j'aimerai aussi avant de les laisser bientôt. C'étaient de petits départs, infimes mais réels, traînant déjà dans leur sillage cet air d'exil que j'aimais tant.

Et quand on décharge la charrette, les objets et les meubles reprennent place dans la nouvelle maison, bien lavée à grande eau, avec la natte dans la cour rafraîchie. Aussitôt toutes ces choses modestes relancent la magie du bien-être qui s'est gravé dans ma mémoire.

Bien-être ultime ; l'hostilité ambiante nous fait rétracter l'espace, le ramener jusqu'au « chez soi » le plus strict, jusqu'à ce mobilier tenace, jusqu'à cette natte sur le sol face au ciel, telle un radeau insubmersible. Là, personne ne peut vous atteindre, c'est chez vous, c'est vous, ça vaut tous les biens du dehors qui se rebiffent ou qui résistent. Là, on est absolument bien. La richesse des objets présents c'est ce bien-être qu'ils sont chargés de rayonner ; et ils y réussissent. J'étais bien, infiniment, sur cette natte ou ce tapis volant devant l'azur, appuyé sur un coussin avec un livre à portée de main. Et chaque fois que je suis bien, comme maintenant, mon corps est sur cette longueur d'onde. Alors, je suis en paix, en plein accord avec le monde tel qu'il est, avec son bien rayé de mal et son plaisir mêlé de souffrance, mais avec juste au-dessus, en surplomb des grincements, cette petite « terrasse » d'osier où la pensée peut s'ouvrir, où la rencontre peut se rêver. Et parfois se produire. « Vous êtes bien, Haïm ? Vous avez l'air un peu perdu. — Perdu ? Non, je retrouve ma perte, et j'y suis bien. »

Ce calme, cette intimité du coin tranquille, je les retrouve parfois dans la montagne, autour du mont Blanc. En randonnée ou quand on grimpe, on trouve souvent un « plat » bien protégé, on a envie d'y être, d'y rester. Cette sensation s'est écrite dans mon corps ici.

Et je comprends ce que tant de jeunes touristes viennent chercher dans ces maisons au mobilier rudimentaire. Eux aussi rétractent l'espace jusqu'à cet intérieur modeste dont le dépouillement s'oppose au reste, ce reste plus opulent qu'ils rejettent pour un temps : les maisons de leurs parents, le mode de vie « occidental » supposé plein de gadgets et aliéné à trop d'objets... Mais ce rejet, c'est eux qui le posent face au reste du monde ; nous, il nous arrivait du dehors. Alors dedans, on était en paix ; les objets les plus simples, les ustensiles en argile étaient beaux comme dans les musées.

Ce bien-être qu'ils viennent chercher, que j'ai emporté dans ma mémoire, je le retrouve même à New York, dans des cafés près de l'Opéra, qui servent de bons petits déjeuners ; ou au Brésil, à Récife, quand je goûte l'huile et le pain, la douceur de l'espace intime, l'acuité des couleurs. Et je le retrouve à Chicago ou Atlanta, dans... les grandes surfaces ; j'y ressens l'abondance qui me réjouissait dans les souks. Bref, je ne marche pas dans le jeu de l'« authentique ». Souvent des gens donnent ce nom à ce qui leur manque, c'est leur affaire. Cela pourrait d'ailleurs les questionner sur ce qu'ils ont. Ils y trouveraient peut-être aussi de l'authentique en attente, en souffrance...

En tout cas, je ne veux plus ironiser sur ces emballements exotiques, ces enthousiasmes couleur locale quête des racines retour aux sources, aux jardins, aux aromates et aux fleurs... Certes, il y a l'aspect toc, attrape-nigaud, miroir aux alouettes ; mais ceux qui, riches ou modestes, retapent des maisons ou des riads pour y être à l'aise, plus près du ciel et du soleil, essaient aussi à leur manière de retrouver ce même bien-être, que j'ai connu dans des conditions dépouillées, si âpres et dénudées que j'en avais seulement l'ossature minimale, la trame ultime : la fraîcheur de la maison après le soleil, la saveur du plat illuminé d'épices, le carré de ciel bleu sur la crête des murs ocres… J'aurais aimé moi aussi retaper une maison, si j'acceptais les nouvelles formes de l'hostilité séculaire.

Mais je n'ai rien contre ces bulles mondaines où des gens un peu friqués viennent s'enfermer pour souffler, trouver la paix, se croire un peu plus grands – et ils peuvent l'être, tout dépend de leur budget. Ni contre ces jolis riads, ces beaux palais, ces grands hôtels imitant de petits cloîtres qui se reproduisent à l'identique comme des cristaux, à mesure qu'affluent les touristes ; ces maisons modèles – « tout le monde » ici est artiste d'intérieur… Même si on me vante le bleu Majorelle comme si Van Gogh n'avait pas existé. Un jour, j'ai vu toute une série de riads, et le soir j'étais épuisé. La véhémence de cette passion immobilière me sortait par les yeux. Mais le résultat n'est pas vilain.

Qui a dit que le désir naît chez ceux à qui rien ne manque ? C'est faux. L'effort de nos mères non seulement brouillait les cartes du besoin et parvenait à le contourner, avec une sensation de luxe et d'excès, mais il transformait le besoin en désir. Nous étions dans le désir, un désir en éveil qui peut à tout moment se réaliser. Pour calmer sa faim avant le dîner, on pouvait voler dans l'arrière-fond du buffet de petites aubergines confites, intensément exquises, dont l'amertume naturelle est submergée par une alliance de gingembre, de girofle, de cannelle, de sucre et d'attention subtile. On peut satisfaire le besoin comme si c'était un désir. J'aime cet état bizarre où l'on manque de tout mais où tout le reste est disponible, à profusion ; toute la joie d'être là et d'être bien. Où donc notre vie puisait-elle sa force pour nous faire aimer ce manque qui peut à tout moment devenir une joie ?

« Vous étiez assez pauvres ? dit Eva d'une voix sereine et un peu hésitante.

— Mais une tribu d'Amazonie est-elle pauvre parce qu'elle n'a pas d'électroménager, et que vivant de la chasse, elle mange des grillades copieuses midi et soir ? avec des fêtes, des danses et des rites pour se retrouver ? Nous étions démunis mais nous avions le désir d'être et il trouvait de temps à autre son rayonnement. La pauvreté c'est un rapport avec les autres : quand vous vivez avec des gens qui ont certains objets dont vous sentez la privation, et qui peuvent dire que ces objets sont l'emblème du bonheur, alors vous êtes pauvre à leurs yeux ; et pauvre tout court si leur regard et leur pouvoir couvrent tout. Mais sauf exception, je n'ai pas souvenir que ce rapport avec les riches nous ait fait souffrir ; nous avions des expédients, des revanches ; et leur défi silencieux nous stimulait. »

Je paie les beignets durs et on s'en va. Elle veut qu'on rentre à pied. Nous marchons dans le flot de la Médina. Parfums, poussière, ombre et soleil, couleurs chaudes, crête des murs sur le ciel bleu. Elle semble heureuse sans raison. Elle me voit regarder les murs et ça l'amuse. Je lui dis que ce sont des bouts de mémoire qui ne me rappellent rien, qui me rappellent tout court mais dans un style argileux. Ils rappellent la terre.

« Tiens, dis-je en pointant le carrefour ; c'est de là que des cars partaient vers les villes lointaines du Sud, à deux heures du matin : ils n'étaient pas climatisés et la route était chaude dès 8 heures. »

26

Je revois les départs à l'aube dont j'aime la douceur. Il fait encore nuit quand mon père fait sa valise pour aller dans l'Atlas. Il l'encorde comme un paquet ; il est serein et absorbé, donc aussi moins nerveux. Quand il est nerveux, j'ai moins de peine à le voir partir.

Je dis : « Mon père partait de là, à l'aube. Il revenait tous les six mois ou tous les ans.

— C'était dur ?

— Le plus dur c'est d'être supposés tristes par les autres ; comme si on était orphelins. C'est dur aussi lorsqu'ils “comprennent”...

— Vous voulez enlever aux autres le plaisir de vous plaindre ? Vous savez, même s'ils vous font une crasse, ils tiennent à vous en consoler pour vous la faire remarquer.

— C'est ce que je vous dis : ils vous envient si ça va bien et compatissent si ça va mal ; mais c'est injuste. Après tout, si on a un malheur, c'est à nous d'en profiter puisque déjà on en souffre ; à nous de voir comment il tourne. Il peut créer des petites lueurs inattendues. Il ne faut pas qu'on nous l'enlève à la légère... »

Elle éclate de rire : « Vous êtes drôle. Vous devez vous sentir souvent seul, non ? C'est un plaisir d'être avec vous. »

La foule devient plus dense ; un vent brûlant plein de poussière s'est levé. Je plonge dans ma rêverie où des images affluent.

Après ces départs (*sfara*), ma mère se retrouve sans homme, entièrement prise par le travail de la maison : aller au souk, acheter du blé, le laver, le porter au moulin, faire des « réserves » – d'olives, d'huile, de sucre – comme si c'était la veille d'une guerre. La guerre de la pénurie quand s'épuise le mandat mensuel. Il faut avoir l'« essentiel ». Pour le reste, son savoir-faire m'étonne. À défaut d'autre chose, on déjeune de pain perdu ; ou de thé et de biscuits faits par elle. Ça nous rassasie.

Un souvenir me revient et je ne veux pas lui en parler. C'est ce jour où l'on s'est retrouvés sans rien, réellement ; sans même l'« avis d'appel » par lequel mon père nous donnait parfois rendez-vous à la poste pour parler au téléphone. Le combiné avait un gros trou, on criait dedans, avec un léger doute : la voix arrivera-t-elle aussi loin ? Peut-elle nous relier à l'opulence de Paris ?

Ce jour-là, il n'y avait plus rien à manger. Ma mère s'est habillée, maquillée, et m'a emmené avec elle vers la maison Carcas, un grand notable cousin du père. Il fallait lui emprunter mille francs (anciens), *alf frannk* ; aujourd'hui, ce serait une vingtaine d'euros. Avec ça, on peut vivre en Médina au moins deux semaines tous les six.

Elle a trop de fierté pour y aller elle-même, elle m'envoie en restant dans la rue, à l'entrée. Je m'engouffre dans la maison, ils sont tous à table, nombreux. Les employées (*l-khddémét*) remplacent les assiettes qui se vident et apportent un grand plat de légumes, un autre avec des poulets jaunes, au safran sans doute, quoique le *kharkoum* donne la même couleur dorée. Tout près de moi, un homme âgé finit de se laver les mains et les essuie : Béni sois-tu, Éternel... (*Baroukh ata Adonaï*). Je vais droit vers celui qui me semble être le chef, un certain Maurice qu'elle m'a décrit, et du haut de mes 11 ans, je lui chuchote en arabe : « Ma mère te demande de nous prêter *alf frannk.* » L'homme a entendu, mais sa fine moustache m'inquiète soudain, elle est trop nette. Il répète ma demande à la cantonade en mimant le chuchotement. Tout le monde éclate de rire. Puis il donne sa réponse en imitant le chuchotement : « Dis-lui que c'est non ! »

La scène a pu durer trois minutes mais ce qui se passe dans ma tête est très long. En fait, pas dans ma tête, car je sens qu'elle est vide, impression nouvelle pour moi car d'habitude elle est pleine, je pense toujours à quelque chose ; et là, rien. Mon esprit m'a quitté d'un coup et ne m'a laissé qu'une question : qu'est-ce qu'ils ont vu sur moi qui les fait rire comme ça ? Alors, il suffit d'imiter l'autre pour le rendre ridicule ? C'est qu'ils sont une bonne douzaine et je suis seul devant eux. Moi j'aime bien rire avec ceux qui rient de moi ; ça m'arrive en classe assez souvent. Mais là, je me sens écarté de ce rire ; c'est comme s'ils savaient sur moi des choses que je ne sais pas. Je suis là, je les regarde en face, je ne pense à rien mais je vois tout ; je vois des visages graves et d'autres hilares, certains ont une joue rebondie, d'autres les deux joues, la bouche trop pleine. Au fond, c'est bon de ne penser à rien, quelquefois, on perçoit tout comme si ça vous rentrait dedans ; tous les détails, la couleur des assiettes, un livre sur le meuble, la peau croustillante du poulet... Et une bague toute brillante que je vois par terre, lorsque j'ai baissé les yeux ; là, tout près de mon pied. Qu'est-ce qu'elle fait là ? Le vieux a dû la faire tomber sur le tapis en se tournant vers moi pour mieux voir le spectacle. En un éclair, je sors le pied de ma sandale ouverte, ou plutôt il sort tout seul et cueille l'objet entre l'orteil et l'autre doigt. Sans bouger, sans rien laisser paraître. Le rire se calme et je m'éloigne en boitant à peine. Puis, je ne sais pourquoi, je me retourne et je leur fais un grand sourire. Ils doivent croire que j'aime ça, qu'on se moque de moi. C'est d'ailleurs un peu vrai. Quand des gens se moquent de vous, si vous tenez bon, vous pouvez mieux les voir, et même en rire, ils sont à nu.

Dehors, je me sens expulsé d'un cloaque et je rentre avec joie dans notre bonne réalité : la ruelle est déserte, remplie de soleil, ma mère est dépitée, elle les maudit distraitement, on dirait qu'elle s'y attendait. D'un geste furtif je mets la bague dans ma poche ; pas question d'en parler ; elle m'aurait envoyé la rendre ; la honte absolue. Peu à peu mon esprit revient et tout doucement une colère monte dans mon corps. Une colère violente, avec tout à côté un point brillant, précieux mais encombrant. Ils ne vont pas me soupçonner, c'est sûr ; dans leur tête je n'étais qu'humilié.

Je sens que le Ciel me voit d'un bon œil et que le hasard me sourit, mais tous ces gens hauts placés à qui on fait des « demandes » ne sont pas bienveillants. Ils ne sont pas là pour donner mais pour se plaire à refuser. C'est comme ça, il y a les demandeurs et les demandés. Eh bien, tout comme ma sotte ritournelle sur les femmes « très loin de ça », j'ai emporté de Marrakech l'idée que les gens très *demandés* (en France on dit : « sollicités ») sont là pour jouir avant tout du plaisir de refuser. Mais alors, faut-il n'avoir affaire qu'à ceux qui n'ont aucun pouvoir ? J'étais fin prêt pour embrasser une vaste Cause, celle des gens qui ne peuvent rien, qui luttent contre le pouvoir et qui n'en veulent surtout pas, comme s'il risquait de leur brûler les doigts. Il est là pour qu'on le dénonce, et pas pour qu'on le prenne. S'il s'effondrait, à qui pourrait-on s'en prendre ? Mais voilà, les gens qui le veulent, ou qui s'y trouvent, n'imaginent pas une seconde que vous n'en voulez pas et ils font tout pour vous empêcher de le prendre.

Bien sûr, c'est très tentant : n'avoir pas le pouvoir, hormis celui de faire ce qui me plaît, et d'empêcher ceux qui l'ont de me l'imposer, de me baver dessus avec.

Cette nuit-là, ma mère me réveille ; elle dit que je fais des cauchemars en criant « *alf frannk !* » et qu'ensuite j'ai des éclats de rire. Ça l'inquiète. C'est un fait que je suis en sueur ; je me bats contre je ne sais qui. Le lendemain, je me sens mieux et le mandat arrive.

Aussitôt, nous allons au marché. Viande, légumes, fruits, poisson… Une ronde de bons plats à l'horizon. Je suis apaisé, ma fantaisie se libère, et une curieuse idée me vient. De retour chez nous, je m'isole un instant dans mon réduit près de la terrasse, je désincruste la pierre brillante, je redescends, je jette la bague dans le poubelle, puis j'enfonce la pierre délicatement dans la ventre du poisson et je retourne à ma lecture. *L'Esprit des lois*. (C'est vraiment dur, j'y cherche en vain des lois concrètes et familières comme on en a dans la Bible,

« Quand un homme trouve l'âne de son ennemi qui croule sous le fardeau, il doit le relever... », ou « quand deux hommes qui se battent renversent une femme enceinte... » Des choses comme ça. Mais rien ; c'est aride à suffoquer – ce qui ne change pas ma décision de tout lire.) Je rêvasse et par à-coups je tends l'oreille, très fort. Rien ne vient, elle s'affaire dans la cuisine. Et tout à coup, un petit cri réprimé, suivi d'un long silence ; puis j'entends distinctement : *Lmbéi'a lik ousskrane lik a rbbi* (« La prosternation est pour toi et la gratitude est pour toi, ô mon Dieu »). Bref, « merci mon Dieu », dit de façon très emphatique comme d'habitude. Je me replonge dans « Le pouvoir législatif », jubilant tout seul du miracle que j'ai provoqué. C'était un jeudi.

Le vendredi soir, je vois qu'elle a fait des achats somptueux, inhabituels, que le mandat ne permet pas. Du safran et des soieries, du tissu « crêpe de Chine » pour que sa sœur lui fasse des robes ; un bracelet d'or plus large que sa « semaine » de bracelets fins qu'elle exhibe pour les fêtes et qui s'entrechoquent quand elle parle. Elle est assise, rayonnante, belle comme une reine qui reçoit et irradie le grand Repos ; avec sa beauté bien à elle – qui me laisse toujours frustré car je préfère celle des actrices américaines dont je ramasse les photos. Mais je suis ému de la voir avec sa beauté ; les traits de son visage et les contours de son corps disent la joie absolue d'être là, une joie sans raison dicible. J'ai admiré sa sagesse d'avoir gardé le silence sur cette histoire.

Moi aussi, je n'ai rien dit de la scène humiliante. Et sans le savoir, elle m'en a donné le fin mot : « Cet homme, il en veut à ton père ; ça ne m'étonne pas qu'il t'ait refusé. »

Un jour, je me suis dit qu'avec ça, j'avais un bon capital de rejet. Beaucoup passent leur vie dans la peur d'être rejetés ; et cette peur fait qu'eux-mêmes se rejettent ou s'isolent. Moi, ça m'a vacciné : je n'ai plus eu peur d'être rejeté, je *peux* l'être, donc ce n'est pas inéluctable. Peu à peu, j'ai vu qu'être exclu est un moyen de se renouveler, de trouver un autre lieu où rebondir.

Mais ça, c'est ce qu'on remarque longtemps après, c'est ce qu'on se dit pour mettre du baume, calmer la plaie. Sur le coup, il faut d'abord payer. Allez savoir comment. Vous payez toujours pour les saloperies qu'on vous fait ; même si le contenu est dérisoire ; vous payez pour le fait qu'elles ont eu lieu. Et moi j'ai payé en me convainquant – troisième sottise majeure – que *tous les riches sont des salauds*. Une sottise qui m'a soutenu : longtemps, je n'ai pas vu qu'il y a des salauds chez les pauvres ; et des braves gens pleins de fric et anxieux d'en manquer ; les pauvres... Ou des gens qui ont du fric mais qui ne sont pas riches du tout : ils jouissent de faire rentrer l'argent mais n'aiment pas le voir sortir, c'est tout. Les vrais riches sont contents de ce qu'ils ont et parfois ça leur donne envie de donner.

En tout cas, ça s'est éclairci peu à peu, côté social : dès mon arrivée à Paris, j'ai mis le cap – en avant toute direction : Lutte des classes. J'en ai *pris* longtemps, de cette lutte « contre les riches ». Certes, j'ai fait d'autres choses, mais toutes mes années de militance marxiste ont été une offrande sur l'autel de cette lutte. Au fond, dans l'Antiquité c'était mieux : les sacrifices bibliques au Temple, après une faute ou un malheur – ou un bonheur ; on tue la bête sur l'autel et on est quitte, on a payé. Aujourd'hui, quand on a telle ou telle lubie, on paie de sa personne sans compter ; et plus ça semble intelligent, plus on s'y enferme. À la longue, j'ai fini par jouer avec les mots : la lutte des *places* ; la lutte *déplace* ! C'est vrai, lutter pour votre vie, ça vous met en mouvement... Mais bon, en attendant vous faites beaucoup de sur place. Et un jour de 1973, j'ai rangé mon uniforme de militant (grâce à un ouvrier marocain) – et je me suis dit que j'en avais pris pour dix-huit ans de marxisme depuis mon arrivée en France en 1955. Ce jour-là j'ai compris que je venais de les accomplir. Le constat ne m'a rien apporté ; j'étais déjà libre, déjà délié. C'est bête, il y a des problèmes dont on ne prend conscience que lorsqu'on en est sorti.

Étrange aussi de se voir « puni » pour avoir vécu cette scène pénible ; puis de se dire que c'est normal : on est fautif lorsqu'on a été victime. C'est une idée que j'ai eue plus tard : si on vit un malheur, on doit faire un sacrifice, non pas parce que ce malheur punit une faute, mais parce qu'il est lui-même la faute. C'est ainsi ; lorsqu'on a une peine, il faut l'expier.

J'ai donc « payé » pour leur rire qui sans doute n'était pas méchant. Ce n'étaient sûrement pas des monstres, c'étaient des notables ordinaires. (Les gens normaux sont parfois les plus redoutables.) Ils ont pu rire de ma diction d'enfant sérieux tout absorbé à ce qu'il dit et qui ne voit rien d'autre. Mais leur rire, je l'ai entendu en adulte : les riches se moquent du peuple. C'est bien après que ma vindicte s'est élargie, arrondie, pour englober tous ceux qui peuvent recevoir une demande et qui se tortillent dans leur place supérieure pour « voir ce qu'on peut faire », pour « savoir si c'est possible... » – bref, qui consomment devant vous leur immense complaisance, celle qu'ils s'offrent sur votre dos. Un jour, j'ai lu que lorsqu'on a devant soi un visage qui demande, ou qui attend, on ne peut pas le rejeter. Tout comme on ne peut pas frapper quelqu'un qui vous regarde en face. C'est, paraît-il, le privilège « infini » du visage. Mais où est-ce qu'ils prennent des idées pareilles ?

27

Toute cette rêverie a duré quelques instants. C'est fou ce que les rêves font de nos vies, de nos « vécus » comme on dit ; ils vous les prennent, vous les réduisent dans leur casserole, vous les résument à un petit tas de clichés ; et nous passons beaucoup de temps à développer, délayer, interpréter... J'aimerais bien le lui dire : « Nos rêves résument notre passé, et notre avenir développe les rêves que nous n'avons pas encore faits. » Mais je m'abstiens. Ça fait sentencieux.

« Je sens que vous remuez des souvenirs d'ici et que vous ne voulez pas m'en parler.

— Oui, j'ai peur de votre compassion.

— Ah ! Ce n'est pas mon genre. Et je vous plaindrais de quoi ? Est-ce que *vous* avez à vous plaindre ?

— Justement, moi je ne me plains pas. J'aime la vie et les gens tels qu'ils sont. Je sais que pour avoir son content de plaisir chacun peut vendre sa peau – non, la peau de l'autre ; mais les mêmes grands égoïstes peuvent être bons, généreux, inconscients... C'est ce mélange qui me plaît, bien qu'il soit très difficile à supporter. »

Je crois qu'elle me trouve ennuyeux ; soudain elle lance :

« Et moi, ce qui me plairait, c'est que vous me racontiez comment vous êtes partis d'ici.

— Vraiment ? Voilà qui est facile et agréable. Le départ s'est passé comme dans ces états de grâce où le désir se réalise tout seul, sans nous ; on le regarde faire, il fait ça très bien, et on s'étonne que ça ait tant tardé. Un jour donc, la lettre du père arrive ; nous sommes inscrits en internat, en France. Je la relis dans tous les sens ; "qu'est-ce que ça veut dire d'*autre* ?..." ; comme si la matière des mots allait me dire ce qui allait suivre ; cet autre monde qui s'ouvrait.

Et me voilà parti, un matin de juillet, avec mon frère plus âgé de 1 an et demi. On va à la gare de Marrakech, dont j'aime l'aspect désert. C'est ce vide que j'ai de la peine à quitter, cette désolation ; cet air dépouillé – que j'invente à certains lieux pour les aimer comme des lieux de départ ; ou d'origine, si vous voulez.

Le train nous mène jusqu'à Oran *via* Casa. C'est un peu long : vingt-sept heures, mais pleines d'attente heureuse. J'entends le train qui siffle en plongeant dans la pénombre et une voix près de moi qui dit : "On n'est pas loin de Taza (Téza)". C'est comme un souvenir vide d'une joie pourtant réelle : on est partis pour de bon, on traverse un grand espace, c'est sans retour, c'est bien. Taza ou autre chose... – c'est le dernier lieu du Maroc que j'entends nommer. Puis je m'endors, assis. J'ignore l'existence des couchettes ; d'ailleurs, on n'a pas de quoi. Et c'est Oran, dans une lumière violente. On y passe des heures à se promener en ne pensant qu'au bateau pour Marseille ; il ne faut pas le rater. On fait des va-et-vient entre la ville et le port pour s'assurer qu'il est toujours là, le port. J'erre dans une ville qui n'a pour moi qu'un air de départ. Je ne me doute pas que dans six mois elle va partir en guerre, comme tout le pays, pour un *djihad* de huit ans. Ce mot est maintenant très à la mode. Jadis, même lorsqu'au lycée Henri-IV je soutenais “la lutte du peuple algérien”, je ne faisais pas le lien entre *Moudjahid,* le nom de leur journal et le *djihad,* la guerre sainte : pourtant le *moudjahid,* c'est le guerrier du *djihad.*

Le soir, on embarque. Sur le pont, balayé par un vent délicieux, je vois mes souvenirs affluer, empaquetés dans un baluchon et accrochés à un mur de ma mémoire, un mur couleur d'argile. Ils ont l'air de ne pas compter mais ils sont inscrits, ils rayonnent doucement sur tout ce que je dis, et les autres n'en savent rien.

Puis, c'est le train de nuit, de Marseille à Paris, assis. C'est très beau : je vois défiler au clair de lune mon livre de géographie : le Rhône, la Durance, Tarascon, Avignon. La Loire s'annonce au loin. Mâcon, une pensée pour Lamartine (*ou llék,* disaient les élèves berbères : *ô lac*...) Ces noms de villes m'impressionnent : ainsi, les livres ne mentent pas ; pas sur tout. Une autre chose m'émeut : ces prairies bleutées dans la nuit, après les étendues arides du Maroc. Je suis ébahi : “Ce pays est riche ! Ils doivent tous bien manger.” Le voilà le lait *et* le miel... C'est ma première idée “concrète” de la France. Dès l'arrivée, on m'envoie en colonie de vacances, en Brie, où je prends huit kilos en trois semaines. Les responsables sont surpris, je les vois tourner en jubilant autour de la balance. »

Eva me regarde avec tendresse, comme si elle-même m'avait nourri. Elle est fière.

« Mais la rentrée m'inquiétait. Les élèves, la plupart fils de bourgeois, parlent français depuis l'enfance ; je vais être ridicule avec mes langues emmêlées et mon style bizarre. Puis arrive le jour où le prof de français rend les copies ; la mienne comme d'habitude est au bout du paquet ; mauvais signe ; angoisse ; je n'entends plus ce qu'il dit. Il parle du sujet de la dissertation. Soudain, je me ravise : un paquet ça a deux bouts ; si elle était dans le bon bout ? Et dans un grand silence j'entends : « Dans cette classe, il y en a un qui sait écrire, c'est vous ! » Je me retourne pour voir l'élu : c'est le mur. Quelle joie, je sais sans avoir appris. Il me met souvent des 19 en dissert, ce qui agace mon père : « Pourquoi tu rates toujours le 20 ? C'est sur 20, non ? » J'ai donc signé mes carnets scolaires brillants en imitant sa signature ; comme font les cancres ; elle est très compliquée mais j'y arrive. J'apprends à me passer de la reconnaissance des miens. (Cela aussi m'est resté. Aujourd'hui, ils savent à peine ce que je fais ; ils savent que j'écris des polars, avec de drôles d'intrigues ; et si par hasard ils rencontrent un de mes *fans* : « Ah ? C'est votre père ? Eh bien, son dernier *thriller*..., j'ai a-doré ! » Un jour, l'aîné de mes quatre fils – qui est pilote de ligne et ne pense qu'à s'envoler – m'a dit : « J'ai eu trois fois le même écho, trois fois un homme d'âge mûr m'a dit : “Ma femme a tous ses livres !” Tu te rends compte ! Des femmes qui aiment tes polars ! Il va falloir que je les lise. Qu'est-ce que tu leur fais ?... » Je me suis tu.) Comment lui dire que l'essentiel pour moi c'est la joie d'écrire ces livres ; qu'ils plaisent ou pas aux autres, je n'y pense pas. Ce qui m'intéresse, c'est de m'y impliquer à fond ; je rêve d'écrire un livre qui me viderait de ma substance et me laisserait sur le carreau. Je le sens à ma petite échelle, celle du roman policier : un créateur ne devrait pas se remettre de l'œuvre qu'il met au monde. D'ailleurs, c'est ce qui a dû arriver au Dieu biblique : il ne s'en est pas remis, d'avoir créé le monde, et ça l'a rendu grincheux, furieux même, il est devenu boudeur puis silencieux. Notre monde a été sa première et sa dernière œuvre. Mais nous les petits créateurs, on s'en remet ; il faut bien vivre… Où en étais-je ?

Oui, cette école fut le signal d'un violent épanouissement.

Je découvre mes limites, elles sont palpables et elles m'amusent. Je perds une grosse couche de naïveté. L'espace est libre ; je n'ai plus peur des maîtres qui veulent nous moderniser. Je suis à l'aise, je respire, ma poitrine froissée se gonfle, il y a de l'oxygène à foison. Parfois j'ai un peu mal mais ça passe. Et puis, je découvre les maths : le plaisir d'un libre jeu ; on ne récite pas, on donne des preuves ; et si elles sont bonnes, personne ne peut rien contre vous. Ce plaisir de l'indiscutable, je passerai des années à en jouir, à faire de la recherche mathématique, alors que d'autres choses se pressent dans ma tête qui demandent à s'exprimer et ne se disent pas en équations. Mais la joie de cette liberté est intense : chercher, improviser, nommer, construire, « considérer », tracer des pistes, tomber sur une impasse, revenir, appeler d'autres choses à la rescousse pour mieux comprendre celles qui sont là ; trouver le bon passage… On peut se tordre le raisonnement comme la cheville, mais on peut le redresser, avoir de la suite dans les idées, oser les prendre comme objets d'autres idées… C'est une drôle d'impression : forcé d'être libre ; faute de quoi on est coincé, passif, cloué, jusqu'à ce qu'un geste heureux vous tire d'affaire ; un geste du hasard qui se révèle nécessaire, qui vous fait dire : *soit*... Soit X l'objet qui manque... pour passer. Vous le posez sur l'abîme, vous l'ajustez, vous passez, vous le retirez, c'est toujours l'abîme, mais vous êtes de l'autre côté ; en marche. Pourquoi faut-il la plus grande liberté pour sentir les choses nécessaires ?

« Je n'ai jamais rien compris aux maths, dit-elle avec un beau sourire.

— Vous avez dû, comme souvent, avoir peur d'être moins féminine si des fois vous compreniez.

— Ah ? Là aussi je ne comprends pas, mais tant pis, continuez.

— La France me devient sympathique ; c'est facile, après le coup de foudre de la traversée Marseille-Paris. Je me suis dit qu'on y sera bien, qu'on aura une “paix royale”. »

À notre arrivée à Paris, on nous a beaucoup aidés. Mes parents sont restés quelques mois dans un petit hôtel : ma mère y a fait sa grande cuisine en se servant du lavabo et d'un petit feu de camping. Dans cette chambre d'hôtel rue du roi de Sicile, je regoûte aux bons plats – aux *pastélas*, aux cervelles safranées et à tous les tagines.

Ce qui m'a marqué en arrivant, c'est qu'avec mon père, dont je suis l'interprète et pour qui il faut traduire chaque nuance, dès qu'on entre dans un bureau pour une démarche, l'homme nous lance : « Asseyez-vous, *je vous prie*. » Je n'avais jamais entendu ça. Après, je comprends que c'est formel, qu'on nous offre un siège mais que « le problème » va rester entier. Pourtant, je vois que notre « dossier » avance tout seul, sans qu'on ait à être gentils. « Vous avez droit à... », dit l'homme au bureau. J'écoute à peine la suite tant je suis heureux. On a des droits ! Qu'avons-nous fait pour ça ? Juste être là ? C'est incroyable. J'ai l'idée que ces Français se font avoir, que ce sont de gros naïfs : nous donner tout ça en échange de rien ? Juste parce que c'est la loi ? J'ai le souvenir de m'être dit : Chut ! Il ne faut pas en parler, ils vont s'apercevoir qu'ils sont floués ; ou alors, le monde entier va venir ici. Quelle loi étrange ; moi, je ne connaissais que celle des interdits. J'étais sidéré de voir l'agent des allocations passer chaque mois et déposer trois fois le salaire paternel. Les premières fois, on essayait de le retenir pour qu'il mange, qu'il boive, qu'il prenne au moins des gâteaux faits par ma mère. Mais il rougissait : « Ce n'est pas nécessaire, vous savez... » Lui aussi se faisait avoir...

28

L'hiver de notre arrivée fut un des plus rigoureux. Faute de costume, je suis en short ; mais mes jambes, bleuies quand je suis dehors, reprennent leur couleur quand je me colle au radiateur. Mon souci est plutôt d'être premier (partout, sauf en gym) pour défendre mes origines, montrer de quoi est capable un enfant de Marrakech, justifier qu'on m'ait admis gratuitement alors que la pension est chère. Si mes résultats « flanchent », ma présence dans l'école sera maintenue par charité ; l'horreur. Elle doit être gagnée. Par chance, j'y arrive sans peine. Le prof me met l'appréciation : « A dépassé le niveau du travail scolaire » ; et il m'offre son amitié, de sorte que l'été suivant j'ai pu *faire* l'Italie en stop, de Brindisi à Milan, en le retrouvant à chaque étape, lui et d'autres enseignants : Foggia, Arezzo, Sienne, Florence ; une overdose de tableaux et de fresques... Je suis enthousiasmé par ces chefs-d'œuvre, et surpris de voir mes profs les contempler en silence, un silence prolongé qui ne « dit » rien. Ils sont placides et je gigote dans mon coin, mais ce n'est pas à moi de parler. Leur retenue d'esthètes, je la trouve un peu maniérée. Je les entends dire qu'un tableau est *bien fait*, que les proportions y sont très justes, etc., et ça m'agace. Quoi ? Faire tout un tableau juste pour qu'il soit bien fait ? Où est le Dieu pour qui on fait tout ça ? pour qui on fait tout ce « bien »... J'aimerais les questionner mais je me retiens. Et comment se taire devant tout ça ? Comment peut-on encaisser une telle beauté, une telle violence, sans en parler ? Je suis troublé par ces peintures, et ma question fétiche : « Qu'est-ce qu'il veut dire d'autre ? » m'accompagne, pas toujours avec succès. Je m'accroche, j'essaie de mettre en mots ces forces inouïes que je ressens.

C'est par ce prof de lettres que, dès mon arrivée à Paris, à la rentrée scolaire, je suis entré en marxisme. Il m'a remis en douce *Le Manifeste* de Marx-Engels et d'autres livres. Je suis décidé à combattre les « bourgeois ». Curieusement, il en est un : il a un immense appartement dans le XVIe et il sort à tout bout de champ des billets de « dix mille francs ». Mais bon, il y a des « contradictions ».

Dans cette école Maïmonide, j'ai le rôle agréable d'être le meilleur sans être « polar » ni fayot. Mais j'ai failli être viré, car lorsque je m'offrais de temps à autre des bouffées de révolte, j'étais trop sûr d'être protégé par mes notes. J'ai failli abuser du plaisir d'être un rebelle irréprochable. Cette fois je me vengeais des profs en les forçant à reconnaître qu'au-delà des bons résultats, ce qu'ils veulent c'est la paix, l'ordre, le calme ; on se demande pour quoi faire. Je trouvais scandaleux de devoir respecter des pleutres alors que je respectais leur savoir, où d'ailleurs j'excellais. Mais les maîtres n'aiment pas qu'on les partage entre ce qu'ils savent et ce qu'ils sont, et j'ai dû me calmer pour éviter le renvoi.

C'est vrai, je suis venu en France dans un état de grande douceur et de révolte intégrale ; dans un amour de la loi et une totale méfiance envers ceux qui l'appliquent. Très marqué par Marrakech où j'ai vu de tous côtés ceux qui jouissaient sur notre dos au nom de la loi et souvent au nom de Dieu.

À la fin de la seconde, j'ai tous les prix (sauf en gym), une bonne douzaine de livres que j'ai choisis avec le prof lors d'un achat pour toutes les classes. L'un d'eux, *Tristes tropiques*, était dur, mais je me suis forcé : « Vas-y, les tribus d'Amazonie, c'est là qu'est le secret. C'est bien au-delà de Marrakech… » Cette connaissance supérieure, j'étais sûr qu'elles l'avaient. Mais d'où ça leur est venu ? La question m'est restée dans la gorge, sans réponse. Quelques mois plus tard, un dimanche, je reviens de Boulogne rendre visite à mes parents. Le long de la Seine, je vois chez un bouquiniste ce nom bien en évidence : Lévi-Strauss. (Je croyais être seul à le connaître.) Je bondis comme si c'était un de mes intimes qu'on exhibait. Comme je ne peux pas acheter le livre, je m'installe dans un coin pour le lire : c'est affreusement difficile, mais pas question de lâcher. Après tout, si je lis en hébreu comment l'agneau ou la colombe du sacrifice doivent être préparés, je dois pouvoir lire ces choses barbares mais essentielles. Déjà le titre est du chinois : *Anthropologie structurale*… Je m'obstine, j'avance comme dans une forêt pleine de lianes – des « filiations », des « structures » (c'est quoi, ça ?). Et le soir, je repars énervé, frustré. Je suis resté quatre heures sur un caisson. J'ai quand même l'impression d'avoir accroché une idée, une idée floue et bizarre qui m'est restée, sur le « secret » de la parenté. Ce secret, c'est que dans ces tribus on dit : voilà ceux qu'il faut épouser. Alors que chez nous, dans notre petit monde biblique, on dit le contraire : voilà ceux qu'il ne faut pas épouser, ceux dont il ne faut pas « dévoiler la nudité ». Je connais par cœur le passage de la Torah qui aligne les interdits, les femmes interdites. Et toutes les autres sont permises ; toutes les femmes, sauf quelques-unes, on peut les approcher, peut-être même les toucher, si elles veulent bien. Il se trouve qu'elles ne veulent pas, je ne sais pas pourquoi, toujours pas. Mais l'idée qu'on *doit* épouser certaines pour faire « circuler les femmes » m'a sidéré. Alors, j'ai douté de ces tribus lointaines : elles ne détiennent peut-être pas le secret de l'homme, le secret de ce que nous sommes. Oui, d'où ça leur viendrait ? Puis j'ai glissé dans l'excès inverse : ces tribus, c'est des pauvres gens qui essaient de survivre en se racontant des belles histoires qu'on appelle des mythes. Nous aussi on s'en raconte, notre Livre en est plein, mais nos histoires ont mieux marché, voilà tout. Bref, j'abandonne cette affaire – la « structure » de l'humanité, rien que ça. J'imagine mon père en djellaba noire, et un jeune passe, un des leurs, dans le souk, qui lui fait sauter son tarbouch, et l'« anthropologue » vient dire que ce n'est pas bien, qu'on a tous la même *structure* ; et l'autre dirait comme moi : c'est quoi, la structure ?... Est-ce qu'on y est soumis d'avance ou est-ce qu'il faut s'y soumettre ?

Oui, je laisse tomber cette histoire, d'autant qu'à la maison *Le Capital* m'attend, j'en suis au premier volume et je veux savoir de toute urgence la quantité de plus-value qu'il y a dans une toile de coton.

Je lis beaucoup, j'affiche une grande nonchalance et je déguste la liberté. Du coup je m'offre, au cours de

Bible, de dire ce que je pense de Dieu : Pourquoi massacre-t-il son peuple au moindre écart ? Un jour on parlait de l'épisode où le peuple réclame la viande en plein désert. « D'accord, c'est culotté, on n'est pas au restaurant, mais si Dieu ne veut pas ou ne peut pas leur en donner, pourquoi est-ce qu'il feint d'accepter ? Puisqu'il leur dit : "Vous voulez de la viande ? Eh bien, vous en aurez !" ; et à la première bouchée, c'est l'hécatombe ! Ils s'effondrent par milliers… » J'ai dit que ce n'était pas *fair-play* de sa part. À Marrakech, c'eût été impensable ; cela m'aurait valu des imprécations. C'est d'ailleurs ce qui rendait fades les discussions – toujours édifiantes ; d'avance, on connaît la suite : il faut donner raison à Dieu contre les souffrances humaines… Mais en France, pays libre, pourquoi ne pas le critiquer ? Et comme un autre prof m'a passé des fascicules de Lénine, je deviens virulent : « Pourquoi les terres vendues reviennent-elles à la famille lors du Jubilé, et pas à la communauté ? C'est la famille qui prime ou la justice ? » Le bon M. Epstein est horrifié. Ce brave homme, réchappé des camps nazis – mais il n'en parlait pas (à l'époque, ce n'était pas très bien vu de « témoigner ») –, se maîtrise comme il peut ; il est navré, malheureux ; il me prend à part après le cours. On se promène dans le parc, il me tient par le bras : « Ce que Marx n'a pas vu, mon cher Haïm, c'est que… — Mais qui vous parle de Marx ? Je vous parle de justice, d'humanité ! — Ce que Marx n'a pas vu, mon cher Bouzaglou, c'est que les travailleurs, même exploités, ont intérêt au système ; ils veulent vivre, consommer, élever plus haut leurs enfants… Ils ont besoin du système et ils y tiennent. »

J'écoute à peine, j'ai l'esprit loin ; la discussion n'a pas de sens, mais elle me transmet une étrange chaleur, toute nouvelle : quelqu'un m'entend dire ce que j'éprouve même si c'est insoutenable. J'ai l'impression d'un miracle : on peut être en désaccord et marcher ensemble, se parler avec douceur, s'échauffer, se réchauffer, être violents sans que rien ne se brise. J'aime ce visage marqué du vieil homme, qui ruisselle d'érudition et de sueur. J'en profite pour écluser dans ma colère l'ennui des prières interminables et des discours édifiants que j'ai subis au Mellah. Mais je voulais simplement de la bonne distance, celle où l'on s'éloigne sans se brouiller ni se mortifier. Je jouissais de m'entendre clamer mon désaccord. Ma révolte contre Marrakech s'est faite à Boulogne-sur-Seine, rue des Abondances.

Et voilà, qu'en décapant un peu mon énorme naïveté, je m'en fabriquais une autre, si grosse que je ne la voyais pas : cette envie d'être ensemble et « pas d'accord » ; ce rêve de marcher côte à côte sans avoir les mêmes idées... Après tout, n'est-ce pas ? les idées, on se les fait soi-même, on est donc au-dessus d'elles ! L'important c'est de rester proches et de se soutenir !

Bref, la peur du rejet donne des pensées un peu bizarres : espérer l'amitié de ceux qu'on critique !... Mais chacun, justement, se fait des idées pour exister ; pour attaquer, parader, prendre des poses, des « positions », se protéger, frapper à la ronde, défendre son image ou la faire rayonner. Et moi, je nourris le rêve d'une bienveillance supérieure, au-dessus de tout ça ! Comme si après le match de la journée on rentrait tous aux vestiaires en se tapant dans le dos.

Nous passons près d'un chantier où traînent des ouvriers casqués.

« Voici les hommes en bleu, nos sauveurs décevants… J'étais sûr en lisant *Le Capital* (pas tout, j'ai lu ce qui était paru) que les prolétaires en bleu de chauffe allaient sauver l'humanité et reprendre à leur compte la promesse de justice pour tous. Sûr que ces gens, "n'ayant rien à perdre que leurs chaînes", libéreraient tous les enchaînés. Un jour pourtant j'ai failli douter : si on n'a que ses chaînes à perdre, on y tient, sinon on n'a plus rien, c'est le vide ; et tout ce monde oserait sauter dans le vide ? Au fil du temps, le dialogue avec "les ouvriers" devint bizarre : "Vous êtes les exploités du système. À chaque heure que vous travaillez, cinquante minutes vont dans la poche du patron, c'est la plus-value… — Ah ! vous êtes savants, vous allez diriger le pays… — Non, c'est vous qui le dirigerez, vous êtes l'avant-garde. — Nous ? Vous croyez ça ! — Nous, nous sommes les alliés objectifs de la classe dominante. — Ah ! J'aimerais bien que mes enfants soient comme vous !…" »

La voix de ma mère à Marrakech me revenait parfois : « Mon fils (*Abni…*), quand un salaire tombe tous les mois, on a une vraie "situation" ; on a quelque chose ; on l'améliore ou pas, mais on ne veut pas perdre sa place ; ce n'est pas comme ton père… »

Seulement, on profite mal de la mère lorsqu'elle médit du père. Elle a beau dire des choses fortes, on s'en méfie, comme si en les absorbant on allait s'empoisonner.

« Vous aviez du caractère, voilà tout, dit Eva. C'est comme ça que des parents pleins de sagesse produisent des enfants rebelles, qui veulent se distinguer, qui font le contraire…

— Vous croyez que c'était mon cas ? »

Je pensai – sans le lui dire – que c'était tant mieux, que je ne le regrettais pas. Je ne voulais pas faire « du mal », mais je ne voulais pas de ce bien qu'on me ressassait. Je voulais bien faire, mais autrement. J'ai goûté au plaisir d'essayer de faire du bien par d'autres voies qu'en me pliant aux sermons qu'on me faisait ; d'autres voies que celles du Bien qui parade, qui voudrait s'imposer comme la seule issue possible, celle où quelqu'un – père ou mère ou maître – va jouir tout son saoul de vous voir faire comme il dit et pas autrement. Après tout, sans ces sursauts de prétention ou de vanité, sans ces ruptures coûteuses, la vie humaine se transmettrait à l'identique ; ou pire, dans une lente progression – toujours mieux, toujours plus loin, et s'écraserait sur le mur invisible de l'Idéal.

« Sur la "lutte des classes", c'est un ouvrier marocain qui m'a un peu déniaisé. C'était en banlieue parisienne, peu après Mai 68. Je militais chez les « ouvriers immigrés », un bon créneau. Ils me disent : « Tu es arabe, on est fiers de toi. » Je proteste, mais ils insistent : « Tu es arabe, puisque tu parles arabe. » Sur cette bonne base d'entente, j'étais content d'en avoir « formé » quelques-uns, dans le « feu de la lutte », lors d'une grande grève que j'ai préparée avec eux. Un jour, on va à la fac, on fait des « prises de parole », on récolte des fonds ; et en partant, leur chef, un homme de Marrakech, est si content qu'il se confie : « Tu sais, Haïm, cette grève, on ne va pas la gagner. — Et pourquoi ? — Le patron, il s'appelle Cohen ! » J'ai eu un pincement au ventre, la Médina m'avait rejoint à Paris. Marrakech m'a donné des illusions et m'a aidé à les perdre. On était quittes.

Quant aux riches, je leur ai pardonné. Après tout, s'ils chatouillent le corps social pour qu'il lâche le magot, comme dans les machines à sous, cela mérite récompense. Ce n'est pas rien de flairer les bons endroits, de dénicher les bons gisements d'argent à coups de chance... Beaucoup d'entre eux ne se leurrent pas, ils savent qu'ils peuvent s'entourer de gens subtils, ça ne les rend pas subtils pour autant. L'autre jour, à Paris, j'en ai vu un qui m'a dit sa « situation » : milliardaire et traqué par le « non-déductible » : ce mot revenait dans sa bouche comme s'il mâchait de la terre. Il ruminait sa hantise du fisc. Quel malheur, on ne lui déduit pas assez avant de calculer l'impôt ! Il faudrait lui déduire sa vie pour qu'il puisse la vivre.

Et au fait, que dirait Marx s'il apprenait que ses émules – chinois – sont plus rapides et plus féroces pour bâtir le capitalisme que tous les riches d'ici ? »

29

Samedi soir

Nous passons par la place Djama' el Fna, il est 19 heures, ça chauffe et ça gronde. Je retrouve les hommes aux serpents – les « charmeurs », on dit –, les conteurs et les marchands, les saltimbanques et les *Gnaouas*... Mais les vendeurs de jus d'orange sont alignés, bien rangés, et s'empêchent avec ostentation d'insister. Les serveurs de victuailles aussi ; ils sont fiers d'être en blanc. Sur leurs bancs, des touristes huppés se mêlent aux indigènes démunis et avalent sans couverts des poissons, des escargots, des bribes de têtes d'agneau... Une intense petite foire bien ancrée dans la coutume et le quotidien. La foule afflue de toutes parts et se déverse dans ce tumulte. Le son lointain des *zouaïas* se rappelle à moi, comme un navire qui n'en finit pas de sombrer mais qui flottera toujours. Comme jadis, on vend « de tout » : des pains ronds et des fruits, des vêtements et des repas, des victuailles, de l'artisanat... et surtout des *mots* – des paroles véhémentes et passionnées ; d'intenses exhortations ponctuées de tambours graves et de notes stridentes. De tous les

« objets » qu'on y trouve, la parole incantatoire est le plus vif, le plus banal, le plus fantasque : on y joue le délire pour forcer l'intérêt. Une belle cacophonie monte au ciel comme une prière, une plainte devenue complainte ; mais cette enveloppe sonore adhère au lieu et s'éteint vite dès qu'on s'éloigne. Elle ne va pas si haut. Sa place est ici ; c'est le lieu où la ville traditionnelle s'assourdit d'elle-même.

La place fascine les étrangers. Certains y voient la riposte authentique aux perditions modernes, le creuset du jaillissement poétique, le foyer des mots vivants chez les conteurs des *hlqa* (des attroupements) ; l'épaisseur du temps qui s'offre, le symbole de la verve et de la pure altérité...

De fait, elle relance les vagues désirs d'étrangeté qu'on y apporte, qui lui inventent sa « diversité infinie » (pourtant, il y en a de la diversité dans un *mall* américain ou un centre commercial, mais elle est donnée, elle ne vient pas prolonger le désir qu'on en a). Ici, les touristes viennent de loin confier à l'autre leurs désirs d'autres choses, de magie (*sh-heur*), de démons (*jnouns*)... Ils prennent leur temps pour mener cette petite quête de l'envoûtement qui ne vient pas ; du rythme lancinant, de la parole « archaïque »...

Ce lyrisme sur la ville m'amuse, surtout quand il feint le vertige, l'ivresse, le mystère, la « folie ». Un jour, il finira par suffoquer tant il se pâme. Il enfle ses mots et les regarde éclater comme des ballons. On dit non pas que la ville s'agrandit mais qu'elle « s'invente » de nouveaux quartiers, toujours de façon « captivante », « déroutante ». Les chantiers d'ici sont « synonymes de renouveau » (et ailleurs ? que sont-ils ?). Il y a toujours une star pour parler de cette «incroyable séduction », de ce «pouvoir d'attraction inouï »... Et pour en dire «les vraies raisons » : un « savant » mélange d'êtres et d'objets qui se côtoient dans « la douceur, la frénésie »..., « entre le sacré et le profane », avec dans l'air « plein d'étincelles ». Et cette ville « multiple », comme cette place « magique », entre « luxe et pauvreté », veut maintenant « offrir des expériences », qui allient le « raffinement traditionnel » et celui de la modernité, sous le signe d'une « sacralité quotidienne », etc., etc.

Eva me dit son étonnement émerveillé : « On sent quand même une parole pleine et forte. Quand on a comme moi pour origine un "trou de mémoire", on se dit que ça fait du bien, ça met du baume. — Vous n'en comprenez pas un mot ! — Qu'importe ? C'est un appel chaleureux, c'est comme la voix du *muezzin*, ça déchire le silence, ça invoque le divin. C'est une poésie envoûtante, c'est comme le labyrinthe de la Médina... Vous qui avez vécu là-dedans, on peut vous envier, vous admirer... »

Je suis gêné ; les clichés qu'elle me lance butent sur les murs décrépis de ma mémoire. Elle enchaîne.

« On a été chez des gens qui habitent près de la fontaine de *Shrb ou shouf* : Bois et *admire* ! C'est beau, non ?

— C'est : Bois et *regarde*. Il n'y a rien à admirer de plus que dans les autres souks. Je la connais, cette fontaine, du côté de Riad el 'ros. C'est un quartier simple et bruyant de la Médina.

— Avec des petits riads, des petits palais ; une architecture parfaite. Je ne dirai pas, comme certains, que c'est de l'art abstrait qui vise l'Absolu, mais c'est... plein de *créativité* !

— Ah oui ? Les mêmes gestes s'y répètent depuis des siècles ; les mêmes paroles ; c'est du reste ce que les touristes viennent apprécier. Ici tout est réglé, codé, rangé…

— Mais c'est plein de fougue. C'est la revanche du vivant sur des cadrages universels qui nous étouffent ; oui mon cher. »

Je me tais. Si j'avais pu dire aux miens qu'ils avaient, à leur insu, vécu *au foyer même de la Création*, au cœur de son « mystère », ils m'auraient lancé : « Le soleil t'a frappé fort, mon fils (*Drbtk sms abni*). »

Bien sûr, « Marrakech, ville mystérieuse », ça se tient, c'est même une pub bien diffusée. J'ai lu dans un beau livre : « ville envoûtante, faite de ruelles et de portes, *chacune ouvrant sur un monde secret*… ». Eh oui, il faut que des Européens viennent ici découvrir que chez eux, dans leur rue, il y a des immeubles avec des portes qui donnent chacune sur un logement, sur un monde secret…

Je pense aux bons moments passés ici, sur cette place, quand on ne nous attaquait pas.

« Vous voyez ce conteur avec son groupe autour de lui, si dense et attentif ? (On s'approche de très près.) J'étais là, enfant, parmi eux. C'est la même *hlqa*.

— Non, on ne plonge pas deux fois dans la même…

— Si, c'est la même. Le conteur a changé et c'est le même. Il passe du bouffon au prêcheur, et si sa blague est foireuse ou son propos très mou, il se rabat sur le "Seigneur des mondes" – *Rb el 'alamine* –, et aussitôt il force l'assentiment ; c'est immédiat. Le nom d'Allah ramène à tout moment le consensus. Jadis, je sentais cela comme du chantage. Il semble dire : “Si j'échoue à vous distraire, ne partez pas, je parle au nom d'Allah (*bismilléh*), et en partant vous le rejetez !...” La religion est partout. »

Pourtant j'aimais ces parleurs forcenés, malgré cette pression qui parfois prend des airs d'ameutement. Je les craignais par-dessus tout. Nous pouvions en être victimes. On appelait ça le *hamas* : quand l'autre a tort dans une dispute mais ne veut pas lâcher le morceau, il ameute la foule contre vous en s'exhibant comme une victime. Si en plus il peut mettre la religion de son côté – si la vôtre est différente – alors vous n'avez plus qu'à fuir. Un seul peut ameuter contre vous tout un petit groupe qui s'échauffe, sous ce prétexte irréfutable : *khta fddine* – il insulte la religion ! Dans cette ambiance, ça peut être repris par la foule.

Le charmeur de serpents aussi invoque Allah à chaque geste, comme s'il allait affronter un danger, alors que les serpents sont bien dressés.

« Il paraît qu'autrefois, dit-elle, on exhibait ici les morts, ceux qu'on avait décapités ; on accrochait leurs têtes.

— Pour moi, la place était surtout écrasée par le soleil, en été ; un soleil brûlant, *l-gaïla*. J'aimais la voir renaître chaque soir, sortir de sa léthargie, de sa fatigue diurne, et entrer peu à peu dans sa trépidation.

— J'ai lu que c'est Lyautey qui a décidé de la maintenir identique, avec sa couleur locale, sans rien changer. Il aurait fait une scène terrible, à en piétiner son képi, en voyant qu'on venait d'y bâtir un immeuble.

— Oui, c'était le Café de France ; aujourd'hui, Café du Glacier. Venez, on y monte, on a une belle vue. (On y va.) Oui, Lyautey... Imaginez l'armée française, battant les forces traditionnelles à Sidi Bou 'Otmane, à trente kilomètres d'ici, et son chef, pour dire à quel point il admire cette tradition, la fixe pour toujours dans l'image qu'il a eue d'elle… Cette place est une *décision* coloniale. »

Eva semble un peu absente. L'ai-je contrariée dans son élan mystique ? Cela me donne envie de continuer. « Regardez un peu plus loin, là, près de la Koutoubia. Autrefois c'était presque désert, comme un terrain vague. Un jour, je revenais de la bibliothèque, où j'avais lu l'après-midi. Je marchais, tout plein de ma lecture, et arrivé à la hauteur de la grande mosquée, je suis coincé par une bande qui m'insulte : *Ould liheud !* Ils se jettent sur moi ; mais juste avant qu'ils ne frappent, je leur crie : "Je suis *mslm* !" Ils s'arrêtent aussitôt et leur chef me rétorque : "*Sh-héd !*" (Témoigne !) Alors je leur dis les versets du Coran que j'entendais dans ma ruelle, où il y a une petite mosquée. Je les entendais du *muezzin* et des autres prières. Toute la bande est confuse, ils m'embrassent, et s'excusent de l'erreur. Je m'éloigne les jambes tremblantes, avec des pensées mêlées sur les croyants. Ce côté "tout ou rien" qui les rend si crédules, si faciles à tromper. Quand on est des leurs, ils vous collent, et quand on est d'en face, ils vous frappent ou vous insultent. Il est vrai qu'un autre jour, ils ne m'ont pas raté : j'étais bien plus jeune, je n'ai pas eu l'idée de "trahir", les coups de poing sont vite partis, et j'ai longtemps gardé la sensation de quelques dents de lait qui flottent dans ma bouche avec un goût salé. Pouvoir parler avant, et jouer sur *qui* on est, c'est quand même mieux.

— Il faut oublier ce passé regrettable, dit-elle.

— Je ne le regrette pas, vous savez. »

Elle me sourit.

Nous prenons un taxi pour l'hôtel. Son ami Kurt et l'homme au chien l'attendent dans le hall. Kurt parle avec elle en allemand, je ne comprends rien, mais le ton monte, ou plutôt le ton reste égal mais ça gronde par en dessous. Ils me donnent l'adresse pour que je les retrouve à dîner dans la grande villa-riad. « Le taxi connaît, c'est une maison historique », dit l'homme qui enfin se présente, Karl. J'entends sa voix métallique qui me fait une impression étrange. Je pense que je n'irai pas.

Je monte dans ma chambre et m'installe sur la terrasse. Il fait doux. J'écris ce qui s'est passé et je vois que mon texte peut prendre forme. Demain soir, je partirai en paix. Et je resterai en relation avec Eva. On verra bien.

Du coup, pourquoi ne pas aller chez les Allemands ? Je me surprends à penser : pourquoi la laisser seule là-bas ? Avec eux ? Je sens tomber sur moi l'hésitation, comme un gros insecte – un cafard – que j'écarte d'une secousse. J'y vais.

En effet, le taxi connaît ; c'est une grande demeure, avec gardien et parc ; et passage entre deux lignes de lanternes posées au sol jusqu'au porche... Une trentaine de personnes – faiseurs de fric avec leurs femmes ayant toutes visiblement pour idéal le top-modèle ou la petite fille de quarante ans bouche en croupion, évoluent dans un grand espace, décoré années 1930, parmi les buffets orientaux et « français ». Certaines, si sûres d'être belles que ça coupe l'envie de le confirmer. Je reconnais les gens du car arrivé hier matin. Et, comme hier, Eva, dont la beauté solide et pleine tranchait dans ce décor – avec sa beauté à la fois dense et distraite, oublieuse d'elle-même et d'autant plus présente, plus radicale.

Mon dîner fut bref, à cause d'un curieux incident. Après les politesses de Kurt et ses rondes banalités sur cette ville « étonnante » et ce « dépaysement énorrme », son ami Karl, de loin le plus futé mais qui avait un peu bu, prend la relève :

« Quelle chance pour vous d'être né ici !

— Exact, c'est mieux que si j'étais né à Munich, mais de justesse.

— Alors vous écrivez des *polakhs* à succès ! Et pourquoi ? Quelle est votre motivation ? Le goût de l'enquête, sûrement ? La quête de la vérité !

— Heu... Sans doute, peut-être. »

Je ne vais quand même pas lui dire ce qui me « motive ». Du coup, j'y pense pendant qu'il s'agite. Non, ce n'est pas la quête ou l'enquête, c'est l'échange silencieux avec le lecteur, en marge de ce que je raconte, au-delà de mes histoires : c'est qu'on puisse aller ensemble vers le point brûlant du crime, qu'illumine après-coup sa révélation. Là, il y a de l'amour, lorsque ensemble on *voit* la loi qui se brise puis se répare. Bien sûr, il y a ma compulsion de l'énigme à résoudre, mais j'essaie de la dépasser. J'aime porter sur mes épaules le lecteur impatient, avec son envie de savoir, et jouer avec lui, m'éclater avec lui dans une danse autour de l'énigme, qui devient parfois une danse autour d'un feu de joie. Voilà pourquoi je fais des polars, monsieur le promoteur géant...

« Pardon, vous disiez ? Écoutez, je vous fais une offre. Vous êtes écrivain, vous comprenez beaucoup de choses. Très important, écrivain. Vous êtes le peuple du Livre, et nous, le peuple de la philosophie, de la pensée ! Lire et penser, voilà deux choses qui se complètent !... Ha ! ha ! Quant à Marrakech... J'aime les clichés sur cette ville, avec l'Orient, les ruelles mystérieuses et secrètes. Mais c'est tellement plus vivant, vous le savez, tellement plus vrai ! Oui, la vérité c'est ce qui nous manque toujours. »

Puis une tirade tout en nuances et très confuse :

« Il faut frapper fort, au top de la qualité, mais en quantité ; il faut hisser les petits budgets vers le haut, tirer vers l'élite les pouvoirs d'achat moyens. Il y a un désir de calme, de bien-être, de propriété, c'est un gisement énorme, d'énergie naturelle et d'énergie renouvelable. Chacun veut l'objet rare et il faut le lui offrir ; la maison personnalisée, l'Orient chez soi, apprivoisé et intégré. D'ailleurs, la Médina ne va tout de même pas rester pauvre pour qu'on la trouve pittoresque ! Elle fera payer au touriste le plaisir de la contempler. Ça va devenir un vrai musée, un musée vivant ! Au fond, les nouveaux riches seront ceux qui font valoir leur pauvreté, qui la mettent en valeur... Après tout, si le tourisme peut casser la misère... Nous avons aussi une maison dans le Tessin suisse ; les vieilles fermes là-bas, c'est très cher ; la tradition est hors de prix. Des paysans prostituent leurs fermes et deviennent richissimes. Le défi est clair, il nous faut rebâtir la tradition, mais en grand. Et il nous faut des écrivains comme vous, qui ont les deux cultures dans le sang, qui comprennent...

— Vous savez, je n'écris que des romans policiers. D'ailleurs, je vous en ai apporté un, le dernier. »

Et je m'élance vers le vestiaire où je l'ai laissé. Mal m'en a pris, son grand chien se jette sur moi et accroche mon doigt. Je n'ai pas crié, mais Karl a hurlé en allemand et l'animal a lâché prise. J'avais, paraît-il, franchi une frontière invisible : « Vous êtes passé trop près de ma chambre. — De *notre* chambre », ajoute un beau Marocain jusque-là silencieux qui se tenait tout près de lui. « Il attaque tout ce qui passe trop près. »

Eva déclare fermement : « Il faut qu'on aille à l'hôpital pour une piqûre, ce chien a peut-être la rage. » C'était un ordre mais prononcé avec bonté. Et nous voilà tous les deux en voiture dans la nuit.

Cette morsure qui nous réunit à nouveau m'a aussi rappelé à l'ordre. Je savais l'hospitalité souvent cher payée, mais celle-là est un comble : se faire mordre à Marrakech par un berger allemand et se retrouver devant une femme qui m'émeut, me submerge de sa liberté, de sa beauté… comment dire ? originelle… D'accord pour laisser jouer le hasard mais là, il va trop fort ; si je le laisse faire, tout favorable que je le croie, j'en deviendrai le jouet.

Après l'hôpital – où le trajet parsemé de quelques billets n'a pas duré un quart d'heure –, je n'eus pas à exprimer mon désir de solitude : « Il faut que je retourne à la soirée, dit-elle. J'ai du travail à y faire ; du réseau de haut vol, c'est le cas de le dire. Il y a beaucoup de gens à voler. De gros “enjeux financiers”, comme ils disent. Je reviens dès que je peux. » Nous nous sommes regardés longuement, enveloppés par la même question.

30

Je décide de l'attendre au bar et je m'installe dans un coin éclairé. L'appel de mon *Marrakech* me reprend : écris-le, bon sang ; et tu connais le secret de l'écriture : rester assis et que le stylo suive le fil de la dictée silencieuse.

Je pense à l'homme de Londres et à sa mère nostalgique. Il m'a rappelé Mogador, l'océan, que je n'avais jamais vu avant d'aller une fois « en colonie » à Ssouira (Mogador). Je n'ai jamais quitté Marrakech, sauf cette fois-là. À 10 ans, j'ai découvert la beauté du grand large, l'odeur d'iode qu'on sent tôt le matin près des vagues et qui vous prend à la gorge, odeur que je n'ai plus retrouvée ; pas avec cette violence de la première fois. Mais à la fin, je m'ennuyais trop et je me suis enfui : je préférais les rues brûlantes et poussiéreuses de Marrakech à l'air « tonique » et « bienfaisant » de Ssouira.

À la colo, on dort dans une école aux portes bleues, où les lits de camp kaki viennent de l'armée américaine. Certains de nos pions sont des scouts : une nuit, je les rejoins près d'un feu de camp ; ils lancent des cris bizarres et se livrent à des rites avec un sérieux comique. Faut-il faire à ce point les idiots pour le plaisir d'être ensemble ? J'admire leur tenue de chef, et parfois j'en ris. C'est en France qu'un copain m'a libéré là-dessus : les chefs scouts ? *Cretini vestiti da bambini chè guidano bambini vestiti da cretini.*

Lors des promenades en ville, dans le grand vent qui vous saoule, on est en rangs par deux, et le pion nous fait chanter des refrains comme : « Jeunesseu marocai-neu, en-sem-bleu nous marchons dans le vent… » Ça sonne faux, ça me gêne. À qui veut-on faire croire qu'on est ensemble ? À nous-mêmes ? et pourquoi ? Si on est différents d'eux, il faut l'admettre, l'assumer (un mot que j'ai vite appris et que j'ai trouvé très beau, très « savant »). Assumer ; d'autant plus qu'on en est heureux. C'est très pénible de vouloir plaire à des gens qui vous rejettent ; d'un rejet qui est plus fort qu'eux. Et le chant finissait par « Qu'importeu si la vi-ieu a parfois de durs moments, un grand amour nous li-ieu, qui nous dit Maroc en avant ! » C'est déprimant de mettre l'amour là-dedans ; quel est le crétin qui a fait ça ?

En tout cas, après une promenade, je me trouve à la plage, dans l'air salé presque froid en plein soleil d'été, à m'ennuyer sur le sable ; je vois les grands aller vers un radeau ancré au large, un « plongeoir » et je décide d'en faire autant. Je ne sais pas nager, mais l'idée me vient d'apprendre en y allant. J'essaie d'entraîner un petit de mon âge. — « Ti es fou ? Tu veux qu'on se noie ? » (*Hbti nghrqou ?*) Je décide d'y aller seul, mais la plate-forme est loin, la mer est haute et les vagues sont assez fortes. À mi-chemin, je vois que je n'y arrive pas. Je continue, ballotté par les flots. J'essaie un truc qui m'a souvent réussi dans les longs efforts : prendre un passage des Psaumes et dire un mot à chaque geste. Ça me donne l'impression d'être porté par les mots : il faut dire le suivant, et si la phrase est assez longue, c'est bon. Alors, j'enchaîne les gestes, les brasses, je nage « bien », mais sur place ; ça ne bouge pas, je m'épuise. Et une vague me renverse, je perds tout espoir. « Mon fils, tu te noies » (*Rak ta tghrq*), dit une voix dans ma tête. Ça me révolte. L'idée qu'on me lave dans le patio et qu'on crie sur moi m'écœure. Je n'aime pas ces cris de deuil qui agressent l'entourage. Soudain, mon angoisse se teinte d'une certitude infime : pour l'instant, je suis là et je suis vivant. C'est venu comme une révélation, un vrai coup de fouet, très vif et indolore. Je me jette dans l'effort et dans un état second, j'enchaîne les gestes, ceux que j'ai observés et que j'ai cru pouvoir imiter ; je les sens s'animer dans mon envie d'avancer ; je n'étais plus un automate, je n'imitais pas, c'était moi qui bougeais soudain, pour mon compte. Et j'arrive presque inconscient à la plate-forme. J'ai un éclair de joie, une joie énorme quand ma main touche le bois ; je suis sauvé et je suis du côté des grands, de ceux qui savent nager. J'ai cent pensées en un éclair, c'est tout un film. Quel bonheur… Allongé face au ciel à souffler comme un chien, je rumine aussi cette petite jubilation : « Je nage ! Est-ce possible ? sans apprendre ! » Le retour est sans problème. Quand je reviens à Marrakech, je submerge mes parents de cette histoire, je la répète si souvent qu'ils me surnomment quelque temps : *l-plonzoir*.

L'homme de Londres que j'ai vu hier repasse avec sa bouteille de whisky et s'en va sans tituber, bien droit ; ça fait plaisir. En s'éloignant, il me répète tout bas comme un secret : « Ma mère, elle a une sacrée nostalgie, que rien ne peut apaiser... »

Je pense à tous ceux qui, partis d'ici, célèbrent où qu'ils soient la vie d'autrefois comme un symbole de l'authentique ; sans un mot sur ce qui l'a interrompue. Nostalgie banale, où le passé c'est la jouissance suprême ; d'autant plus vive qu'il est perdu. Mais on oublie que cette perte, celle du temps, le passé lui aussi l'a connue ; et grâce à cet oubli, les esprits paresseux croient que le passé était plein sinon parfait, qu'il contenait la vraie valeur.

Cette illusion qui embellit le passé, qui le fétichise, voilà qu'aujourd'hui on l'étaie par un discours de spécialistes, en « sciences humaines », payés pour préparer l'entente à venir : on dépassera ce « terrible conflit » grâce au progrès économique, avec notamment un grand Proche-Orient « développé »... Ces « experts » proclament au nom de la science qu'« il n'y a pas eu (pour nous) de vrai problème avec eux ». D'ailleurs, on a le même Dieu, on est frères. Oui, pas de vrai problème. D'ailleurs, « est-ce qu'ici on a été exterminés ? comme en Europe ? Alors ? » C'est vrai ; et c'est un vrai miracle si l'on pose qu'on est faits pour ça, pour être massacrés. Il est vrai aussi que sans le débarquement américain il y aurait eu un « Marrakech-Auschwitz ». En fait, nous étions des *dhimmis* ; des sujets du roi ; il nous a bien protégés, il a refusé de signer le décret qui nous déportait. Mais à la fin il a craqué sous la pression de Vichy et il a signé. Entre-temps, les Américains ont débarqué. À huit jours près, les déportations commençaient, les listes étaient prêtes. Notre nom s'y trouvait, mon grand-père était un scribe connu (*sofér*).

Mon oncle raconte qu'à l'arrivée des Américains, il y a eu une grande manifestation de protestation populaire à Marrakech : pour *eux*, c'étaient *les nôtres* qui débarquaient. Il ajoute : « Comme quoi, ça n'a pas changé. » Mais il insiste : « Il y avait les insultes et la convivialité. J'ai eu des copains parmi eux, ils faisaient pour moi des plats *kasher*, du poisson... Seulement, lorsque je marchais sur le trottoir et qu'arrivait en face un des leurs, avec une allure respectable, il disait : "Descends, *a liheudi* !", et je descendais pour lui céder la place. » Un jour à Paris, Claude Olivenstein, le psychiatre des toxicos, m'a dit avoir vu la même scène à Marrakech : « J'ai eu de la peine, dit-il ; pour la première fois je me suis senti solidaire. » En fait, les vexations étaient courantes et anodines. Se faire sauter sa coiffe (son *trboush*) était banal. Freud raconte que c'est arrivé une fois à son père (en Autriche) ; et ça l'a traumatisé. Il fait un peu le coquet, il peut se le permettre, c'est arrivé *une* fois. Ici, c'est souvent arrivé au mien. Ce n'était pas traumatisant, c'était bien intégré dans nos mœurs. Comme les insultes.

Des aînés m'ont aussi parlé d'une « grande journée » : les Américains, en arrivant, ont emmené au casino les enfants du Mellah – des écoles, des synagogues... – et leur ont donné des glaces, des chewing-gums, des friandises, puis les ont ramenés le soir dans des camions. Était-ce pour compenser leur négligence en Europe devant la déportation ? Ils m'ont aussi raconté des paniques d'autrefois, au Mellah, par crainte d'une descente des *mslmines*. Un jour, en plein calme, une femme interpelle un notable arabe : « Alors, monsieur *(Aïwa a sidi)*, quand allez-vous faire irruption chez nous ? (*aïmta britou tkhlou 'lina ?*) » Elle préparait le mariage de sa fille et craignait que l'incursion n'empiétât sur la fête.

Bien sûr, aujourd'hui, je ne les vois pas faire d'incursion ; chez qui la feraient-ils ?

Il est tard ; Eva ne vient pas ; ses amis l'auront gardée ; pourquoi la laisseraient-ils rentrer seule ? Et moi, pourquoi l'ai-je laissée repartir ? Je m'aperçois que je l'attends ; et l'attente, je n'aime pas ça ; ça fait parfois un drôle d'effet, comme si le sol se mettait à pencher un peu. Je m'agrippe à ma feuille et j'écris : « Tout protégés qu'on était, on s'est évaporés ; mais en restant vivants, quand même ! Disparaître, c'est comme aller au "ciel" mais sans mourir. Notre vieux désir aura donc trouvé son petit chemin : faire de l'exil un bon "chez-soi" en attendant le départ. »

L'exil-chez-soi a tenu très longtemps. L'enracinement – ou l'inertie – l'emportait sur les vexations. Il a fallu le départ des Français pour qu'on parte. Comme s'ils avaient jusque-là assuré notre sécurité ; alors qu'ils ont abusé de leur pouvoir pendant la guerre. Mais sans eux, où trouver le moindre espoir ? C'est drôle d'avoir pour espérance des gens qui vous méprisent. Et pourquoi pas ? C'est grâce au français qu'on s'est un peu ouvert l'esprit. Pour les autres indigènes, ça n'a pas dû être facile de voir qu'on entrait dans la culture grâce à la présence étrangère ; et que nous, leurs « protégés », qu'ils ont traités avec mépris depuis des siècles parce qu'ils avaient la force des armes, nous qui devions notre tranquillité à leur bon vouloir, nous relevions peu à peu la tête. On se libérait par la culture des oppresseurs. Ce n'est pas facile à digérer, mais c'est ainsi ; les cruautés de la vie.

Il y eut aussi le retour sur le Maroc de l'effet Proche-Orient : là-bas, les nôtres battaient leurs armées… Sans cela, beaucoup seraient restés. Parmi nous, l'exode vers la France et l'Amérique avait été quasi nul alors qu'il battait son plein pour « nos frères » de Pologne ou de Russie. Tant qu'on peut rester, produire des îlots festifs même dans un dur quotidien, pourquoi partir ? L'image de soi humiliante, on l'oublie : on est si sûrs d'être malins, avertis, intelligents. Le moindre boutiquier du Mellah est prêt à soutenir une discussion sur les fins dernières de l'homme ou du monde et de « tenir tête à quiconque » sur les visées secrètes de Dieu. Sans doute parce que chacun, étant dressé à commenter la Torah et s'en croyant fort capable, est sûr d'approcher l'essentiel puisque « la Torah contient tout ». L'idée ne lui vient pas que le Livre saint est un symbole du grand Livre de la vie, dont l'étude – qui est le travail même de la pensée – exige de laisser les propos édifiants et les certitudes insolentes. Un jour, à Paris même, un vieux sage du Mellah à qui j'ai dit que l'homme venait de marcher sur la lune, m'a rétorqué : « C'est impossible ! La lune est une lumière ! D'ailleurs on prie sur elle une fois par mois ; on ne peut pas marcher dessus ! Alors là ! Il ne faut pas confondre le possible et l'impossible, le profane et le sacré !… » Et il s'est lancé dans une diatribe – d'ailleurs intelligente – sur les méfaits de la confusion.

D'où nous venait cette curieuse assurance ? Sans doute de notre enfermement. Quand on méprise la société qui vous méprise, on est sûr qu'on est très bon ; qu'il suffit de faire travailler sa tête… Beaucoup ne manquaient pas d'esprit, mais cette confiance virait à la suffisance ; les raisonnements subtils tournaient en rond, comme nous-mêmes, étourdis par l'isolement. On peut être intelligent et bête du fait de le croire. La vraie intelligence se méfie d'elle-même et tire profit de cette méfiance.

Notre culture aussi était très pauvre, comparée à la yiddish. Avions-nous traduit Tolstoï ou Dickens dans notre langue ? Étaient-ils même traduits en arabe ? Notre musique était fruste devant celles de l'Europe où s'abreuva la *yiddishkeit*. Du reste, avoir pour paysage sonore Bach, Beethoven ou Mahler, ce n'est pas comme avoir la musique médiévale et les *mouwals* de 'Abd el Waheb, Oum Kalsoum ou Fairouz. (Il n'empêche qu'aujourd'hui des gens élevés dans Beethoven ou Ligetti roucoulent du Fairouz avec ferveur ou ravissement. Pourquoi pas. Le goût de l'autre...)

Quand j'ai découvert en France la musique classique, les opéras de Mozart, j'ai eu un choc ; suivi de près, il est vrai, par le choc des Camps de la mort. Du reste, le prof de physique qui m'y a initié avait été un enfant caché pendant la guerre. Il était devenu un grand chercheur et nous faisait des cours parce que lui-même avait été élève de Maïmo. Il était fou de Haydn ; je le voyais se ronger les doigts et rougir en écoutant cette musique avec quelques-uns d'entre nous, les meilleurs en physique. Cette écoute a distendu mes liens à la musique « andalouse » – la grande musique arabe, celle de l'âge d'or – qui m'est soudain apparue trop sucrée, comme un repas de loukoum. J'ai décidé que c'était bon pour s'enivrer – de ses arabesques affectives, de ses ressassements « harmonieux » et largement décoratifs ; que ça peut faire briller l'apparat de fêtes orientales où le maniérisme et le m'as-tu-vu prennent quelque place, mais pas vraiment pour exprimer les tensions de l'âme, de la chair qui se fait accrocher par d'invisibles fils barbelés.

Aujourd'hui, quand certains d'entre nous reviennent voir Marrakech, ils repartent heureux : des guides leur disent « Bienvenue » en hébreu, leur montrent le cimetière, la synagogue... Ils retrouvent les tombes familiales et s'en vont contents après quelques prises de mémoire.

« Le bar va fermer, m'sieu Haïm... » Toujours cet h très fort, qu'on dit aussi quand le piment est trop piquant : *H h h... h...* (*Harr*). Je monte dans ma chambre.

31

On frappe à la porte ; 1 heure du matin. J'ouvre, elle est là, rayonnante.

« J'ai fini par les larguer, j'ai eu du mal. Vous ne voulez pas prendre un verre au bar ? Ou plutôt non, ils risquent de nous envahir. On boit quelque chose ici ?

— Je suis saoul de fatigue ; cette piqûre inutile sans doute. On se voit demain.

— Dix minutes et je vous laisse ! Juste un verre. Vous avez encore du pommard, je vois. On ouvre une bouteille et on trinque. »

« Nous en étions au départ, votre départ d'ici. Au nôtre aussi d'ailleurs ; j'ai envie de partir demain, comme vous. Je veux rentrer moi aussi. Je dois voir ma mère. C'est fou de se quitter comme ça, non ? Mais on se verra, à Munich ou à Paris. Vous en étiez à Paris, l'année de votre arrivée.

Dites-moi la suite, je vous en supplie…

— Cette année-là donc, je l'ai passée dans l'étude et un peu dans l'hébétude. J'étais en pension, mes parents étaient à l'hôtel dans une chambre minuscule.

C'est l'été suivant, à 14 ans, que « je me lance », je fais plusieurs voyages. D'abord celui d'Avignon, qui devient chaque année un rituel. J'y vais seul, en stop, cela prend deux jours. Je dors n'importe où et je mange bien : une baguette par jour et un litre de lait que je bois goulûment, comme je rêvais de le faire au marché du Mellah, quand je suivais du regard un homme replet qui siphonnait son quart de litre et rabattait la tête pour un rot prolongé. Au Palais des Papes, je « resquille » comme au Mabrouka, le cinéma de la Médina, où c'était plus difficile. Et je vois Gérard Philipe, Jean Vilar, Maria Casarès, tous les grands du TNP, le Théâtre national populaire. Cette année-là, on donne *Macbeth* et *Le Prince de Hombourg*. Je suis ébloui, affolé par tant de force et de justesse. Cette impulsion qui fait que c'est là, présent, sous vos yeux – et pas par magie... Des êtres géniaux ont pesé tous ces mots, les ont noués, reliés, d'autres les portent avec leur corps et leur voix jusqu'au cœur de votre âme. J'essaie de tout suivre, je ne veux rien perdre ; d'ailleurs ça parle beaucoup de la mort et Marrakech m'a bien préparé là-dessus. D'un soir à l'autre, la peur de tuer (Macbeth) et la peur de mourir (Hombourg). Quelle joie. La vie s'infiltre là-dedans comme la mer dans une épave ; elle passe à travers ces horreurs et à la fin c'est tout neuf, on repart à zéro. Je suis ces textes mot à mot, tapi dans le noir ; « Qu'est-ce qu'*il* veut dire ? » Pour : « Qu'est-ce qu'il veut dire d'*autre* ? », c'est moins clair, on verra... Je veux comprendre, mais je jouis trop de ces corps qui courent dans tous les sens, frappés par ce qui leur arrive, par leur destin qui les dépasse. Ce Macbeth m'épate : s'il n'avait pas tué le roi pour prendre sa place, comment l'annonce des sorcières (« Tu seras roi... ») aurait-elle pu se réaliser ? Doit-on réaliser ce qui s'annonce ou attendre que ça arrive ?

Et déjà, quand deux êtres se rencontrent par hasard, est-ce qu'ils doivent le laisser faire ou prendre eux-mêmes la suite ?

Oui, dans ce *Macbeth*, je retrouve la détresse que j'éprouvais à Marrakech devant les récits bibliques et la ruine de Jérusalem : c'est fait, on n'y peut rien, vraiment plus rien. Je le ressens très fort. On peut jouer ça autrement, mais l'essentiel est joué, totalement irréparable. C'est « consommé », comme disent certains. Du coup, tout près de cette détresse qui frôle le désespoir, une lueur apparaît et grandit vite comme un gros plan : ça c'est joué, alors tout le reste est jouable ; ça c'est fini, il nous reste l'infini.

Et ce jeu immense est mené tambour battant par des êtres qui me semblent d'une essence supérieure : les acteurs. Je pense même que le public, qui les fait revenir en applaudissant, les dérange ; oui, les ramène jusqu'à lui de leur univers céleste, pour qu'ils viennent le saluer, encore et encore, alors qu'ils ont mieux à faire. D'ailleurs ça se voit, ils repartent en courant, chaque fois pour rejoindre plus vite leur monde à eux. Plus tard j'ai su que ces créatures divines attendent dans leur loge qu'on vienne leur parler, leur dire qu'on les aime, les aider à retrouver ce corps qu'elles jettent si follement dans la bataille. Les aider à panser leurs blessures, notamment la plus secrète, celle de n'être pas assez reconnu ; la plaie qui saigne en silence.

Je respire donc chaque nuit cet air nouveau, ces vagues d'émotions. Le jour, j'arpente la ville, les environs. Je loge dans une île, la Bartelasse, et je me baigne dans le Rhône. Je ne l'ai jamais fait à l'Oued Tensift, près d'ici. On pouvait se faire attaquer ; mais dans cette ville bénie d'Avignon, dont le nom seul m'émeut, rien que de marcher librement et d'écouter ces cris d'acteurs m'envahit de bien-être. J'aspire le bleu du ciel, le vert des chemins ombragés ; et l'odeur de chair féminine que je flaire comme un loup dans l'auberge de jeunesse où ça grouille de jeunes filles. Je tourne autour, ne sachant comment m'y prendre : quand je leur parle, je me trouve si sérieux que ça me décourage. Je voudrais présenter mon côté blagueur, facétieux, mais ça ne passe pas ; c'est engorgé par une demande indicible, tragi-comique. Comment dire à une blonde Danoise : « C'est merveilleux d'être là, on est libre, les gens nous foutent la paix, on peut parler » ? Ce que je veux leur prouver, elles le savent déjà ; et le mystère de leur corps est au-delà de toutes les preuves. Parfois je me gronde ; je fais ma crise d'adolescence contre moi-même ; mais celui qui, en moi, me trouve tordu et me rabroue n'est pas plus sûr d'être droit.

C'est clair, il faut aller voir ailleurs ; à l'étranger déjà. Je fais le même été un voyage au Danemark, avec un cousin plus âgé de 6 ans. En stop, bien sûr. On traverse l'Allemagne, on se couche de bonne heure à chaque auberge de jeunesse, sous les cris d'un surveillant qui semble être le même d'une ville à l'autre et qui hurle dans sa langue en éteignant à la même heure. Dans l'une des villes, Munich je crois – où des avenues sont si longues qu'on a beau marcher, le but ne se rapproche pas –, je remarque une vieille enseigne délavée, avec des caractères hébreux. J'ai un malaise, une vraie angoisse, que je surmonte en respirant très fort après avoir vomi. Puis on visite la Rhénanie ; j'admire les hauts-fourneaux la nuit ; je suis convaincu que là se fabrique l'avenir de l'humanité, dans ces travaux titanesques et modernes, avec cette masse d'ouvriers qui « produit les richesses » et prépare la libération, la vraie… Dans le bateau de Travemünde, je rencontre sur le pont d'autres jeunes venus aussi du Maroc ; ils « montent » au Danemark pour « avoir des filles » : « Elles sont blondes, belles, faciles ; elles aiment les gens du Sud. » On se le dit tout bas comme un secret à préserver. Il ne faudrait pas qu'elles le sachent ; on perdrait l'effet de surprise. L'idéal serait de les prendre sans qu'elles s'en rendent compte. Si elles voient qui on est et d'où on vient, elles ne peuvent que se rebiffer. Il y a sur le pont un type de Marrakech, Cohen, tout frêle, qui part comme pour une expédition : il porte un sac à dos énorme, plein de boîtes de conserve, si lourd qu'il titube en arrière lorsqu'il marche. « Tu crois que tu vas dans le désert ? Mais ils ont tout ce qu'il faut là-bas ! — On ne sait jamais. — Tu veux manger de la chair fraîche ou des sardines ? »

À l'arrivée, on va visiter Elseneur, le château de Hamlet. Dans les caves, il fait sombre, toute une foule s'y engouffre. Sans savoir comment, on en sort tous les deux avec chacun une belle fille au bras. Je suis surpris et ravi. C'est si facile ?… Mon cousin s'éloigne avec l'une d'elles, la plus grande, et je m'en vais avec l'autre. On doit se retrouver dans une heure tous les quatre. Quand les deux autres reviennent, ils sont rouges et troublés, les cheveux de la fille en désordre, avec de l'herbe sur sa jupe. Où donc ont-ils roulé ? La « mienne » se lance dans un discours à sa copine, en danois, qu'elle termine en criant *filosofou*. Je comprends qu'elle se plaint d'être tombée sur un parleur.

J'ai passé toute mon heure à lui dire ce que je ressentais, ce que je pensais de l'amour, des rapports entre l'âme et le corps, de la fidélité, esquissant au passage quelques idées sur le mariage... – le tout dans un anglais pénible qui a dû l'énerver. Je me gronde : « Tu vas faire longtemps l'idiot ? » Je pense à une phrase que j'ai lue de Rousseau ; une « fille » lui dit en voyant sa maladresse : « *Hé lascia le donne et faï la matematica !* » Le lendemain, on arrive à Copenhague et je vais seul dans le grand parc de la ville, je m'assois près d'une jolie fille, j'abrège l'explication, et je m'étonne de la tenir peu après dans mes bras, sans avoir rien dit d'essentiel. On s'embrasse avec passion. Pour moi, c'est la première fois. Toutes mes rêveries de Marrakech viennent s'échouer sur ce banc du Tivoli, dans ce moment de surprise éblouie et déçue. Cette chair tant convoitée serait donc prête à se donner à *n'importe qui* ? Le peu que je lui ai dit, n'importe qui pouvait le dire. Je me sens bizarre, à la fois seul et intégré à la masse des « n'importe qui », tenant dans mes bras une fille qui sans doute était aussi dans la peau de n'importe qui ; le tout sous le signe de ce que je mets au-dessus de tout : l'amour. C'est dur, mais je renonce à « élucider », et nous glissons dans les délices de « comme tout le monde »... Je prie le ciel pour qu'il nous trouve une différence.

Ce même été je suis allé en Israël pour deux semaines, avec mon prof de lettres qui envoyait des jeunes en vacances dans les kibboutz. C'était sur un bateau grec, le *Philipos* – plein d'étudiants de toutes sortes, surtout des catholiques qui allaient en Terre sainte. J'entends à chaque repas leurs prières ; elles m'intriguent ; on dirait de l'hébreu simplifié puis traduit en français. Et les prêtres en kaki que je fuyais à Marrakech, je les vois là de près. Ils sont gentils ; l'un d'eux a même voulu me convertir. Et il semblait très tendre.

Pendant la traversée, mon prof révèle envers moi une attirance sexuelle, ce qui me choque d'autant plus que c'est sans parole, par des gestes équivoques. Qu'il y eût des mœurs homos à Marrakech, cela faisait partie du paysage ; mais en pleine culture « moderne » ! Je n'y avais pas pensé. C'était pour moi scandaleux. Je lisais sur le bateau *Les Voix du silence* de Malraux ; très difficile, déjà ; et il venait de temps à autre pour soi-disant m'expliquer ; mais il bandait dans son slip comme un âne de Marrakech ; ça me rendait le texte encore plus glauque. Je l'ai relu récemment, je n'avais rien perdu : il dégage un immense ennui.

Nous débarquons à Haïfa, une belle ville aux eaux bleues et profondes, et je m'en vais de mon côté – pour une longue errance, tout mon saoul, de ville en ville. Je suis parfois attiré par les gens du Maroc à cause de la langue, ce mélange hébreu-arabe que j'aime bien, qui laisse du jeu. Mais je les fuis aussi ; je les sens trop marqués par le mépris qu'on a pour eux. Et ils exhalent leur plainte dans une langue de victimes sûres de le rester. Cela m'attriste de voir mes proches exhiber leur défaite. À Beer-Sheva, un groupe de Marrakech m'offre de m'héberger : « Viens dormir chez nous ! Quoi ! tu es dehors ? *Hés wéssaleum !* (Jamais de la vie !) » J'y vais la nuit tombée, on me mène vers un cabanon avec quatre sommiers métalliques sans matelas. Je m'étonne. L'autre murmure : « *Di 'ta llah houa héda* (C'est tout ce que Dieu a donné). — C'est tout ce que tu lui as pris ! »

L'homme s'éloigne sans entendre. Quant à moi, fourbu, je m'allonge en rêvassant : « Ils n'ont fait que changer de misère... » Mais celle où ils sont enfoncés n'est pas celle d'où ils viennent. À Marrakech, le dénuement se ponctue de profusions fugaces et flamboyantes ; il reçoit les éclats d'une gloire ancestrale, d'une lumière indestructible. Ici, c'est une misère moderne, purement triste, sans rien d'autre. Ce n'est même pas la misère de la *Bhira*, cette ruelle du Mellah entre l'école et le cimetière où certaines femmes faisaient des passes pour améliorer l'ordinaire. Ici, c'est rugueux, et pris dans un mécanisme auquel personne ne peut rien. C'est métallique comme ce sommier où je m'endors. Au milieu de la nuit, je sens que je ne suis pas seul et je sursaute : cinq ou six hommes dorment pêle-mêle autour de moi. Ils transpirent. Ont-ils travaillé dur ou seulement bu ? J'écarte doucement quelques bras et jambes et je file dehors. Dans le noir, une voix lance en arabe : « Quoi ! tu t'en vas seul dans la nuit ? » Je prétexte un « stop pour Eilat », un camion à rejoindre, et je m'éloigne. Dehors la nuit est chaude, splendide, enveloppée d'étoiles. On est à l'entrée du désert ; je vais attendre l'aube dans un grand terrain sableux. Je m'endors en plongeant des yeux dans le ciel noir et je m'enivre des scintillements.

À l'aurore, je reprends la route ; je parcours le pays en tous sens. J'erre dans l'espace, mais en moi tout est serein. Je me sens bien, à la fois proche et étranger ; pas « chez moi » bien sûr, je ne sais pas ce que c'est ; ou plutôt, cette sensation ne me manque pas. J'aborde qui je veux et les récits foisonnent vite ; les souvenirs du Maroc aussi. On a toujours à se raconter sur ce fond âpre où les racines sont à vif. Chacun apporte les siennes, et elles se regardent entre elles d'un air farouche.

Parfois je croise des amis fortunés qui me logent une nuit ou deux dans de jolis appartements aux murs droits, avec une belle salle de bains où je reste des heures à laver mes affaires. Je n'aime pas être en kibboutz : j'y sens comme un froid aseptisé ; c'est plat et rêche ; une mise à nu des choses, sans tendresse ni chaleur. Les relations semblent forcées, « sympathiques », comme tenues de le rester. Il manque l'essentiel, qu'il y avait à Marrakech : un air festif qui dissout la tristesse et rappelle l'avenir, la promesse du départ...

Il y a aussi les citoyens « de souche », les Sabras ; il leur manque quelque chose, mais quoi ? Une origine ? Une longue histoire ? Non, il leur manque l'exil ; il n'y a pas d'exil dans leurs voix, leurs gestes, leurs manières. Ils sont là complètement, identiques à ce qu'ils sont. J'ai appris par la suite que c'est ce qu'ils voulaient : en finir avec l'exil, comme si c'était une maladie ; y remédier en l'effaçant, en devenant un « homme nouveau ». Ils me semblent lisses, neufs, privés d'étrangeté. J'ai mis longtemps à comprendre leur drame : être encombré par une origine toute neuve où l'on a fait place nette ; il faut y faire des greffes d'exil pour que ça revive un peu ; y ramener des racines. Heureusement, cet « homme nouveau », rien qu'en apprenant sa langue – l'hébreu « moderne » –, se donne à son insu une origine immémoriale. Mais il faut du temps pour que ça revienne, pour qu'il s'en rende compte, que ça s'entende ; et que ces gens se découvrent imbibés jusqu'à l'os par cela même qu'ils ont d'abord rejeté – leur tradition. Dommage que certains la puisent à des sources obscurantistes, et s'enivrent de symboles dévots.

Je me souviens qu'à Marrakech on avait des chansons tristes sur les expulsés d'Espagne pendant l'Inquisition. Ainsi, dans notre propre exil, on pleurait sur le leur. (Lequel a dû être terrible. Je le sentais dans leurs chants – déchirants comme s'ils quittaient le paradis ou au moins la Terre promise. Ils s'y étaient vraiment crus. C'est terrible quand des gens croient tenir le bon bout ; lorsqu'ils le perdent, c'est le vide total, l'abîme ; ce n'est pas qu'ils n'ont plus rien, ils ne sont plus rien ; à leurs yeux. Et comment les convaincre du contraire ? On ne peut quand même pas leur dire : vous êtes plus beaux que vous ne pensez ? Ils vont dire : non, nooonn... et ils vont geindre. Je comprends qu'on choisisse la voie inverse : leur dire que les autres sont moches ; c'est plus facile.)

Quant aux Sabras, qui m'avaient paru si *neufs*, en 56, je saurais dire aujourd'hui le malaise qu'ils m'ont donné. C'est vrai qu'il leur manquait l'exil ; mais en réalité, ils avaient une façon d'être si pratique, si concrète, si coupée de toute transmission, qu'elle en paraissait abstraite ; tant elle faisait abstraction de leurs origines. Oui, il y a une façon d'être qui vous ampute de l'origine, ou qui fait qu'on y est collé à son insu ; incapable de partir avec.

32

Les *marrakchis* que je rencontre là-bas cet été 1956 sont parfois bien installés et même satisfaits. Comme ceux qui m'ont reçu pour le shabbat dans un *moshav* – un petit village agricole. Pendant qu'on bavarde en crachant les cosses des pépins, je lance : « Alors, vous êtes enfin heureux ? » Et l'homme soupire : « *Yaaa hssra,* la vie de Marrakech ! » ; *ya hssra,* c'est : quel manque ! quelle perte… Et il exhale sa nostalgie : « Ah ! les fêtes, le Mellah, la chaleur humaine, les bons plats… » Pourtant ils ont « tout ce qu'il faut », et en Terre sainte ! Que désirer de plus ? Rien ; justement, tout est là. Dans cette maison « impeccable » règne un air désertique. Il fait chaud dehors, mais j'ai froid dans l'âme ; c'est dénudé. Je sens comme un départ perdu. Notre origine s'est dissoute dans une matière ingrate. Que peuvent-ils désirer ? Travailler moins dur, agrandir la maison, avoir une autre voiture, de meilleurs prix pour leurs fruits… Pas de quoi rêver.

À moins que le rêve ne soit une forme de nostalgie, qui à son tour remplace le rêve ? Le désir desséché remonte vers ses sources, vers l'enfance – vers la ville rouge – vers l'époque vibrante où il était gonflé à bloc, prêt à partir comme un trait. Il file vers ses racines pour se nourrir ; vers la vie à Marrakech, *ya hssra*, lumineuse et léthargique, précaire et installée, fragile et millénaire. C'est là qu'était la blessure première, secrète, indicible, délicieuse à lécher…

Curieux manège : on veut retrouver par le souvenir une jouissance perdue ; et comme on n'y arrive pas, on jouit douloureusement de la perte elle-même. Mais par la bande, on revient vers ce passé où le désir était tonique, intense. C'est vrai, la nostalgie c'est une remontée du désir, du désir épuisé, vers les lieux d'autrefois où il espère se relancer ; là où il était vivant, aux aguets, impatient de bondir comme un félin. Elle vise le passé puisque au présent où elle s'anime, le désir est dégonflé, privé de racines. Elle tente de le relancer ; elle est un de ses ressorts, incassable et illusoire : elle nous agite sous les yeux l'objet perdu, elle l'agite comme un chiffon rouge devant la bête que nous sommes, et ça nous relance derrière le manque d'autres objets…

« L'amour aussi est une nostalgie ? dit-elle.

— Peut-être est-ce la nostalgie d'un amour initial, ou de l'origine qu'on se figure comme un amour premier qu'on n'a pas connu ? Et si on l'a déjà connu, ce premier amour, alors la nostalgie c'est l'envie de le répéter. Mais on oublie que lui-même répète l'autre amour qu'on n'a pas connu, qu'on a seulement imaginé… »

Soudain je me fais penser au petit ado de 14 ans qui disserte devant la Danoise au lieu de se jeter sur elle et de l'embrasser. Mais de le penser ne change rien, je poursuis mon récit, sinon je vais craquer. C'est comme en montagne, si on s'arrête à mi-pente, on est perdu.

« Où en étais-je ? Oui, l'objet de la nostalgie. Bien sûr, on peut en faire de bonnes copies : je leur fais confiance là-bas pour reprendre leurs coutumes d'antan, mais il y manquera quelque chose, toujours ; il manquera l'origine et l'exil. L'exil que ces coutumes elles-mêmes veulent capter et réparer. »

Et celui que j'ai senti, en 56, dans ce pays du grand retour, c'est l'exil-chez-soi ; comme à Marrakech – mais cette fois sans l'espoir qu'un jour on partira ailleurs, là où la vie serait plus libre. En Terre promise, où partir puisqu'on est déjà revenus ? L'espoir que porte l'exil est confisqué. Du reste, les seuls lieux où j'étais « chez moi » étaient des rappels du Texte ; des citations du Livre peintes ou gravées. Le Texte qui voyage depuis des siècles me faisait des signes en passant par là-bas : « Tiens ? C'est ma Terre promise ? Ça tient toujours ?... » Et il poursuit sa route, sa lancée dans le temps, à travers les générations, en traversant ce lieu bizarre où le départ et le retour s'entremêlent. Peut-être que ce qu'il veut, c'est cette poursuite elle-même. En tout cas, il court après l'infini.

« Et ma plus forte émotion là-bas, ce fut la langue. Un vrai choc, cette langue moderne qu'ils ont faite ; elle m'est étrange et familière. J'en ai appris toutes les racines à Marrakech – avec nos ânonnements du Livre. Chaque mot de la Bible me rappelle le contexte où je l'ai appris, les circonstances où je l'ai relu, étudié, décortiqué : sa consistance et sa musique me ramènent aux époques où je le chantais. Il m'évoque l'ennui de la synagogue, l'espoir du départ, le mandat imminent, la dèche ou l'abondance, le cri collectif vers ce Dieu trop distrait, les vacances toutes proches ou la rentrée qui m'accable, l'automne pluvieux, l'été torride ; l'espoir sans espoir, les scènes familiales, le calme de la ville, les murs délavés, les cuisses des femmes inaccessibles et la détresse qui flotte dans l'air. Chaque mot, au-delà des circonstances où il s'est ancré dans mon corps, me rappelle sa présence simple et sacrée, et s'offre à moi comme une bouée de sauvetage ; je m'y accroche à mon insu. J'admire ce Ben Yéhouda, ce fou de la langue qui a rebâti l'hébreu moderne à partir des vieilles souches. C'était bien mieux que de reconstruire le Temple. Le Temple qui se relève de ses ruines, c'est la langue qui se parle, qui vibre de toutes ses racines, même à l'insu de ceux qui la parlent. Et cet homme a osé tordre les mots du Livre pour leur faire dire des choses banales et quotidiennes, pas seulement des choses antiques ou terrifiantes. Il a fait passer la langue de l'état biblique et médiéval à l'état toujours actuel. Et je l'ai senti là-bas ; à chaque tournure, ça gratte mon corps à l'intérieur comme un stylo qui trace un trait entre deux temps aussi distants que l'origine et le présent où se prolonge la blessure immémoriale ; ou comme un fil rouge qui relie des gens ordinaires au parler des hommes antiques, ni plus nobles ni plus vils que nous, mais qui transmettent aujourd'hui l'écho d'un temps initial où l'on peut prendre son départ à tout moment. Oui, son départ. »

Elle m'écoutait avec sérieux, ses yeux brillaient ; j'ai ouvert la dernière bouteille.

« Il se fait tard. Sinon je vous aurais fait un petit cours de langue. » (Je me dis qu'il faudrait au moins ça pour conjurer l'évidence où nos langues pourraient se mêler jusqu'aux racines dans un baiser qui nous porterait jusqu'à l'aube. Mais il faut que je résiste, les Allemands vont faire signe à tout moment, j'en suis sûr. Je n'aime pas ça.) Elle ne se démonte pas :

« Un cours de langue ? Pourquoi pas ? »

Je respire, et j'admire la cruauté de l'innocence. Peut-être veut-elle vraiment me pousser dans mes limites.

« Disons... un petit flash sur le sens nouveau des mots anciens, que j'ai découvert cette année-là dans ce voyage. Ce voyage par les racines que le Mellah m'a injectées à fortes doses. Vous en savez un petit bout déjà ; votre nom, le mien, la vie (*haïm*)... l'animal (*haïa*), et vous *hava*. La croyance par exemple, *émouna*, d'où vient *amen*, c'est en fait la confiance, la fiabilité : élever un enfant, c'est le rendre fiable, c'est qu'il puisse se débrouiller tout seul ; et ça se dit du même mot : *lé-amén* ; s'entraîner, comme au sport, c'est *léhit-amén* ; c'est pouvoir se faire confiance, un peu. Quant à faire confiance à l'autre, c'est plus difficile. Là-dessus, je suis resté longtemps infirme : je pouvais aimer ou m'enflammer pour une personne ou une idée, mais faire confiance m'était devenu impossible. Et j'ai fini par me dire que la confiance est au-delà de l'amour, que c'est le noyau de la foi. J'avais foi dans la vie mais pas dans les gens, je ne faisais confiance à personne. Faire confiance, c'est plus difficile que d'aimer, et ça s'entend dans cette gerbe de mots hébreux. Tout le monde est pour l'amour, la passion, mais la confiance, la foi, c'est plutôt rare. Il faut des événements, comme notre rencontre, dont je sens qu'elle m'apprend tout doucement la confiance... Mais bon, voyons d'autres mots ; car cela a lieu partout, et chaque fois que je découvre ces résonances, j'ai un coup de Marrakech (on y psalmodiait l'hébreu, en prenant chaque mot comme un diamant dont on admire les facettes ; c'était mieux que de le parler). Et en même temps j'ai un coup de modernité, pas celle qui refoule l'origine ; la vraie, la modernité revue par elle-même *via* les temps immémoriaux ; aux confins du temps, en bordure des époques. D'ailleurs, la langue se dit le bord (*safa*) ; le bord de la mer, c'est la langue de la mer ; et les lèvres, c'est le bord redoublé, *sfataïm ;* comme les seins (*shaddaïm*) ou le ciel (*shamaïm*)... Les lèvres humides ou sèches, les lèvres qui vibrent comme dans les films du Mabrouka, juste avant le baiser quand ils ont l'air de deux idiots qui vont tomber dans l'abîme... On est toujours entre l'antique et l'actuel. Tiens, par exemple "copier" – "tu vas copier ça" –, pour le dire, on prend le mot "émigrer", se déplacer (*hé'tiq*) ; c'est normal : quand on copie, on déplace ; on s'éloigne de l'original, et c'est le même mot que lorsque Abraham émigre et quitte son pays d'origine. Vous voyez ?

Dans ce voyage là-bas, toute une langue m'a fait signe de très loin et de tout près, d'un temps millénaire et d'un temps quotidien. Le pays lui-même, qui m'a paru âpre et ardu, beau et ingrat, je l'ai senti entre deux faces de la même langue, et j'ai plané entre les ombres des prophètes du VIIIe siècle (avant l'ère vulgaire, comme dit le prof) et les silhouettes d'aujourd'hui ; comme s'il n'y avait eu qu'une petite interruption de trente siècles.

Où en étais-je ? Oui, les mots... Pour dire "honorer" (comme "honore tes parents"...) on dit "donner du poids" *(koved),* qui est aussi de la "valeur" (*kavod*) ; et du coup, "insulter" – en termes modernes – ou "maudire" – en termes antiques – c'est "alléger" (*kallél),* c'est "enlever du poids" ou c'est "vouloir qu'il n'y en ait plus". C'est drôle, non ? Cela veut dire que si l'on maudit des gens régulièrement, depuis des siècles, c'est qu'ils comptent beaucoup ; si on les allège à ce point, c'est qu'ils pèsent lourd ; c'est qu'on les respecte, au fond, mais qu'on rechigne à le reconnaître.

Et pour dire “patience”, dans les queues interminables où les gens supplient en vain des bureaucrates, eh bien, on prend le souffle : patienter, c’est avoir le “souffle large” (*orékh rouah*) ; et c’est un attribut divin ; le divin est patient, il attend que l’humain arrête de faire l’idiot. Pour dire “brillant”, on prend *Zohar,* l’éclat du livre et le Livre de l’éclat. Pour dire “noter” ou “indiquer”, on prend le mot Sion (*tsyén*), pas moins ; Sion, une sacrée “notation”, une “indication” millénaire de la parole inspirée. Pour dire “en fait”, on dit : “avec l’os” ; j’aime ça : l’“os”, le réel qui résiste, le “fait” incontournable.

— Et si Ève est née d’un os ?

— Ça veut dire que la femme est le réel de l’homme ; qu’avec elle il est tombé sur une pure nécessité, sur un os aussi, qu’il peut ronger comme un chien ou au contraire incarner, embellir, développer. Tiens, pour “développer”, on “ouvre” ; développer c’est faire en sorte que “ça s’ouvre” (*pittah*), c’est trouver l’ouverture, le passage vers le grand air. Et la “crise”, c’est la “cassure” (*mashbér*) : quand Dieu se met à tout casser, lui qui adore ça… Toute la langue y passe ; la langue des “passeurs” est dépassée par elle-même, doublée par elle-même, identique et différente ; elle ne cesse de fourcher, au-delà des lapsus. Et je découvre là-bas que je suis scindé par elle, entre sa partie sacrée qui me vient de Marrakech et sa partie nouvelle, comme un nouveau quartier de la ville, géant et agité. Le Mellah m’a appris cette langue de liberté où les mots se déchaînent – oui, brisent leurs chaînes – pour recevoir d’autres sens. Un jour, je lis “Bienvenus” (*Broukhim haba-im*) à l’entrée d’un kibboutz, j’entends le mot à sa racine : “Bénis soient ceux qui viennent” ; et je *vois* tous ces braves gens qui ne croient qu'à leur rendement venir "bénir" les visiteurs comme le faisaient les hommes à barbe de Marrakech moyennant une petite somme. (D'autres, plus barbus, prennent bien plus cher ; ceux de New York par exemple ; des riches vont là-bas payer le prix fort et revenir "bénis", aptes à mieux foncer dans le tas comme des requins, pour arracher le gros paquet.)

Bref, entendre cette langue me secoue, me divise, moi qui l'étais déjà pas mal. Un simple "au revoir" (*léhitrahot*) me renvoie aux racines de "voir" (*réé*), aux visions du Livre, à ceux qui ont vu *ça*, lorsque *ça* s'est montré. "Au revoir", à bientôt : à quand vous et moi serons vus par *ça* ; quand nous serons *en vue* de la chose – de la vie qui brûle sans se consumer... Imaginez que vous y pensiez lorsqu'on se dira "au revoir" demain. Parfois en se quittant, on dit un mot plus drôle : "À nous entendre !" (*Lé-hishtaméa' !*) ; on va essayer de s'entendre, chacun avec soi-même ; et faire en sorte que ça s'entende à travers nous ; entre nous... »

« Vous n'auriez pas aimé rester ? s'étonne Eva.

— C'est ce que m'a dit mon hôte avec son accent du Mellah : "Tu ne veux pas rrester là, vivrre avec nous ? Tu ferras des bonnes étuudes... — Non, ce serait un nouvel exil, trop dur, trop bizarre. — Et si ailleurrs on te chaasse ? si on te perrsécute, c'est ici ton rrefuge, non ?"

Si on est chassés de partout, c'est que la terre entière est devenue inhabitable ; alors on trouvera bien dans le chaos, un coin tranquille avec une natte ou un tapis devant le ciel, n'importe où...

Et j'ai gardé le fil du Texte, qui est infini et qui s'offre n'importe où. Le Livre de la Promesse promet surtout d'autres livres, des brins du livre incessant de la vie. »

Nous terminons le pommard. On trinque comme la veille mais tous les deux : « *Lé-haïm* ! — À vous ! », dit-elle (en hébreu, c'est : *Pour Haïm !*) D'un geste de la main, je découvre, en ouvrant le haut de son corsage, sa chaîne avec le mot hébreu : *haï* (vivant). Et je l'embrasse à travers le pendentif, je mords son cou comme le ferait un chien aimant ; sa chair est tendre comme celle de ma mère dans ma mémoire d'enfant. J'y plante mes dents sans lui faire mal et je promène sur elle – sur le haut de sa poitrine – ma bouche ouverte, ce qui a le don de nous griser autrement que le vin.

« Vous êtes un éclat de vie devenu femme.

— Et vous, vous êtes ce que mon grand-père appelait *a Mensh*. Hier vous m'avez mal jugée, ajoute-t-elle.

— Je ne vous ai pas jugée ; et si je l'ai fait, je ne connais pas le verdict.

— Je pense que vous avez le secret de mes origines ; il est en vous sans que vous le sachiez. Et quand je suis avec vous, je me sens réconciliée avec ma vie. »

Le téléphone sonne, c'est la voix de Kurt :

« Fou n'avez pas fu Éfa ?, dit-il avant de me demander des nouvelles de ma morsure.

— La morsure ? dis-je ; la mort n'est jamais sûre bien qu'elle soit certaine. » Il a ri.

Elle s'éloigne en courant, après un long baiser. « À demain, en territoire libre », dit-elle.

Je suis heureux et je repense à mon speech. Quelle manie de faire des discours à une femme qu'on désire et qui attend quelque chose d'autre. Mais moi j'avais envie de dire ces choses. D'ailleurs, je vais les écrire, c'est du Marrakech après tout. Cette histoire de langue me tient à cœur, elle a hanté mon enfance. Et même aujourd'hui, à l'hôtel ou en ville, j'ai dû changer trois fois de langue pour avoir la paix, et moduler mon arabe de plusieurs façons. Parfois je suis distrait et il y a des « ratés » : hier j'ai demandé en arabe le prix d'une bague dans une bijouterie ; une cliente assez jeune était là, on discute :

« D'où vous êtes ?

— D'ici même, je suis né rue de la Bahia.

— Non ! Vous n'êtes pas un *maghrébi* ; votre façon de parler c'est... excusez-moi... *bhal lhdra dliheud.* » Elle traduit elle-même : « C'est comme le parler des jouifs, excusez-moi ».

C'est vrai, j'avais oublié de mettre mon accent purement arabe. Je le remets, et on bavarde, on sympathise. Elle est charmante et honnête. Son « je m'excuse » ne faisait que traduire une expression traditionnelle que ses parents utilisaient quand ils nous nommaient ; ils ajoutaient toujours : *hashak* ; c'est comme : *sauf votre respect*. Alors elle s'est excusée de s'être excusée, et on a ri.

Bref, ce que j'ai dit à Eva, ce n'est pas un speech (pourquoi suis-je si dur avec moi-même ?...). C'est ce que je ressens. Cette histoire où tournoie la planète est d'abord une histoire de langue, où plane une sorte d'appel divin : « Ne cessez pas de vous parler, et si l'écoute devient mauvaise, changez de langue mais en gardant les mêmes racines ; elles plongent loin dans la terre et dans le ciel, dans vos chairs et dans vos têtes, aux sources de vos pensées ; et leurs variantes, qui sont vos mots actuels, entendez-les comme le rythme d'une musique qui se transmet à l'infini et vous promet l'éternité : quand vous parlez à demi-mot, l'autre moitié du mot, du mot de passe est toujours d'un autre temps, d'une autre génération. Et quand vos mots sont entiers ou trop pleins, l'histoire prendra son temps pour les casser en deux, les partager ; sinon ce sera pour les écraser. »

Là-bas, en Terre sainte, elle casse en deux même les noms de lieux. Pas les lieux tout récents, qui sont des coins où des médecins talentueux font pousser des tomates ; mais les noms antiques. Là c'est un poème : à Jérusalem, de l'autre côté de la frontière qui coupe la ville en deux (on est en août 56), je vois la vallée de la Géhenne (*gué hinam*). L'enfer, dont le maître nous menaçait si on n'écoutait pas. L'enfer est là, sous mes yeux. Il semble assez tranquille. Si seulement on pouvait y aller, mais non, c'est en Jordanie. Et une pancarte, sur un mur métallique le dit tout net : « L'ennemi est devant toi » (*Ha oïév léfanékha*). Je m'approche quand même et j'aperçois entre deux plaques le Mur des lamentations. Mais oui, comme sur nos calottes à Marrakech. Alors il existe ! Et soudain, tout Jérusalem tombe du ciel de nos prières en plein dans la réalité ; dans un monde très banal, avec de petites bouffées sacrées. C'est donc vers *ça* que s'élevaient nos soupirs, les fins de samedi, quand plongés dans l'ombre, en attendant la première étoile, nous exhalions la nostalgie de la ville antique ? Yérushalaïm ? avec d'étranges psaumes où l'on remercie Dieu d'« apprendre à nos mains la lutte et à nos doigts la guerre » ; à nous qui ne sommes que « buée, ombres fugaces », etc. Joli verset, d'ailleurs : force et faiblesse mêlées, toujours ; violence et douceur ; même les ombres doivent se battre ; c'est dur mais c'est bon.

Puis, je circule dans la ville, et j'« entends » les scribes bibliques donner le mot – la racine – pour nommer les frigos, les chars d'assaut, les tuyauteries, les machines, les états d'âme et les outils. Ces mêmes prophètes qui, au Maroc, nous incendiaient du feu de Dieu, qui fulminaient contre nos « idoles » (mais quelles idoles, enfin...), donnent ici de quoi faire un bon lexique, de quoi dire tout ce qu'on veut. Ça m'a fait comme un déclic dans le cerveau : cette langue qui dans ma tête se partageait entre hébreu et arabe, avec leurs affluents locaux, se coupait à nouveau, se redoublait en langue sainte et langue profane, toutes deux entremêlées, l'une hantée par l'autre, possédée par ses racines, et par l'écho de ce Dieu que je connais depuis Marrakech. Et que j'aime bien, parce qu'il est imprévisible, il ne sait pas trop ce qu'il veut, mais il veut que ça dure. Il s'offre de longs états d'absence lorsqu'on l'implore, puis il s'éveille et pointe son index tout raide quand personne ne s'y attend ; il fait des étincelles quand c'est noir (comme le charbon du *kanoun*) et il fomente des rencontres fulgurantes, des coups de hasard rusés. Et avec son côté boudeur, il ramène les siens jusqu'au lieu de sa Promesse irréelle. Comme je l'aime bien, on a de petits échanges. Rassurez-vous, je ne débloque pas, mon Dieu à moi c'est tout ce qui dans la vie se met à parler une langue étrange à ceux qui savent tendre l'oreille. Et quand j'entends, je réponds, donc on se parle un peu. Beaucoup le font sans le savoir, ils parlent avec l'objet de leur croyance. Quelle croyance ? Eh bien, ce à quoi ils croient, leur image, ce dans quoi ils se retrouvent, dans quoi ils s'enveloppent. S'ils ont des moyens, ils misent un peu plus loin, un peu au-delà de leur image, du côté de l'invisible, de l'inouï, de l'infini même. Ils peuvent aussi propulser loin leur image, leur idée fixe, vers le ciel, carrément ; ça fait un Dieu céleste. Mais ils peuvent la laisser sur terre et recevoir ses clins d'œil, ses appels qui se mêlent aux appels du monde ; c'est très pratique, ça fait qu'on n'est pas seul.

33

Dimanche matin

Je somnole un moment tout près du bassin bleu ; le porteur de messages – avec sa cloche et son ardoise me remet un mot sur lequel il est écrit : « *Lé Haïm*. Je vous attends dans une heure à la porte de la Bahia. J'ai une surprise. » Elle a signé : *Hawa*. Le mot m'éblouit car il sonne dans ma tête non seulement comme Hava, Ève en hébreu, mais comme le mot arabe pour dire « baiser », au sens propre : faire l'amour. C'est peut-être le même sens, du reste ; si Ève est d'emblée nue, qu'y a-t-il d'autre à faire ? Mais je laisse là mes va-et-vient entre deux langues. Pourtant le taxi que je hèle pour aller au rendez-vous me ramène, *via* l'éternelle question : Pour qui vais-je passer cette fois-ci ?, à cette linguistique déchirée de mon enfance, où je n'ai pas eu de vraie langue ; avant d'être accueilli par le français. Mais ce déchirement initial permet à tout moment de se laisser prendre pour un autre. Et pourquoi toujours être pris pour « soi-même » ? Y a-t-il en moi un noyau dur qui échapperait à toutes « mes langues » ? Ce qui est sûr, c'est que jadis, sans trop savoir ce que j'étais, je me sentais exister, dans une joie qui a été mon noyau dur ; ma certitude.

Je retrouve donc Eva devant la Bahia, là où avaient lieu les batailles à coups de pierres pour les mûres blanches. Elle porte une robe de mousseline moulante, couleur lilas ; elle est superbe et malicieuse.

« C'est quoi, la surprise ?, demandai-je après l'avoir embrassée.

— On va d'abord dans votre maison natale ; vous m'avez dit que c'était tout près, j'aimerais la voir. »

Perplexité et agacement ; très vite dissous par son charme comme le sont certains nuages de montagne quand le soleil est le plus fort.

« Je ne suis jamais revenu dans cette maison. Elle a dû subir des travaux, elle doit être méconnaissable. Que voulez-vous qu'on y fasse ? »

Eva insiste :

« Ce serait fou de ne pas y aller ! De quoi avez-vous peur ? »

C'est terrible, on ne peut plus refuser une chose sans que ce soit par « peur ». Pourtant certains disent que ce dont on a peur, c'est ce qu'on aime, c'est ce qu'on veut vraiment ; alors il faudrait savoir... La vérité est plus simple : je sais que je ne vais rien trouver, ce ne sera même pas frustrant, ce sera rien. Alors on y va.

Après dix minutes de marche – où j'éloigne un importun tous les vingt mètres en lançant « je suis d'ici » dans un arabe « indigène » qui me vaut à la fois sympathie et déception, vu tous les « guides » que je dissuade –, nous voilà dans la ruelle de la petite mosquée. Voici le Djama'. Sa porte est fermée. Je reste quelque temps à la regarder. Enfant, j'étais sûr qu'elle abritait des secrets, des pratiques inconnues et sacrées ; car s'arrêter devant cette porte, ou pire : jeter un coup d'œil au-delà, quand elle s'entrouvre, pouvait nous valoir des insultes. Un peu plus loin c'est ma maison natale, je frappe à la porte. Une jeune femme nous ouvre. Je lui dis en arabe que je suis né là ; et que j'aimerais bien revoir les lieux. Elle nous fait entrer ; comme si c'était chez moi. Elle est seule, elle s'appelle Khadija, son mari travaille à Essaouira. Elle a une beauté simple et pudique. Elle nous précède dans chaque recoin comme si nous cherchions un objet que j'aurais laissé là il y a près d'un demi-siècle. Nous nous regardons de temps à autre en souriant : on ne va rien trouver, mais ce rien vaut la peine qu'on le cherche encore. Je ne reconnais pas grand-chose. Il y a eu beaucoup de travaux (déjà avant notre départ, la maison était chamboulée : c'est là que j'ai vu qu'on pouvait dresser des murs rien qu'en terre, sans ciment ; je n'en revenais pas).

Puis elle nous laisse monter là-haut (*l-foqé*). La « grande pièce » où nous vivions à six me paraît très petite. L'effet de l'âge ; quand on est petit on voit si grand... Je ne reconnais rien, qu'y a-t-il à reconnaître ? Le vide est le même, le vide qui remplit la pièce. Voici le coin où était le grand lit de mes parents, et tout près, le coin d'en face où se trouvait ma banquette, où j'apprenais le sommeil léger quand je sentais ma mère toute seule s'agiter en dormant. Quelle prétention, celle des enfants, de vouloir veiller sur les grands ; mais notre sort dépend tellement de leur humeur.

« C'est là que vous dormiez ? dit-elle.

— Oui, et là, c'était ma mère. »

Elle tressaille, je la sens très émue, comme si elle avait plongé dans l'émotion qu'elle me suppose. Mais c'est la sienne qui me touche de plein fouet, c'est sa présence vibrante qui peu à peu s'empare de moi et me donne un désir étrange que je sens venir de loin, des replis archaïques de ma vie dans cette ruelle quand la sève jaillie en moi m'a ébranlé tout le corps, désir que j'ai porté ou traîné dans mes errances lointaines, qui me prend du dedans et me chatouille la poitrine – j'ai presque envie de rire – et en même temps fond sur moi du dehors comme si son corps ravissant remplissait soudain le vide que j'ai fréquenté dans cette ville, un désir tendu entre un temps immémorial et une violence actuelle, où mon être tout chamboulé est envahi par les images rêvées de femmes – bibliques ou stars américaines –, par les élans frustrés, vécus dans cette pièce et maintenant illuminés par un feu ou plutôt par une étrange intensité, comme le passage incandescent d'un mot biblique entre toujours et maintenant, de sorte qu'insensiblement nos corps si proches s'entremêlent et nos langues se caressent jusqu'à la racine, et par à-coups la mienne est aspirée jusqu'au fond de sa gorge où elle s'implante entre la sienne et son palais (je repense au verset du Cantique, oui le vrai fruit c'est la langue...) pendant que nous tombons sur la couche « orientale » (qui aujourd'hui prend toute la place d'un coin à l'autre de la chambre), sa croupe dans mon giron, entre mes jambes, et je la chevauche en tenant d'une poignée sa chevelure, tandis que l'autre main glissant sur sa peau blanche qu'il me semble avoir caressée depuis toujours – ne serait-ce que du regard –, je cherche son sexe dont les lèvres toutes mouillées font que mes doigts glissent vers ses entrailles que je caresse avec douceur et insistance sans hâte ni précipitation, dans un geste d'appel qui lui arrache très vite un cri de jouissance qu'elle réprime, un cri silencieux, pendant que sa croupe entrouverte s'abandonne à moi, ses fesses s'ouvrent à ma tige dans un abandon qui me brise, je m'implante en elle très fort, le désir nous soulève, chaque coup que je lui porte dans notre étreinte va plus loin dans son cœur et dans le mien comme pour tenter d'arracher quelque mot indicible, alors qu'elle crie en dedans, et au moment de jouir elle tourne vers moi son visage effaré, je lui souffle à l'oreille : « Tu es bien ? Hawa ? » et elle prononce le mot que mes oreilles n'ont jamais entendu là : « Mon amour », mot que je lisais dans les romans-photos et qui dansait dans mes longues rêveries mais dont je n'ai jamais pensé qu'une Ève éblouissante me le dirait un jour ici pendant que je la pénètre comme je pensais, enfant, que cela se faisait (le vagin n'étant fait que pour l'accouchement...), bien que notre emboîtement ne soit en fait que le départ et non le but d'une chevauchée sublime, la condition d'une rencontre radicale où nos corps s'entremêlent dans leur béance commune, cette béance où se croisent joie et détresse et où notre jouissance va plus loin que ce feu brûlant entre nos jambes nouées, elle emporte nos deux corps dans le grand vide devenu festif et les maintient confondus et distincts, heureux de se perdre et de se donner, puisqu'elle aussi me caressant en certains points avec une telle douceur, une telle présence proche et lointaine qu'elle redouble ma tension sans pourtant me précipiter, l'étreinte des corps comptant plus que l'éclat final, étreinte où nous sommes là comme deux êtres qui se connaissent depuis toujours et qui se retrouvent enfin, après s'être perdus, lovés l'un autour de l'autre, dans une telle jouissance que le seul fait d'être là est un doux orgasme prolongé.

Nous nous relevons comme d'une prière qui s'achève, comme ayant fait ce qui devait l'être ; et nos regards qui se croisent le signifient. Puis je l'entraîne vers la terrasse, où nous sommes devant celles de tout le quartier. C'est un damier très vaste, on est dedans et c'est immense, mais il ne faut pas bouger, pas trop ; ne surtout pas s'approcher du trou des voisins, du carré de leur cour ; car sous ce grand désert de carrés argileux il y a des nids surpeuplés. Et s'ils voient un étranger se pencher sur eux et les regarder de si haut, ils vont hurler, ils vont ameuter tout le monde. Là se passaient autrefois des étreintes furtives. Je reconnais surtout le ciel, il est immense comme avant. Je me penche et je fais signe à Khadija qui est au milieu du patio. Elle attend, souriante. Pendant qu'on redescend, le muezzin du déjeuner lance son appel et le petit drapeau blanc (*l'lém*) monte en haut du minaret.

La maison où je n'ai reconnu que l'espace vide nous a ouvert dans ses replis ce sillon incandescent et invisible. Pourquoi revenir ici ? Est-ce qu'Eva y tenait parce qu'elle voulait se donner à moi ? Ce retour est un départ, un aller simple débordant du passé qui revient.

Je suis avec elle dans le patio, tant d'images se bousculent dans ma tête et rien ne leur répond dans la réalité, rien ne correspond. J'ai cherché en vain le recoin surélevé où j'allais jouer seul. Je m'allongeais dans la pénombre où passait un pinceau de lumière qui me tombait sur la tête, et je « pensais » : je suivais le flot d'images et de paroles accumulées comme si elles n'étaient pas les miennes.

Je sursaute en voyant le corps d'Eva, comme s'il avait pris le relais de mon origine nébuleuse. Il est là, quelque chose s'est incarné, j'en suis presque à me dire : « Tiens, une chair de ma chair, un os de mes os... » Je vois aussi Khadija, elle est là en retrait et attend patiemment. Je prends congé en laissant un cadeau. Son sourire s'accentue : « Tu sais (*'arfti*), le plus beau cadeau c'est que tu m'envoies des papiers. *Bghit nmshi ltmmak* (« Je veux partir là-bas »)... » Un vieux refrain que je reconnais. C'est cela qui nous unit, c'est l'envie d'aller ailleurs.

Et je sens à l'instant ce besoin d'aller au large ; ici c'est trop fermé malgré le patio. Je sais que d'autres, en Europe, adorent ces petites maisons ; mais je préfère les hôtels très spacieux. Là, je peux savourer la joie d'être sorti de cette « marmite » délicieuse et suffocante ; de cette tribu aimante et agressive qui s'est tout entière envolée ; de cette pression gentille et dépressive, protectrice et hargneuse, étouffante et amicale. J'en suis sorti par d'autres voies que nostalgiques, en aimant ce petit monde tonique et malade. Pour se libérer des gens, il vaut mieux les aimer. Les miens, ceux d'ici, je ne leur suis pas resté fidèle et je ne les ai pas trahis. Je les ai aimés, avec le goût du ciel bleu, du soleil, des tagines, des bons livres et du thé à la menthe.

En m'éloignant du quartier, je repense à la présence enveloppante et hostile où nous vivions. En fait, elle ne nous faisait pas de mal ; on l'oubliait tout simplement. Ce n'étaient que des gênes isolées, ponctuelles. L'envie de vivre et d'être bien l'a toujours emporté. D'ailleurs, à qui se plaindre ? alors il n'y a pas à se plaindre ; et cela m'est resté. Le « mal » venant des autres fait partie du décor comme les pierres que j'ai reçues dans mon enfance, lancées par pur désœuvrement, sans méchanceté. Il faut juste faire attention, et Marrakech m'a rendu très attentif.

34

Nous laissons la Bahia sur la gauche et nous passons devant le petit souk des bijoutiers (*siyagha*). Là, j'entre dans la boutique du vieux Rosilio, jadis une bijouterie sublime, et j'achète pour elle une bague avec un petit brillant. Le vieil homme qui m'a reconnu me l'emballe en soupirant : *Ya hssra mrraks* – « Quel manque, Marrakech... » Il exhale ici même sa nostalgie de la ville. C'est drôle, la nostalgie de là où il est... Mais son air rusé me dit qu'il n'est pas dupe ; ce qu'il veut c'est sa jeunesse, c'est d'elle qu'il a la nostalgie. Il grave sur la bague nos initiales, les deux H de Haïm et Hawa. Dehors, je la lui offre solennellement devant la porte du Mellah. « En souvenir de... » – et je cherche... il y a trop de choses. En vraie femme, elle va droit à l'essentiel : « ...d'une étreinte originelle ». Puis nous plaisantons sur les H, de l'humain et du divin, du hash et de la « connaissance », je lui parle de Hawa et je vois qu'elle est émue quand je mets des mots sur les gestes de l'amour.

Puis nous rentrons séparément à l'hôtel, bien qu'elle m'ait dit que ses amis étaient allés à l'Ourika.

Au bord du bassin, elle me rejoint en maillot, elle est plus belle que vendredi, elle rayonne d'une autre lumière. Décidément, la beauté c'est de l'amour qui prend corps. Je la sens un peu tendue, comme si elle avait pris une décision. Elle m'offre le petit livre qu'elle avait avant-hier ; ça s'appelle : *Le Goût de Marrakech*. Je le feuillette pendant qu'elle cherche un matelas et s'allonge. Ce sont de brefs textes de témoins ou d'écrivains... J'en lis un de la « doctoresse Légey ». Elle raconte une histoire de *fqih* (un enseignant du Coran), une histoire édifiante et banale. Mais le nom de Légey me plonge dans une étrange rêverie. Soudain, j'y suis : c'est « Médéme Lizi » ! Ma mère prononçait ainsi « Madame Légey ». Elle allait toujours à : « Dar Médéme Lizi » pour accoucher. C'est là qu'un jour une des sages-femmes a tenté d'empêcher l'enfant de sortir, « la doctoresse » n'étant pas encore là. Ma mère lui a envoyé un grand coup de poing, elle s'est libérée d'elle et a libéré l'enfant. C'était moi.

Du coup, cela me rappelle le fameux Ziro chez qui mon père allait en cas d'ennuis avec l'autorité. Ziro, c'était Giraud, le délégué français, dont il avait le soutien. Et dans ses récits, le nom de Ziro, que moi j'entendais comme Zéro, servait tel un chiffre mystérieux à brouiller les mauvais calculs, les calculs des « mauvais » dont il craignait la vindicte.

« C'est ça que vous lisiez vendredi ?

— J'essayais, un peu. En fait je rêvassais et je vous regardais écrire. Avec votre grande tignasse sombre, difficile de ne pas vous voir ; et votre tête toujours baissée. Je voyais une grosse boule noire posée sur des feuilles blanches. Vous aviez l'air tellement pris que j'avais envie... de vous protéger.

— C'est la femme qui décide d'une rencontre, toujours. »

Je feuillette un peu et je laisse tomber le livre ; Eva le reprend. Je somnole, je suis heureux.

« Regardez cette belle histoire, dit-elle, que rapporte Goytissolo. Je vous la lis ? » Elle s'assoit tout près. « Non, je vous la raconte. » C'est un homme qui devient cigogne. Un de ces hommes que l'on voit assis par terre près de Djama' el Fna. Sa femme part en France avec un contrat de travail, elle le laisse avec les enfants ; elle envoie des lettres, des mandats. Puis il n'y a plus que le mandat. Elle ne répond plus aux lettres. Elle a dû refaire sa vie. Comme font les hommes qui laissent leur femme au pays. S'ils le font, eux, pourquoi pas elles ? Mais lui veut la revoir, il n'arrive pas à avoir ses papiers ; et on le refuse même comme touriste.

« Il s'est peut-être trop "assis" sur la place ?

— En tout cas, son désir de partir est tel qu'il devient cigogne ; il arrive en France dans la maison où sa femme est avec un homme, à qui elle dit en français : "Je suis sûre que cette cigogne vient de là-bas."

— Ça sert, l'hallucination, pour se dire des choses quand c'est trop dur autrement. Ce type est un drôle d'oiseau », dis-je.

Je la laisse, je fais quelques longueurs et je remonte en m'ébrouant. On m'appelle à la réception ; j'y vais en peignoir. Khadija est là. C'est vrai, j'ai nommé l'hôtel, distraitement.

« Je t'ai fait des gâteaux, des *bghiouét* (elle fait même un jeu de mots : *bghit nmshi*, je veux partir…) pour que tu ne m'oublies pas. Il me faut une lettre de toi pour que je puisse partir. Là-bas je te laisse en paix, je me débrouille (*ndbbr 'la raçi*). »

« Je te l'ai promis, dis-je ; *'titk l-klma* (je t'ai donné le mot). »

Le mot de passe : départ possible. Oui, elle aussi est de ceux qui doivent partir. Partir pour « soi-même » ; pour l'égarement où l'on espère se retrouver. Va, pars pour toi, pour le voyage que tu seras, qui te révélera que tu peux, de toi-même, espérer quelque chose.

Je reviens à la piscine. Eva à qui je montre les gâteaux, s'indigne : « C'est incroyable que des gens aient le pouvoir d'en fixer d'autres là où ils sont. Pourquoi rester là lorsqu'on veut partir ailleurs ? » Elle ajoute après un long silence :

« Je veux partir avec vous ce soir. Je n'en dirai rien aux autres jusqu'au dernier moment.

— Pourquoi les provoquer ? Rentrez comme prévu, et nous nous retrouverons à Paris, ou ailleurs.

— On verra. (Long silence.) En tout cas, je veux qu'un jour on aille dans le désert ensemble.

— Vous savez, ce n'est pas ce qu'on croit. Il y a quinze ans, je suis allé vers Zagora et Mhamid-el-ghzléne. Les pneus ont crevé quatre fois dans la journée. Alors, on a voulu dormir sur place – le désert pur sous les étoiles, s'allonger sur le sable... On se jette par terre, c'est un délice ; puis l'un de nous bondit : un scorpion lui est monté dessus. Et nous avons dormi à six dans la voiture ; assis ; avec de belles photos en tête.

— Vous aimez déchirer les clichés, dégonfler les petits mystères... La vérité, c'est que je m'en fous du désert ; ce que je veux c'est être avec vous. J'aime vous sentir, vous entendre ; vous me parlez de ce que je sais mais que j'ignore. Et vous aussi, je vous vois si... exposé. Ça me donne envie – vous allez rire... – de veiller sur vous. Je vous vois marcher inconsciemment, innocemment... »

Elle m'émeut ; je la soupçonne de vouloir me mettre en danger pour me sauver.

« En fait, dit-elle, j'ai eu une scène avec eux ce matin. Je ne supporte plus leur “pensée”, ça m'étouffe ; ni cette pression physique de Kurt. Lui et Karl étaient fous de rage, comme si j'allais emporter des secrets. Ils sont partis à l'Ourika avec de gros clients, et je voudrais être ailleurs quand ils reviennent.

— Vous craignez quoi ?

— Rien. »

Karl apparaît soudain, avec son chien. Eva sursaute : pour la première fois, je l'ai sentie effrayée. Elle s'éloigne avec lui, prise dans une altercation, tout en gardant son livre en main dont une feuille est tombée. Je la ramasse, je lis, et mon cœur bondit : « Il ne sait pas combien il était beau quand il m'a fixée tout à l'heure avec ses yeux bleus, sa grosse tignasse noire, son regard implorant et impérieux. Il tenait tout mon corps comme on tient un cheval qui se cabre, me maîtrisant, me retenant et s'élançant avec moi dans cette course folle, cet instant d'éternité. Sa façon de me plier sous sa poigne pour me monter, me chevaucher, avec sa forte odeur d'humus et de cannelle, sur la route lumineuse qu'on a parcourue ; la route où mon corps a craqué. Mon armure invisible s'est brisée, et mon être en morceaux a pu se rejoindre, se rassembler comme par miracle, à travers la présence de cet homme un peu fou. Présence tendre et violente, discrète et ferme qui m'a saisie (il m'a saisie par les cheveux !) puis jetée vers ce que je fuyais et que je voulais. Sa fierté, sa dureté nous a menés jusqu'au point de beauté inconnue où la vie, la vraie vie tressaille pour la première fois. Et, cette fois, je l'ai porté, lui qui m'avait emportée... » Elle revient, je feins d'avoir lu le journal qui traîne par terre avec en première page l'article quotidien qui glorifie Sa Majesté... Elle reprend sa feuille d'un geste furtif.

Et je reprends distraitement son petit livre. Des pages entières exhalent le goût du « merveilleux », l'atmosphère d'éternité, le « bruit sacré de l'enclume (!) » ; la nostalgie de splendeurs passées dont la beauté vient du fait qu'elles sont passées ; et les cigognes sur les murailles qui « méditent » sur le lointain...

Tiens, il y en a un qui parle de *moussem* (c'est une fête pour honorer un saint musulman). Cela se passe à Tamesloht, près de Marrakech. C'est une scène de dépossession, portée par la musique des *Gnaouas*. Enfant, je les aimais bien, avec leurs rythmes métalliques ; je leur donnais une pièce et du pain après leur danse – qui fait aujourd'hui leur succès sur les scènes d'Europe, où l'on feint de croire à leur pouvoir magique. Dans ce récit de l'ethnologue, ils chantonnent et préparent le rite : « Les pipes de kif circulent, les sacrifices s'apprêtent, une vache et trois moutons ; puis le cri fuse : *"Al 'afo ! rijal Allah !"* (Hommes d'Allah, délivrez-nous !) » C'est plutôt : obtenez-nous l'agrément d'Allah (ou de l'esprit qui « possède » ce malade). L'espace est « enfumé à l'aide du brasier de benjoin »... Chez moi aussi, un désenvoûteur enfumait le *kanoune*. Tout petit, j'ai surpris l'homme en train de glisser dans la braise un bout de parchemin qu'il a ensuite brandi comme s'il l'avait sorti du feu ; et il a pointé en criant la silhouette grimaçante qui s'y trouvait dessinée : c'est *elle*, la sorcière qui veut nuire à ma mère et lui fait

« fourmiller » les mains. Fourmillements que j'ai plus tard imputés à la tension du cou quand elle se baissait trop longtemps pour chauler l'angle des murs. Au *moussem* donc, « l'un des possédés quitte l'aire de danse et se jette sur l'animal » que l'on vient d'égorger. « À même la plaie, il boit une gorgée de sang » et il erre en râlant dans la cour pendant que le groupe lance l'appel à la délivrance (*Al 'afo ! al 'afo !...*). Et la voici qui se produit : « Sur un geste du maître, le possédé est ramené devant les musiciens, *fermement*. Peu à peu, “il se soumet” au rythme du chant, il “s'apaise”. » Vive la fermeté, elle le remet dans le rang ; la musique le force à être comme les autres, à ne pas s'offrir trop de caprices. Si avec ça il ne guérit pas, c'est qu'il n'aime pas les siens ; alors que fait-il avec eux ? Cette hypnose émerveille des Français de passage. Un autre écrivain trouve ici « le moment magique » où il entend « une voix muette qui le nomme », comme ça, dans la rue. Tant mieux s'il entend son propre nom dans ces voix souterraines – et muettes...

Je laisse tomber le livre.

« Vous n'aimez pas ? dit-elle.

— Je n'ai rien contre ni pour ces petites fascinations. Chacun se fascine avec ce qu'il peut. Vous savez, le mot fasciner vient de faisceau : quand on part dans tous les sens, on a besoin de se ramasser, on se *fascine* pour se sentir bien attaché à soi, par cette corde que l'autre vous passe autour...

— Autour du cou ?

— Autour de vos brins d'être qui allaient se disperser. »

Cette fascination par l'*autre* et pour l'*autre*, la ville l'alimente comme elle peut. Elle est prête à en fournir, du « merveilleux », du « tout autre ». Déjà la lumière, le ciel bleu, la terre rouge et l'air chaud, le vert tendre, les éléments de la vie... pendant qu'en Europe on se gèle. Et l'on vient ici se réchauffer un peu, on absorbe à plein nez la promesse du mystère, l'illusion que tout peut arriver. La ville, elle, attend sagement et de pied ferme ceux qui viennent projeter sur elle ce besoin de mystère.

« Vous savez, je ne suis pas béatement orientaliste. J'ai connu Édouard Saïd en Amérique. J'ai suivi ses cours là-bas. Il a fondé toute sa carrière sur la critique des naïvetés occidentales au sujet de l'Orient.

— Il a eu raison, puisque son truc a marché.

— Vous croyez ? Qu'est-ce qu'il en restera ? On verra bien un jour qu'il y a d'autres pistes, qu'il ne suffit pas de réfuter des clichés... »

On l'appelle à la réception.

Je prends mes feuilles et j'écris au soleil, assis par terre comme nos scribes d'autrefois.

Je suis content de partir ; le temps caché se détache et remonte à la surface ; il m'est offert à nouveau ; je peux le prendre comme je veux, en toute hâte ou lentement ; c'est le mien. J'en ressens la fraîcheur, celle du patio qui fume après la chaleur. Les bulles de souvenirs ont doucement éclaté, leur contenu se répand dans l'air, je peux le prendre, le saisir. Dans ce temps libéré, les souvenirs sont des jouets un peu bizarres ; on peut les toucher comme on caresse un chat, en pensant à autre chose.

La ville aussi est plus libre de notre histoire ; de l'histoire tout court. Elle semble dégagée de l'événement et rendue à elle-même, à sa fixité affairée, son calme rayé d'agitations. (Pour certains, ce calme est celui de la méditation, du mystère essentiel, ineffable ; puisqu'ils le disent...) La ville est un point de départ vers la montagne et le désert, en territoire berbère. On y a de l'exotisme et du « mystère » pour moins cher, et on y plonge aussi dans une trame de tensions, de traditions déchirées, de misère et de beauté – les dunes sans fin résistent à leur gestion touristique. Dans ma mémoire, Marrakech est un point de départ ; ne l'est-elle pas encore ? Elle l'est depuis longtemps : départ vers tous les lieux où s'offrent le ciel bleu, le désert, les champs conquis sur la terre sèche et poussiéreuse, l'argile des maisons et des immeubles, les ruelles vides ou animées, la lumière déferlante qui passe des brûlures de l'été aux gerçures de l'hiver. Mais tout cela se retrouve ailleurs dans de vieilles petites villes, et pas seulement : même à Venise, où j'étais le mois dernier, j'ai retrouvé mes impressions d'ici.

Nos schémas du bien-être tiennent à si peu de choses : le mien c'est la natte ou le tapis dans la cour face au ciel ; le thé, les gâteries maternelles ; un décor aux airs intimes où des femmes tirent dans leur sillage les filons du désir. Toutes ces choses sont complices les unes des autres : si vous ne reliez pas la fraîcheur du thé brûlant à celle de la cour lavée après le soleil, au plaisir de faire des achats de victuailles, au fait que c'est relancé chaque vendredi midi quand c'est bientôt l'heure de « recevoir » le shabbat – cette bulle étrange où le temps jouit d'être arrêté et de baigner les corps d'un éclat initial –, si vous ne sentez pas tout cela d'un même souffle, ce « bien-être » vous semblera une lubie. Sinon, vous comprendrez que je goûte ce délice chaque fois que d'une terrasse intime, avec une trouée dans les arbres, un contact pensif s'établit avec le ciel et sa lumière. Ce délice est toujours là, comme un événement disponible, qui revient quand les contrastes d'autrefois se déclenchent : le bleu et le vert, le silence et le vent, le clair et l'obscur, l'eau claire et la sécheresse. Alors mon corps « plane » et prend son temps sur un radeau qui navigue entre deux bleus. Avec des élans d'amour sans autre objet que le vide bienveillant et le don des possibles. Même devant le mont Blanc, sur ma terrasse entourée d'arbres et de bleu avec de fortes secousses entre chaleur et fraîcheur, accentuées en altitude par l'écart entre glace et le soleil – je retrouve l'intimité de mes espaces à Marrakech.

Bien sûr, la Médina a son charme bien à elle. Dans les plis et les replis de ses ruelles, les gens se serrent comme des enfants autour d'une mère ; elle materne les siens tout comme leur Dieu les enveloppe de sa parole chantante. Mon repos sur une natte dans la cour est aussi celui des corps désœuvrés qui, place Djama' el Fna, sont allongés sur des nattes et jouissent de l'ombre lorsque autour d'eux le soleil brûle. Cette paix profonde n'est pas celle qui émane d'une église, ou d'un autre lieu couvert avec un toit et un plafond : elle est propre à cet espace où tout est ancré dans le ciel. Les maisons de la Médina sont basses ; vues de haut, leur géométrie a un charme « cubiste », mais leur ombilic dans le ciel, où l'on place la demeure divine, les plonge dans une longue tradition. Le ciel, le soleil, l'ombre, l'eau, les ruelles à taille d'homme, les petites maisons rouges – tous mes brins d'intimité, mes « motifs » d'exil –, je les retrouve quand l'espace est complice car j'ai emporté leur empreinte.

Et cet exil aussi, je l'emporte avec moi comme on emporte son origine ; c'est ainsi, la mienne est faite d'exil, mes racines sont infiltrées par l'idée de départ. Marrakech me l'a signifié : je n'ai pas d'identité ; celle-ci n'est qu'une passerelle mobile entre exils et installations ; un passage fragile et multiforme, tout en nervures sereines…

Eva ne revient pas. Je lui laisse une lettre pour dire comment se retrouver. Et je vais écrire dans ma chambre.

35

Parfois, je retrouve Marrakech ailleurs que dans des villes à ruelles. Un jour, ce fut en banlieue parisienne, à La Courneuve, au pied d'une grande barre où habitait mon maître en Bible, un vieux sage du Mellah, Ab, chez qui j'allais le samedi à cinq heures pour étudier. J'y suis allé sept ans, alors même que je militais pour la Cause ouvrière. Le vieux fonds des paroles bibliques, j'y ai trop baigné pour l'écarter soudain et le retrouver longtemps après avec un plaisir fanatique. L'aurais-je voulu, c'eût été impossible, il vrillait dans ma tête, dans ces mots lancés comme des pierres depuis la nuit des temps ; des mots qui visent spécialement ceux qui les fuient. Je n'ai donc pas fait le fameux « retour aux sources » où l'on se venge sur les autres de sa trop longue ignorance. Les sources ont toujours bouillonné dans ma mémoire, avec leur question insistante : « Qu'est-ce qu'il veut dire d'*autre* ? » Et mon envie tenace de leur faire dire des choses un peu plus actuelles...

Donc, ce samedi-là, je vais chez Ab comme d'habitude ; je marche d'un bon pas vers son escalier dans la barre, quand je vois que je longe une file de jeunes. Je tourne l'œil en gardant la tête basse, ils n'ont pas l'air gentil, et je vois en un éclair une longue jambe, celle du dernier de la file, qui s'avance pour un croche-pied. Mon cœur bat très fort ; un certain air de Marrakech souffle sur moi comme un coup de vent sur une trace couverte de sable, révélant la trace intacte, clairement lisible. Je fais un bond de côté, j'évite la jambe et je saute en pirouette comme un danseur pour être bien en face d'eux, puis je leur lance en arabe une bordée d'injures, à base de malédictions, dans le génie même de cette langue : *An'al lqouèd elli ouldék* (Maudit soit le crétin qui t'a fait naître) et *Ellah i'ouwéj dak rrjl wi'ouwéj hayat mouléh* (Qu'Allah torde cette jambe et la vie de son propriétaire !). Je me plais à leur hurler des choses « sacrées ». J'ajoute, pour faire bonne mesure, une citation du Coran sur les tordus, et je les regarde. Ils sont éblouis, sidérés : j'étais donc un des leurs ! Je parle mieux qu'eux la langue de leurs pères ; avec des invocations qui leur font peur...

À l'époque, ces jeunes n'étaient pas encore pris en main par les « grands frères » ; et pour maintenir la discipline, les écoles ne recrutaient pas encore des barbus au regard sombre. Pourtant un vieux traînait par là, pas si vieux d'ailleurs, avec sa canne ; un mutilé du travail sans doute ; il leur lance : *Khlliouh trranequil* (Laissez-le ; *rah diélna* ; c'est un des nôtres. J'ai repensé à la scène de mon enfance devant la Koutoubia.

De fait, j'avais été un « frère », toute une époque, pour ceux d'Asnières et de Gennevilliers, ouvriers de Chausson ou du port. Ils m'accueillaient à bras ouverts ; je leur expliquais en arabe la « plus-value », la « crise » imminente, l'« exploitation insupportable »... Ils m'écoutaient poliment. J'oubliais qu'ils étaient plutôt contents d'envoyer au pays un mandat chaque mois. Un mandat dans la lettre, comme nous. (Un jour, j'ai reconnu parmi eux un homme dont le père, autrefois, nous vendait des cédrats, près d'Assat, non loin de Taroudant.) Ces réunions chaleureuses, dans la suite de Mai 68, rendaient jaloux les militants gauchistes qui venaient des beaux quartiers et ne savaient pas où situer cette curieuse « fraternité ». Curieuse en effet, car malgré mes rappels ils insistaient : « Tu es *à nous* (*nta diélna*), on est fiers de toi. » Ils étaient discrets sur leur espoir de revenir là-bas et, avec l'argent gagné, de jouer les petits notables, d'agrandir la maison, de lancer une affaire… Mais d'autres notables là-bas les ont doublés et ont pris les bonnes places. Quand ils s'en aperçoivent, ils décident qu'il vaut mieux rester ici ; les lois sont bonnes, il y a des avantages, c'est mieux que là-bas. Ils se résignent et s'installent. Ce sont leurs enfants qui auront un dur passage ; ils devront accepter de n'être pas fiers de leurs pères. « Allez, ça s'arrangera avec le temps… »

Mais cette fraternité de langue, ce n'est pas rien. Aujourd'hui, où que j'aille dans le monde, lorsque je vois un restaurant Le Marrakech et que l'envie me vient d'entrer, nous parlons arabe et c'est d'emblée chaleureux. La dernière fois, c'était à Denver (Colorado). Ce fut une vraie joie des retrouvailles : « On est arabes », bon sang, n'est-ce pas ? La dissension entre « frères » ? Silence. Même si on évoque le Proche-Orient, on communie pour déplorer le conflit : « Quelle bêtise de se battre quand on est si proches… » Mais voilà, on se bat parce qu'on est proches, et différents. Puis c'est l'entente qui l'emporte, en apparence. Pourquoi pas. Les apparences, ça compte.

En fait, l'essentiel est une communauté de musique plus qu'une rencontre de deux êtres. Du reste, quand parfois je vais dans une synagogue, j'aime entendre chanter des airs du Maroc ; cela me remplit de cette détresse teintée de joie que j'ai bien connue. Lorsque l'air est différent (même s'il est proche, comme ceux d'Algérie qui sont fort beaux), je me sens frustré, comme si l'on m'imposait une tenue large ou serrée. À Kippour ou à Tisha béav, il suffit d'une modulation différente pour que je sois dépossédé de ma tristesse, celle que j'étais heureux de sentir à Marrakech quand on chantait sur un ton sinistre : « Et le feu jaillit venant de Dieu… » (*Véyats-a gahélét*)… Nous le chantions dans un tel désespoir que celui-ci s'évaporait à mesure qu'on le criait. D'ailleurs, comment prier dans une musique qu'on ne sent pas jaillir des tripes ? La prière est-elle autre chose qu'une musique qui cherche des résonances et des retours venant de loin ? venant du « ciel » ? une mélodie qui, au-delà des états d'âme sereins ou tristes, cherche un lieu de paix où se poser et le trouve en elle-même ? dans cet élan porté par un fonds d'images anciennes, archaïques, qu'on passe son temps à faire grincer comme des cordes usées mais incassables… Oui, pour nous, tout était dans le chant ; la cantilation modulait toute l'atmosphère, et pouvait la colorer d'une lumière sombre ou de brillances éclatantes qui vous rendaient alerte. Nos jours avaient la couleur des phrases du Livre, mais nos états d'âme dépendaient de l'intonation.

Je grimpe donc les quatre étages de l'escalier qui mène chez Ab, en évitant l'ascenseur souvent en panne, et j'entre. Aussitôt, on plonge dans le Livre – le Kitéb, en arabe ; tiens, la même racine que Koutoubia ; le Miqra en hébreu – tiens, la même racine que Qoran. Et on s'offre une belle séance : le plaisir de la langue nous inonde ; la jouissance de s'éclairer avec les mots. On les déchiffre, on les questionne, ils parlent, ils « répondent », on les voit s'ouvrir, se ployer, se donner dans un vertige lucide qui peu à peu devient une pensée précise. Nous avons des moments incandescents ; il me vient tant d'idées que je ne peux m'empêcher de prendre des notes – transgression (écrire samedi) sur laquelle il fermait les yeux. J'ai ainsi rempli des dizaines de cahiers. Ab quant à lui était tellement excité qu'il ne pouvait s'empêcher de fumer. Transgression pire. Les réunions se poursuivent, jusqu'au jour où il me dit : « Tu sais, je n'ai plus rien à t'apprendre. » Je ne l'ai cru qu'à moitié. Mais ces séances commençaient à le gêner, à l'interpeller de trop près : « As-tu au moins écrit ça ? » lui demandais-je quand l'idée semblait nouvelle. Il répondait toujours : « Oui, oui, c'est dans *mon livre.* » À sa mort, on n'a pas trouvé de livre.

Je suis resté orphelin ; mon dernier lien à Marrakech était coupé. J'ai poursuivi seul les séances d'étude. J'étais allergique aux discours religieux, aux propos édifiants ; et aux « laïcs » qui toisent « tout ça » du haut de l'histoire qu'ils croient connaître, dont ils espèrent qu'elle remplacera la religion. Un jour, à Pâque, j'ai vu que certains d'entre eux ont des rites bibliques, comme la Sortie d'Égypte, mais sans prononcer le mot « Dieu ». C'est peut-être eux, ses vrais fidèles : ils savent que Son Nom est imprononçable… C'est ainsi, on rejette la religion sous une forme, elle revient sous une forme, pas toujours plus « ouverte » ; mais toutes n'ont qu'un but : remplacer le divin. J'ai fini de lire la Bible, pas seulement la Torah, tout l'ensemble, dans le texte. J'y ai trouvé la mesure de l'exil et son apaisement final : la relance du même exil depuis toujours ; essentiel, originel. Vivre *avec* était clair, évident : bâtir dessus des choses belles et fragiles, qui tiennent ou qui s'écroulent, mais bâtir sur la faille même, sur l'impossible à fonder. Ce manque d'origine ou cette origine en manque, balayé par le vide comme par un vent du désert – est plus qu'un stimulant ; un coup de fouet pour bondir, galoper, éviter les coups de pierre et déployer toutes les racines. Un jour j'ai dit à un ami : « J'ai mes racines dans ma poche. — Tu veux dire que c'est... de l'argent ? — Mais non, je les ai à portée de main. » Elles sont à nu, déracinées et toujours là.

Je souris de lire dans la Bible que ceux qui venaient avec Moïse et Josué de conquérir la Terre promise, se faisaient déjà jeter des pierres par les gens du coin, en pleine Antiquité, comme aujourd'hui. Après tout, l'important est qu'il y ait des jours *sans*, des temps d'accalmie que l'on essaie de prolonger. L'important est qu'il y ait *souvent* la paix.

Et je repense à mon voyage tout récent en Terre promise ; à Marrakech-au-loin, dirais-je, car j'ai été voir ma tante à Ashkélon. C'est la plus jeune sœur de ma mère. Son homme avait plusieurs boucheries à Bab Mrrakch, près du Mellah de Casa. Je l'aimais bien, son mari, il me faisait boire des rasades de whisky le vendredi soir, en l'honneur du shabbat (*likhbeud ssébbét*). Ils ont tout quitté et sont partis là-bas, où ils ont perdu leur petit capital ; et lui s'est retrouvé ouvrier à l'usine d'armement. Puis un jour il est mort, fauché par une voiture au bord de la route alors qu'il faisait halte avec des amis, bien en retrait pourtant. « Mon étoile est tombée » (*Tahli mzzéli*), a-t-elle crié longtemps. Souvent elle explose lorsqu'elle repense à l'accident et que la solitude lui pèse, vu qu'elle n'a pas d'enfant. (Si elle en avait eu, ils seraient loin, ça changerait si peu de chose, mais elle ne le sait pas.) Donc, à mon arrivée, après les effusions et les reproches aimants, elle s'est rappelé nos beuveries du vendredi soir : « Tu tenais bien le coup, tu sais ! » ; puis elle a éclaté comme si c'était elle qui avait bu toute la bouteille. « Tu veux que je te dise ? On est ici chez nous, soi-disant libres, mais on est dans un ghetto, mon cher, et ils nous lancent des pierres comme là-bas, enfin des petites fusées mais c'est tout comme. Et les hâbleurs qui nous gouvernent, qui prétendent arrêter ça, ils n'y arrivent pas ! On est entourés par un mur, plus haut que celui de là-bas. C'est comme ça depuis des millénaires, et ça durera toujours. Hier une *qassam* est tombée près de chez moi. Pourquoi pas chez moi ? Qu'on en finisse une bonne fois ! Mais là-haut ils ne veulent pas de moi. Ils n'ont pas tort, car je compte leur mener la vie dure. Pourquoi ils m'ont pris mon mari ?... Je n'ai même pas été au *miqlat* (à l'abri). J'espère que la prochaine sera la bonne. » Puis on a fait du thé et on a ri en mangeant ses gâteaux, sa *hloua dl'zine* qui se défaisait. (C'est vraiment difficile à réussir.)

36

Le crépuscule approche. Un étrange départ, cette fois-ci ; où j'emporte la trace écrite de l'émotion que j'ai revécue. Et l'émotion d'une étreinte où s'entremêlent deux origines. Je suis en paix : Eva partira demain pour ne pas les déchaîner. Je pense l'avoir calmée. « Pas de hâte, ce n'est quand même pas la fuite d'Égypte... » Je quitte sereinement la ville. J'attends dans le hall mais je suis déjà loin.

La ville rouge est en moi comme ces petites villes qu'on trouve dans les tableaux classiques, à l'arrière-plan, au loin, quand le centre de la toile montre une grande scène, une mise en croix par exemple... La ville semble un bloc de volumes ocres, cerclée de murs rouges où vibrent l'espoir et l'abandon. Je pense aux murs et je goûte la joie de leur avoir échappé, de les voir du dehors : blanchis, maculés, croulants, navrés, vibrant d'une détresse impalpable. Ils m'ont transmis un va-et-vient entre le fait d'être enfermé et le geste d'être dehors ; un mouvement incessant qui contamine ce que je vois et ce que je pense. Le plaisir de s'enfermer dans une idée, de s'y lover, de s'y couvrir de certitude, puis de se lever, de s'étirer et d'aller la voir du dehors, cette pauvre « idée », d'abord solide puis toute nue dans sa petite vérité. Nos vraies pensées sont des passages.

Ainsi, la ville m'offre l'exil que j'y vivais quand j'y étais de plain-pied, et celui que j'ai vécu en la quittant, en perdant cet exil initial, sans trouver nulle part ailleurs de plénitude réparatrice. Mais y en a-t-il une ?

Ce double exil est une bonne machine à être dedans-dehors : je m'installe – comme dans le patio –, je suis serein et intégré, et peu après je suis ailleurs, dans la quête du détail essentiel sans lequel plus rien ne vaut ; la quête d'un objet perdu que je n'ai jamais eu, et qui devient l'objet de cette quête. Aller-retour ; ce n'est pas une errance, c'est une recherche du temps qui ne s'est pas perdu puisqu'il est toujours là, mais qu'il n'a jamais eu lieu ; et qui reste suspendu comme une promesse. La mort y a peu d'importance, ce n'est ni l'ange de la mort ni la vieille squelettique avec sa faux : c'est tout juste le signe qu'on n'a plus rien à vivre ; qu'on a fini son assiette. Alors pourquoi en faire un plat s'il est clair qu'on n'a plus faim ? Mais tant que j'ai de quoi me nourrir, de quoi aimer, je prends mon temps. Et je m'installe entre une présence attentive et une absence qui cherche ailleurs ; dans la brillance et l'effacement.

C'est comme si ma ville intérieure était une caméra qui regarde le monde et projette ce qu'elle voit sur ce qu'elle rappelle, sur un écran où s'agitent d'autres rappels venus d'ailleurs, d'autres films déjà tournés. Cela me donne une double vue, extime et intime, qui me rend présent à chaque exil sans me pousser vers une terre retrouvée. Avec cette caméra multi-exils je suis chez moi partout ; je m'y retrouve et je me reperds... Parfois ma ville-caméra se met à couiner du texte, étrange et familier ; dans une langue bizarre à base d'hébreu et d'arabe où je retrouve tous les miens sans avoir à faire comme eux. Sa grosse bande-son lance des mots vides de sens, mais qu'on peut remplir à souhait. Ces mots ne sont pas incantatoires, ils font penser ; pas seulement rêver ; ils se chargent et se déchargent à bout portant, au fil des générations. Ce sont les mots d'un exil qu'aucun retour n'efface.

Ces murs que je longeais autrefois, en y traçant de mon index d'enfant une longue ligne vide, sont au-delà des souvenirs qu'ils rappellent ; ils sont beaux et dérisoires, chargés d'amour et de ruine ; une ruine qui rayonne autour d'elle du temps toujours disponible. Ils sont le symbole de notre vie là-bas. Je n'aimerais pas les remplacer par le mur de Jérusalem, ou par celui de la « ligne verte »...

Bien sûr, la ville rappelle en moi – ou plutôt commémore – une frontière invisible, un mur entre eux et nous ; un mur transparent de huit mètres de haut. Pourtant, ils avaient toute la place, tout le pouvoir, mais nous avons dû disparaître en laissant ce message silencieux : ici, être un autre fait problème. On s'en est plutôt bien tirés : je vous l'ai dit, on serait partis en fumée si les Marines avaient tardé encore deux semaines. Au lieu de quoi, on s'est dissous tranquillement ; hormis quelques noyades, quand l'État n'a permis les départs qu'en étant payé en... blé ; au sens propre : en grains de blé ; et aussi en dollars. Puis on s'est bien disséminés. J'en ai gardé un sentiment de reconnaissance à l'Amérique : un de mes cousins qui a pu fuir là-bas peu après ma naissance m'a dit la chose en ces termes : « Quand tu arrives, tu touches le radeau et tu as ta vie dans la main, comme un jouet génial que l'ennemi allait te prendre et que tu lui voles de justesse ; car cet ennemi, vois-tu, il aimait tuer *in extremis*, jusqu'au dernier moment ; il a déporté des foules la veille même du cessez-le-feu. » Le vieux Rebibo avait les mains tremblantes en disant cela, comme s'il allait toucher le radeau.

Le taxi est là, je file à l'aéroport. Et tout va très vite. Me voilà prêt à embarquer. Soulagement, bien-être immense ; l'horizon est ouvert. Soudain j'aperçois de loin Eva – comme une vibration de lumière avec sa robe couleur lilas –, elle est de l'autre côté, flanquée d'un porteur avec son gros sac ; elle fraye vaillamment son chemin. Elle approche avec son air décidé mais tendre que je connais bien. Elle veut prendre le même avion que moi, c'est clair, il n'y en a pas d'autre avant quatre heures. En voilà une qui sait ce qu'elle veut et qui le fait. Une petite joie aiguë me pince le cœur. J'étais déjà de l'autre côté, je la suis du regard. Un instant je lève les yeux et je vois Karl et Kurt qui se dirigent vers elle. Ils sont pâles tous les deux, l'air un peu hagard. Karl tient son chien en laisse, aussi serré que l'autre fois. Une idée bizarre me traverse : « Qu'est-ce qu'ils se sont dit que l'animal a entendu ? » Je me souviens d'un village de l'Atlas que j'ai traversé naguère : des enfants jetaient des pierres sur notre voiture, et je pensais : qu'est-ce que les parents ont dit de nous devant eux ? Tout cela passe dans ma tête en un éclair. Et je vois derrière le grand vitrage cette scène irréelle : le chien se détache et avant qu'ils ne le rattrapent, il se jette sur elle ; il lacère de ses griffes sa robe et sa peau, la mord à la poitrine et sur la cuisse, le sang gicle, je hurle comme un fou. Un policier court vers moi. La foule autour d'elle est terrifiée, le chien enivré n'entend pas son maître. Je bondis pour revenir à la grande salle ; les flics m'empêchent, je crie, ils me maîtrisent d'autant plus fort avant de comprendre mes appels au secours. J'arrive en même temps qu'un homme armé qui dans un état second dégaine et tire à bout portant sur l'animal. La scène a duré une minute. Karl a crié mais autrement que dans la villa où j'avais été mordu, il a crié trois secondes trop tard. Le goût du sang l'a emporté ; la douceur de la chair…

Eva se débat sur le sol tout en sang près de la bête. Je vois avec horreur ses formes si douces que j'ai, ce matin même, fait vibrer de violence et d'amour.

L'ambulance arrive très vite. (Bravo, ils se sont modernisés.) Les deux hommes sont emmenés par les flics. Et nous autres, dans une ambulance, nous arrivons à l'hôpital ; le même où elle m'a emmené quand ce chien m'a mordu. J'appelle sa mère à Munich. Elle écoute mon récit dans un silence angoissant puis elle murmure : « C'est une malédiction… » Elle prendra l'avion et arrivera dans la nuit. En fait, c'est à l'aube ; et quand je vais l'accueillir, je réentends le muezzin, comme un souvenir non du passé mais de l'avenir, où résonnent pourtant les élations aurorales de mon enfance.

J'accueille une vieille dame qui a dû être belle ; elle semble habitée par une grande énergie et décidée à n'en rien perdre. J'aime deviner sur les corps et les visages les traces de l'histoire qu'ils ont vécue, à partir du peu que j'en sais. Elle est telle qu'Eva m'en a parlé : incassable. Nous filons vers l'hôpital, nous y traversons une petite cour des miracles et arrivons à temps pour voir Eva se réveiller.

Dans son enveloppe toute blanche d'où n'émerge que son visage, elle esquisse un sourire qui se transforme en petit rire quand je joue à nouveau sur nos noms : « Tu reviens à la vie, tu me reviens, toi la vivante... » Je lui parle devant sa mère, je lui dis qu'elle m'a fait un don immense, dès le premier instant, quand elle est sortie du car ; que par sa seule présence elle a tenu une promesse toujours intacte, sans mémoire, celle du mot d'amour à même la chair ; qu'elle m'a donné ce que j'avais mais que j'avais oublié, la liberté de mon corps ; qu'en comblant mon fantasme de rencontre elle m'en a libéré... que notre « étreinte originelle » a illuminé mon chez-moi-plein-d'exil, qu'elle l'a submergé de l'autre lumière, que la nourriture de son corps est la plus suave que j'aie connue, que par le sang et les morsures nos racines sont renouées – morsures de la même bêtise. Je lui dis que c'était là notre épreuve de vérité ; et qu'on est sauvés – un avion spécial va nous ramener demain, nous « rapatrier », c'est le mot de l'assurance. Et je reprends mon chant d'amour : « La folie c'était de ne pas savoir, c'est d'être le jouet du silence ; maintenant tu peux te retrouver à travers moi. Nous sommes appelés par la même vie ; nous sommes venus ici pour un nouveau départ, après être repassés par nos sources cachées. » Je ne sais plus ce que j'ai dit d'autre, mais j'ai parlé dans un état où je me voyais du dehors et me trouvais à la fois poignant et grotesque. J'ai parlé pour deux puisque sa bouche était pansée, j'ai parlé jusqu'à ce que des larmes lui montent aux yeux. Puis j'ai dit à sa mère dans mon piètre anglais : « La malédiction, c'est vous qui l'avez subie, avec votre mère gazée, votre père disparu, vos "parents" pronazis... Cette malédiction, vos filles l'ont portée sans le savoir, et celle-ci, qui est vivante, s'est retrouvée en pleine dérive, dans les griffes de ces gens. Pourquoi dès qu'elle leur échappe, dès qu'elle s'évade, ils la rattrapent avec leur chien ? Que n'y ai-je pensé lorsque hier il m'a mordu ! Cette bête, c'est la bêtise humaine, c'en est le symbole. Elle courait dans votre nuit, dans les ténèbres de votre histoire et c'est de là qu'elle a surgi. Votre mère l'a bien connue. » Elle m'a pris la main et j'ai vu qu'elle tremblait ; tout son corps tremblait un peu.

Mais par-devers moi je pensais : « Pourquoi faut-il tant payer pour s'arracher à l'oubli ? N'a-t-on pas déjà payé en étant dans cet oubli, où l'on est aussi coupé de sa mémoire et de ses sources ? C'est ainsi ; cela coûte cher de s'arracher aux griffes de la vie ordinaire, aux illusions sournoises d'une vie sans histoires. »

J'ai passé la journée entre l'hôpital et l'hôtel ; je me suis longtemps affalé près du bassin, à ne rien faire, juste à rêver les yeux dans le ciel. Puis à souffrir de temps à autre d'une grosse douleur à la poitrine, une douleur qui est montée. C'est ma vieille tuberculose que j'avais eue à Marrakech, que personne n'a soignée et que nul n'a détectée après mon arrivée en France ; seule l'IRM sophistiquée d'il y a un mois l'a mise en lumière. Curieux. « Vous voyez cet arbre que vous avez dans les poumons ? oui, cette énorme arborescence qu'on voit, toute blanche ? », m'a dit le médecin en me montrant les images qu'il étalait sur son néon ; « C'est impressionnant, non ? — Je ne sais pas... — Mais si, ça a l'air calcifié, c'eût été bon, parfait même, mais ça ne l'est pas, ça travaille par en dessous, et ça peut exploser d'un jour à l'autre, pour des raisons qui nous échappent. On ne sait pas tout, nous autres », ajouta-t-il modestement. Eh bien voilà, c'est hier que ça s'est passé, quand j'ai vu le chien sur elle, mais je n'ai pas pris garde à la douleur. C'est tard dans la nuit que je l'ai sentie. Cette rature dans mon sac à air, répétée par une main invisible pour souligner je ne sais quoi. C'est bête de somatiser à ce point pour le compte de l'autre. J'ai lu quelque part que « la beauté somatise l'amour » ; et la douleur alors ? Elle somatise l'impossible ? Bon. Je me soignerai, je « lutterai » comme on dit. Ce n'est pas le moment de s'éclipser.

Ils arrivent pour nous emmener ; un petit *jet* nous attend à l'aéroport. Les assurances Generali (tiens, celles où Kafka a travaillé) font bien les choses ; en moins d'une demi-heure nous sommes à bord – Eva, sa mère et moi – et le médecin ; embarqués pour Munich. Ce n'est pas une ville qui me rassure. J'y suis passé à 15 ans avec mon cousin, en route pour Hambourg. Je vous l'ai dit, c'est la ville aux immenses avenues, nous avions beau marcher, le but restait aussi loin ; on ne s'en rapprochait pas ; comme dans *Le Château* de Kafka : on marche vers lui et il reste aussi loin. Puis je m'inquiète pour Paris : je les vois déjà s'affoler de mon retard (« Munich ! ? Mais qu'est-ce qu'il fait à Munich ? ! »). Et je les comprends ; mon petit dernier fait des siennes à nouveau, il a une crise de franchise, paraît-il, et grave ; il dit aux adultes qu'il rencontre leurs quatre vérités – pourquoi quatre ? non, leur unique vérité. Il leur jette ça comme une pierre. Et il explose l'un après l'autre ses professeurs. Que puis-je y faire ? Tant pis, sa mère s'en occupera quelques jours. Je ne prends pas la fuite, je ne suis pas un « père carent » comme disent les psys... Après tout, il faut bien que la vérité sorte ; pourquoi seulement de la bouche des ivrognes ? Des tout jeunes aussi. À son âge, de grosses vérités sont passées par moi et m'ont un peu dépassé ; mais je leur ai couru après, et je les ai rattrapées. Les gens, j'avais trop peur qu'ils m'explosent au nez. « Les gens » – *eux* et *nous* aussi bien (*hna o hmma*). D'ailleurs quand je dis *nous*, je me rends compte que c'est un vœu ; le mot (*hna*) planait dans le ciel au-dessus de nous ; mais dans ma vie j'étais seul pour l'essentiel. Tout juste un peu branché sur ce ciel où ça planait. Et n'est-ce pas de ce côté-là, par les « hauteurs » célestes, que peut passer une certaine paix ? Avez-vous remarqué que c'est en prenant de l'altitude, si peu que ce soit, que l'on trouve un bon passage dans les tensions confuses et qu'on dit sans issue ?

Moteur, on décolle. Notre petit *jet* monte très vite et file comme un trait, comme une rature dans le ciel bleu et assombri ; très enflammé sur la gauche, à l'ouest, par un coucher de soleil sanglant ; une débauche de rouge et d'or, d'ocre et de pourpre. Je vois s'éloigner Marrakech avec ses petits carrés de rose sur fond rose, ses jardins et ses palmiers. J'aime avoir pour enfance cette ville immuable. Je me tourne vers Eva qui tient ma main, ses cheveux ont la couleur des murs dont l'ocre est assombrie par le soir. Je lui souffle à l'oreille : « Je t'aime plus que les murs de Marrakech. Tu m'as fait renaître dans la ville où je suis né. » Le temps d'échanger quelques regards attendris, on est déjà sur l'océan. La mer est « d'huile ».

Lexique

Liheud : les juifs
Lmslmine : les musulmans

Tous les mots arabes ou hébreux du texte sont traduits. Et la prononciation est indiquée : le manque de voyelles en fait partie. Par exemple : *ssbt* se prononce comme c'est écrit, essayez, c'est plutôt drôle. Le mot désigne le samedi, mais ce n'est pas *shabbat*, ni *shbt*, c'est *ssbt*.

DU MÊME AUTEUR

Chez Odile Jacob

Don de soi ou partage de soi ? Le drame Levinas, 2000 ; « Poches Odile Jacob », 2006.
Lectures bibliques. Premières approches, 2006.

Chez d'autres éditeurs

La Haine du désir, Bourgois, « Titres », 2008, 3e édition (1978, 1994).
L'Enjeu d'exister. Analyse des thérapies, Seuil, 2007.
Création. Essai sur l'art contemporain, Seuil, « La couleur des idées », 2005.
Fous de l'origine. Journal d'Intifada, Christian Bourgois, 2005.
Peter Klasen, Cercle d'art, 2005.
Le Choc des religions. Juifs, chrétiens, musulmans : la coexistence est-elle possible ? (avec Dalil Boubakeur et Pierre Lambert, sous la direction de François Celier), Presses de la Renaissance, 2004.
L'Énigme antisémite, Seuil, 2004.
Proche-Orient. Psychanalyse d'un conflit, Seuil, « La couleur des idées », 2003.
Nom de Dieu. Par-delà les trois monothéismes, Seuil, « La couleur des idées », 2002 ; « Points essais », 2006.
Psychanalyse et Judaïsme. Questions de transmission, Flammarion, 2001.
Événements I, II, III, Seuil, coffret « Points essais », 2000.
Événements III. Psychopathologie de l'actuel, Seuil, « La couleur des idées », 1999 ; « Points essais », 2001.
Violence. Traversées, Seuil, « La couleur des idées », 1998.
Entre-Deux. L'origine en partage, Seuil, « La couleur des idées », 1991 ; « Points essais », 1998.
Le « racisme », une haine identitaire, Christian Bourgois, 1997 ; Seuil, « Points essais », 2001.
Le Jeu et la Passe. Identité et théâtre, Seuil, 1997.
Antonio Segui, Cercle d'art, 1996.
Événements I. Psychopathologie du quotidien, Seuil, « La couleur des idées », 1991 ; « Points essais », 1985.

Événements II. Psychopathologie du quotidien, Seuil, « Points essais », 1995.

Le Corps et sa danse, Seuil, « La couleur des idées », 1995 ; « Points essais », 1998.

Le Peuple « psy ». Situation actuelle de la psychanalyse, Balland, 1993 ; Seuil, « Points essais », 2007.

Les Trois Monothéismes. Juifs, chrétiens, musulmans entre leurs sources à leurs destins, Seuil, 1992 ; « Points essais », 1997.

Entre dire et faire. Penser la technique, Grasset, 1989.

Perversions. Dialogues sur les folies « actuelles », Grasset, 1987 ; Seuil, « Points essais », 2000.

Le Féminin et la Séduction, Le Livre de poche, 1987.

Jouissances du dire. Nouveaux essais sur une transmission d'inconscient, Grasset, 1985.

Avec Shakespeare. Éclats et passions en douze pièces, Grasset, 1983, 1988 ; Seuil, « Points essais », 2003.

L'Amour inconscient. Au-delà du principe de séduction, Grasset, 1983.

La Juive. Une transmission d'inconscient, Grasset, 1983.

Le Groupe inconscient. Le lien et la peur, Christian Bourgois, 1980.

L'Autre incastrable. Psychanalyse-écritures, Seuil, 1978.

Le Nom et le Corps, Seuil, 1974.

Contact@danielsibony.fr
www.danielsibony.fr

Achevé d'imprimer par SAGIM en avril 2009
sur rotative Variquik
à Courtry (77181)

Cet ouvrage a été transcodé et mis en pages
chez Nord Compo (Villeneuve-d'Ascq)
N° d'impression : 11356
N° d'édition : 7381-2290-X
Dépôt légal : mai 2009

Imprimé en France

L'imprimerie Sagim est titulaire de la marque
Imprim'vert® depuis 2004